AF722995

HEYNE

MAX STELLER

NICHTS ALS DIE WAHRHEIT?

WARUM JEDER UNSCHULDIG VERURTEILT WERDEN KANN

WILHELM HEYNE VERLAG
MÜNCHEN

MIX
Papier aus verantwortungsvollen Quellen
FSC® C014496

Verlagsgruppe Random House FSC® N001967

3. Auflage
Copyright © 2015 by Wilhelm Heyne Verlag, München,
in der Verlagsgruppe Random House GmbH
Mitarbeit: Shirley Michaela Seul
Umschlaggestaltung und Motiv:
Hauptmann & Kompanie Werbeagentur, Zürich
Redaktion: Ulrike Strerath-Bolz
Satz: Satzwerk Huber, Germering
Druck und Bindung: GGP Media GmbH, Pößneck
Printed in Germany
ISBN 978-3-453-20090-6

www.heyne.de

Dieses Buch ist allen Menschen gewidmet,
die Opfer geworden sind:
Opfer von sexueller und körperlicher Gewalt
oder
Opfer von falscher Verdächtigung.

In diesem Buch schildere ich Fälle aus meiner Praxis als Gerichtsgutachter. Namen und Orte und manche für das Thema nicht relevanten Umstände sind verfremdet. Für die Anonymisierung der beteiligten Personen erlaube ich mir, ausnahmsweise vom Weg der Wahrheit abzuweichen, obwohl es in diesem Buch um die Wahrheit geht.

Inhalt

Unschuldig im Gefängnis oder schuldig in Freiheit?

Das kurze Glück von Ben

Das Lächeln in seinem Gesicht ging gar nicht mehr weg. Ben konnte sich nicht erinnern, wann er zuletzt so gut drauf gewesen war. Mann, er war verliebt! Zuerst hatte er nicht in diesen blöden Club gewollt. Aber dann war er mitgegangen, und da stand sie an der Säule. Ein Blitz hatte ihn getroffen. Er hatte sie auf einen Drink eingeladen und dann auf noch einen. Sie hieß Annkathrin, und Ben war seit gestern Nacht kein Single mehr. Sein Opa hatte ihm mal gesagt, dass er es sofort gewusst habe, dass er seine Oma heiraten würde. »Wenn es so weit ist, Junge«, hatte der Opa gesagt, »das spürst du.« Und genau das hatte Ben in dieser Nacht gespürt. Sie war es. Und wie lieb sie ihn danach zugedeckt hatte. Und diese süße Zahnlücke zwischen den Vorderzähnen. Er würde noch eine Karte für das Konzert am Samstag besorgen. Da musste sie unbedingt mit. Seinen Kumpels würde der Mund offen stehen bleiben. Und wenn er das nächste Mal bei ihr in der Wohnung wäre, würde er die Toilettenspülung reparieren. Da lief ja ständig das Wasser durch.

Sein Handy klingelte. Er kannte ihre Nummer auswendig, obwohl er sie noch nie angerufen hatte. Er war ja erst kurz vor

Sonnenaufgang nach Hause gefahren. Da hatte er sie nicht wecken wollen. Vielleicht schlief sie bis abends. Und er wäre auch gern bei ihr geblieben, aber er musste ja leider zur Arbeit. Mit Herzklopfen drückte er auf den grünen Hörer. »Hallo?« Er klang heiser. Mist. Und er war auch viel zu früh rangegangen. Man muss die Bräute zappeln lassen, so predigte es Stefan immer, und der kannte sich aus. Ob das auch für die Richtige galt? Annkathrin wollte ihn treffen. Sofort. Sie sagte ihm, wo. Und dann legte sie auf. Das fand Ben ein bisschen komisch, aber vielleicht war sie auch aufgeregt. Egal, sie konnten ja später reden.

Er war zehn Minuten zu früh am Treffpunkt. Am U-Bahnhof entdeckte er einen Blumenladen. Die Verkäuferin räumte ihre Ware gerade weg, es war schon Ladenschluss. Zuerst wollte sie Ben nichts mehr verkaufen. Dann sah sie sein Lächeln. Alle sahen es. »Verliebt?«, fragte sie. Er nickte und kaufte eine Sonnenblume. Eine. Denn Sträuße verschenkten ja nur ältere Leute. Die Sonnenblume passte zu Annkathrin. Sie war seine Sonne.

Er ging um die Ecke, da stand sie. Er hob den Arm, um zu winken. Plötzlich von hinten ein Schubs, er begriff nicht, was geschah, dann lag er auf dem Boden, und alles, was er sah, war die Blume im Dreck. Er dachte, dass doch jemand ihre zarten gelben Flügelchen aus der Pfütze nehmen müsste. Dann wurde er hochgerissen. Die Arme wurden ihm schmerzhaft auf den Rücken gebogen, und er bekam Handschellen angelegt. Zwei Männer zerrten ihn zu einem vergitterten Polizeiwagen. Niemand redete mit ihm. Auf der Wache erst wurde ihm eröffnet: »Sie stehen im Verdacht, Frau Annkathrin Weber vergewaltigt zu haben.«

Annkathrin hatte Ben angezeigt, er habe sie vergewaltigt. Zwar habe sie ihn in der Nacht von Sonntag auf Montag zu sich eingeladen, aber was dann folgte, sei gegen ihren Willen geschehen. Was von Ben ganz anders geschildert wurde, als er endlich Gelegenheit bekam, sich zu äußern. Er erklärte, der Austausch von Zärtlichkeiten und auch der Geschlechtsverkehr seien einvernehmlich geschehen.

Und was glauben Sie? Ist Ben ein Vergewaltiger? Lügt er oder lügt Annkathrin?

Seit mehr als vierzig Jahren beschäftige ich mich wissenschaftlich mit Lüge und Wahrheit. Nach einem Psychologiestudium spezialisierte ich mich in dem Gebiet der Aussagepsychologie, also der Lehre vom Wahrheitsgehalt von Zeugenaussagen. Von 1988 bis zu meiner Pensionierung 2009 hatte ich die einzige Universitätsprofessur in Deutschland für gerichtliche Psychologie inne: an der Freien Universität Berlin und nach Umorganisation an der Charité Universitätsmedizin Berlin. Seit Jahrzehnten bin ich darüber hinaus bundesweit tätig als gerichtlich bestellter Sachverständiger für Glaubhaftigkeitsgutachten, unter anderem auch vor dem höchsten Strafgericht, dem Bundesgerichtshof (BGH) … Glauben Sie mir das alles?

Wenn der Herr Professor das sagt, dann wird es wohl stimmen.

Und es stimmt. Denn die Aussagen lassen sich durch Dokumente belegen. Ein Glaubhaftigkeitsgutachten wäre nicht nötig, weil es objektive Belege gibt. Und genau das ist der Unterschied zu vielen Kriminalfällen. Besonders bei Sexualdelikten, aber auch bei Gewaltdelikten gibt es häufig keine objektiven Belege. Nur sich widersprechende Behauptungen, vage Gefühle, Eindrücke, falsche Erinnerungen und vieles mehr, was ein Leben ruinieren kann. Oder mehrere Leben.

Ich hatte Annkathrin im Auftrag eines Gerichts hinsichtlich der Glaubhaftigkeit ihrer Vergewaltigungsschilderung zu begutachten. Diese Begutachtung fand ein halbes Jahr nach der vermeintlichen Tatnacht statt. Es ist leider oft so, dass zwischen einer Anzeige und der Begutachtung viel Zeit verstreicht. Das liegt daran, dass die Polizei zunächst in alle Richtungen ermittelt, unter anderem Zeuginnen und Zeugen befragt, in diesem Fall über die Vorgeschichte, das Kennenlernen der beiden in einem Club.

Der Zeitraum, bis es in Deutschland nach einer Anzeige zur Anklage kommt, beträgt in der Regel mindestens ein halbes Jahr. Zeugen wohnen oft an unterschiedlichen Orten, Akten werden hin und her geschickt, Beamte haben Urlaub. Und so lange dauert es auch, bis ein Gutachter bestellt wird. Sind Kinder beteiligt, versucht man allerdings, das Verfahren zu beschleunigen.

Bei der Begutachtung von Annkathrin Weber fiel mir auf, dass sie die Vergewaltigung nur andeutungsweise schilderte und keinen Widerstand von ihrer Seite beschrieb. Des Weiteren war auffällig, dass sie die Frage nach Gewalthandlungen von Ben verneinte. So blieb unklar, was die Vergewaltigung ausgemacht haben sollte. Auf meine gezielte Frage, warum es sich nach Frau Webers Meinung um eine Vergewaltigung gehandelt habe, erwiderte sie: »Ich habe meiner Mutter am Montagnachmittag von meiner neuen Bekanntschaft erzählt und dass wir die Nacht zusammen verbracht haben. Aber das fand meine Mutter nicht gut, weil man so was mit einem Farbigen nicht macht. Und als ich darüber nachgedacht habe, ist mir klar geworden, dass ich den Geschlechtsverkehr eigentlich nicht wollte und Ben ihn gegen meinen Willen durchgeführt hat.«

»Das ist Ihnen im Nachhinein eingefallen?«

Frau Weber schaute mich offen an und nickte. Es lag ursprünglich wohl nicht in ihrer Absicht, Ben zu schaden. Sie hatte ihn angezeigt, weil ihre Mutter das für richtig hielt.

Ben hatte das Glück, nicht allzu lange in U-Haft zu sitzen, denn bei dem jungen Mann, der eine Lehre zum Schreiner machte und mit seiner Mutter und zwei jüngeren Schwestern in einer Wohnung zusammenlebte, bestand keine Fluchtgefahr. Andere falsche Opfer befinden sich sehr lange in U-Haft; ich erinnere an den TV-Meteorologen Jörg Kachelmann. Er ist ein Promi. Doch in deutschen Gefängnissen warten auch vermeintliche Täter auf ihre Gerichtsverfahren, die nicht so bekannt sind. Und wenn sie endlich freigesprochen werden, kann es sein, dass nichts mehr so ist, wie es vorher war. Freundin weg, Familie entsetzt, Job weg, Kinder entfremdet, Wohnung gekündigt, kein Geld. Und jetzt?

Natürlich kann man sich fragen, ob die Polizei anders vorgegangen wäre, wenn Ben keine dunkle Haut gehabt hätte. Das ist nämlich durchaus vorstellbar, zumindest, was die Art und Weise betrifft, wie er verhaftet wurde. Zumal Annkathrin Webers Schilderung der Vergewaltigung auch bei der Polizei nicht überzeugend klang. Warum fiel es den Beamten nicht auf, dass sie auf genaue Fragen keine Antworten geben konnte, dass sie ständig auswich, wie im Vernehmungsprotokoll dokumentiert?

Was also haben Sie geglaubt? Und wem? Ben oder Annkathrin? Stimmen die Umstände – Ausländer, Hartz IV, dunkle Hautfarbe, Prostituierte, schwul, Vorstrafen, Hilfsarbeiter etc. –, ist Justitia womöglich manchmal nicht blind. Der Anspruch der Justiz ist: gleiches Recht für alle. Einige Fälle, die ich in diesem Buch schildere, werfen die Frage auf, ob die Behandlung durch Polizei, Staatsanwaltschaft und Gerichte nicht doch auch abhängig vom Status des Angeklagten sein kann. Es wäre zu hoch gegriffen, von einem Zwei-Klassen-Recht zu sprechen, doch sicher gibt es manchmal Fälle, die anders beurteilt worden wären, hätte eine Zeugin oder ein Angeklagter anders ausgesehen oder käme sie oder er aus einer anderen gesellschaftlichen Schicht. Das zeigt auch der nachfolgende Fall.

Der Neurologe und die Stimmgabel

Seine Privatklinik lag im Großraum München, und er stand im Ruf, einer der besten seines Fachs zu sein. Wer einen Termin bei dem Neurologen Dr. von Lübtow bekam, konnte sich glücklich schätzen. Die meisten seiner Patientinnen waren Akademikerinnen und privat versichert. Managerinnen, Bankerinnen, Architektinnen. Sie waren aber schwer erkrankt, es bestand Verdacht auf Multiple Sklerose und Ähnliches. Vielleicht war eine krankheitsbedingte Verunsicherung der Grund, dass alle Patientinnen den Anweisungen folgten und sich eine Stimmgabel in die Scheide einführen ließen, mit deren Hilfe der Doktor ihre Reflexe testen wollte, in Hündchenstellung. Nach der Untersuchung kam ihnen das merkwürdig vor, aber die meisten beschlossen, den Vorfall zu vergessen. Es war ja auch irgendwie peinlich, darüber zu sprechen. Andere vertrauten sich einer Freundin oder dem Ehemann an. Und einige wenige erstatteten schließlich Anzeige.

Nach Befragung der Patientinnen gemäß der Patientenkartei durch die Polizei blieben acht Belastungszeuginnen, die unabhängig voneinander ganz ähnliche Vorgehensweisen des Neurologen schilderten, unter anderem, dass er ihnen die Reflexprüfung mit der Stimmgabel in der Scheidengegend als besonders moderne diagnostische Methode vorgestellt habe. Der Neurologe bestritt vehement, solche Handlungen vorgenommen zu haben. Die falschen Aussagen seiner Patientinnen seien ein Resultat ihrer neurologischen Erkrankungen. Er ließ sich auch nicht aus seiner arroganten Ruhe bringen, als alle Zeuginnen unabhängig voneinander mehr oder weniger das Gleiche aussagten. So wurde ich vom Landgericht beauftragt, die Glaubhaftigkeit der Aussagen der Belastungszeuginnen zu beurteilen, und kam zu dem Schluss, dass alle mit hoher Wahrscheinlichkeit erlebnisbegründet, also glaubhaft waren. Wie ich dies herausfand, wie ich als Gutachter die Wahrheit von der Lüge unterscheide, beschreibe ich auf den folgenden Seiten. In diesem Stimmgabel-Fall verlangte die Verteidigerin schließlich, dass sämtliche Tonbandaufnahmen meiner Befragungen vorgespielt wurden, was den Angeklagten allerdings nicht entlastete, denn die Aussagen der Frauen waren sehr überzeugend. In einigen Fällen hatte der Neurologe die Patientinnen angewiesen, sich vollständig entkleidet auf die Untersuchungsbank zu legen, damit er eine sogenannte Sensibilisierung durchführen könne. Dabei fuhr er mit einer Hand, die auffällig zitterte, über ihren gesamten Körper, ehe er die Stimmgabel in die Vagina einführte. Dann wurden die Patientinnen aufgefordert, einen Kniestand einzunehmen, und der Neurologe drang zuerst mit der Stimmgabel, dann mit einem Finger in die Vagina ein. Nebenbei bemerkt: Der Neurologe trug bei der »Untersuchung« keine Handschuhe.

Im Prozess vor dem Landgericht wurde der Arzt wegen sexuellen Missbrauchs von Kranken in Einrichtungen in vier

Fällen zu einer Gesamtfreiheitsstrafe von drei Jahren verurteilt. Darüber hinaus verhängte das Landgericht ein dreijähriges Berufsverbot für den medizinischen Bereich, soweit es um weibliche Patienten ging. Außerdem musste der Täter an eine Nebenklägerin Schmerzensgeld von einigen Tausend Euro bezahlen. Die Revision gegen das Urteil vor dem Bundesgerichtshof hatte keinen Erfolg. Doch damit war die Sache noch nicht beendet. Durch die Beharrlichkeit der Verteidigung und rechtliche Finessen, die sogar zu einer Verfassungsbeschwerde führten, wurden das Landgerichtsurteil und der bestätigende Beschluss des Bundesgerichtshofes schließlich wegen eines marginalen Verfahrensfehlers aufgehoben. Alles zurück auf null: Die Gabel konnte wieder erklingen.

Opferschutz: Zwei Seiten einer Medaille

Zwei Fälle, zwei unterschiedliche Vorgehensweisen von Polizei und Justiz. Gleiches Recht für alle? Aber warum sollte man sich darum kümmern, wenn es einen doch gar nicht selbst betrifft, wenn die eigene Weste weiß ist? Täuschen wir uns nicht: Was Ben passiert ist, kann jedem Menschen geschehen. Also auch Ihnen. Plötzlich steht die Polizei vor Ihrer Tür. Oder, noch peinlicher, taucht an Ihrem Arbeitsplatz auf und nimmt Sie fest.

»Das muss ein Irrtum sein!«, rufen Sie.

Da werden Sie schon zum Polizeifahrzeug geführt, und jemand legt Ihnen die Hand auf den Kopf, damit Sie beim Einsteigen nicht an den Türrahmen stoßen. Man kennt das aus dem Fernsehen, man hat das Hunderte von Malen gesehen. Und auf einmal ist man mittendrin – als Tatverdächtiger. Wobei man nicht selten schon als Verdächtiger behandelt wird wie ein Täter. Man fühlt sich wie im falschen Film.

Ich habe viele Menschen in Prozessen erlebt, denen genau das passiert ist. Sie wurden in den meisten Fällen keines Mordes bezichtigt, sondern einer Sexualstraftat oder einer Körperverletzung. Denn bei solchen Taten gibt es häufig keine Sachbeweise und keine Zeugen außer den anzeigenden Personen. Keine Tatwaffe, kein Fluchtfahrzeug, keine Beute und auch keine Kamera, die das Verbrechen gefilmt hat. Ein Zeuge belastet jemanden. Der Beschuldigte sagt: Ich habe nichts gemacht. Dann steht Aussage gegen Aussage. Wer sagt die Wahrheit? Und wie findet man sie heraus? Wie verhindern wir, dass unschuldige Menschen zu Gefängnisstrafen verurteilt werden oder dass Täter frei herumlaufen? Können wir das überhaupt? Ich behaupte: ja. Wenn wir gründlich arbeiten und uns nicht beeinflussen lassen von Laienmeinungen über angeblich todsichere Anzeichen von Lüge und Wahrheit, wie sie derzeit kursieren. Sondern stattdessen genau zuhören. Denn der Lügner verrät sich. Meistens. Er verwickelt sich in Widersprüche. Komisch, dass anderen diese Widersprüche nicht aufgefallen sind, denke ich mir so manches Mal bei einer Begutachtung. Zum Beispiel bei der Vernehmung durch die Polizei oder später bei der Staatsanwaltschaft.

Bitter ist das für diejenigen, die lange Zeit unschuldig im Gefängnis sitzen, weil jemand eine falsche Behauptung aufgestellt hat, die nicht gründlich genug überprüft wurde. Wie viele Menschen unschuldig in Haft sind, weiß niemand, sonst wären sie ja frei. Man weiß auch nicht, wie viele Täter frei herumlaufen. Umso sorgfältiger müssen wir vorgehen, um Opfer und Täter klar voneinander zu trennen. Und das bezieht sich auch auf Sexualstraftaten. Man schätzt, dass 30 Prozent aller Vergewaltigungsanzeigen unbegründet sind.

Der Minirock ist schuld?

Opfer eines Sexualdeliktes werden heutzutage in Deutschland ernst genommen, und das ist auch gut so. Lange Zeit war das anders. Da wurde solchen Opfern häufig die Schuld zugesprochen, wenn man ihnen überhaupt glaubte. Wir alle kennen die Sprüche. *Wer im Minirock herumrennt, muss sich nicht wundern. Das war doch nur Spaß. In Wirklichkeit wollte die das doch. Sie hat sich nicht gewehrt* und so weiter. Und nur mal zur Erinnerung: Erst seit der Strafrechtsreform 1997 ist die Vergewaltigung in der Ehe strafbar.

Aber von der Neigung, eine »Schuld« beim mutmaßlichen Opfer zu suchen, sind wir nun dort gelandet, wo wir dem vermeintlichen Opfer nahezu blindlings glauben und es breite Unterstützung erhält. Dadurch kann die Gefahr entstehen, dass wir Menschen zu Tätern erklären, die tatsächlich Opfer falscher Anschuldigungen sind.

Nach wie vor gilt bei uns die Unschuldsvermutung. Diese Errungenschaft verhindert, dass vorschnelle Urteile gefällt werden, die früher flugs zum Verlust eines Kopfes führen konnten. Wir leben in einem Rechtsstaat. Doch zuweilen entsteht der Eindruck, dass der gesellschaftliche Konsens über die Unschuldsvermutung bei Sexualdelikten untergraben wird. Ich bin kein Täterschützer. Viele Täter sitzen aufgrund von Gerichtsurteilen hinter Gittern, bei denen meine Gutachten eine Rolle gespielt haben. Bei anderen, nämlich »falschen« Tätern konnte ich helfen, sie aus dem Gefängnis herauszuholen. Ich bezeichne es als Kollateralschäden des Opferschutzes, dass falsche Verurteilungen wegen Sexualdelikten immer wieder vorkommen. Manchmal entsteht der Eindruck, dass die Beweislast in diesem Bereich umgedreht wird. Ein Beschuldigter gerät in eine Situation, in der er seine

Unschuld beweisen muss. Und das widerspricht sämtlichen rechtsstaatlichen Grundsätzen.

Die Aussagepsychologie, die ich in diesem Buch vorstelle, hat seit Langem wissenschaftlich begründete Methoden entwickelt, mit denen tatsächliche Opfer gestützt werden können und die gleichzeitig helfen können, falsche Opferbehauptungen zu erkennen. Es handelt sich um rationale Prüfmethoden, die zu richtigen Entscheidungen in einem hoch emotional besetzten Feld beitragen können. Wenn Aussage gegen Aussage steht oder Sachbeweise fehlen, sollte jeder Mensch das Recht auf diese Prüfmethode haben. Doch obwohl sie seit mehr als fünfzehn Jahren zu den Standards zählt, die das höchste deutsche Gericht, der Bundesgerichtshof vorschreibt, wird sie bis heute immer noch zuweilen sträflich vernachlässigt. Das führt dazu, dass Unschuldige im Gefängnis sitzen und Schuldige ihre Freiheit genießen. Diesen Missstand möchte ich mit meinem Buch benennen. Teile der Gesellschaft, Teile der Politik und Teile der Justiz klage ich an, in den letzten Jahrzehnten vermeidbare Fehlurteile begünstigt oder gefällt zu haben und von diesen auch bei gegenteiligen Beweisen nicht rechtzeitig abgerückt zu sein. Solche Taten sind als Vergehen oder Verbrechen vielleicht nicht nach Paragrafen des Strafgesetzbuches verfolgbar, aber sie sind in jedem Fall ein Verstoß gegen Vernunft und vorhandenes Wissen.

Im Besonderen klage ich an, dass Personen, die andere Menschen beschuldigen und anzeigen, in Protokollen der Polizei vorschnell und ohne Prüfung als Geschädigte und von der Gesellschaft und der Justiz als Opfer bezeichnet werden. Außerdem wird immer wieder behauptet, Opfer von Straftaten seien rechtlos, das Interesse gelte allein den Tätern und Opfer würden durch Gerichtsverhandlungen traumatisiert.

Wenn Belastungszeugen oder -zeuginnen sich widersprüchlich äußern, wird zuweilen behauptet, Opfer würden sich an traumatisierende Taten nicht gut erinnern. Daher wird gefordert, ihre Erinnerung durch Aufdeckungsarbeit oder durch Erinnerungstherapie wieder zu erwecken. So ist besonders in Fällen mit Sexualdelikten eine gesellschaftliche Stimmung entstanden, in der die Nachweispflicht, Opfer einer Straftat geworden zu sein, als inhuman angesehen wird. Das hieße aber, Beschuldigte müssten ihre Unschuld beweisen. Und das widerspricht der Unschuldsvermutung, die in einem Rechtsstaat jedem zusteht.

Alle hier angeklagten Behauptungen und Forderungen haben gemeinsam, dass sie einen wahren Anteil haben. Damit sind sie nur zum Teil wahr und eben auch zum Teil unwahr. Trotz gegenteiliger wissenschaftlicher Erkenntnisse werden Zeugenaussagen häufig nach unwissenschaftlichen Kriterien beurteilt. Wenn Halbwahrheiten wie Regeln gehandhabt werden und wenn wissenschaftliche Erkenntnisse vernachlässigt werden, ist die Gefahr für Fehler der Justiz groß. Um diesen Missstand zu beseitigen, muss der erste Schritt darin bestehen, die Lüge von der Wahrheit zu trennen.

Dichtung oder Wahrheit: Wo beginnt die Lüge?

Jeder Mensch lügt. Wenn Sie das abstreiten, lügen Sie. Vielleicht hat Sie heute schon jemand gefragt, ob es Ihnen gut geht. Sie haben Ja gesagt, und Sie haben dabei gelogen. Das ist nicht weiter schlimm, mögen Sie denken, und wahrscheinlich haben Sie damit recht. Es gibt allerdings Lügen, die sind schlimm. Wenn Sie ein Gerücht in die Welt setzen, das sich zu einem Verdacht auswächst und Konsequenzen für denjenigen hat, den Sie denunzieren, Stichwort Mobbing. Oder wenn Sie vor der Polizei und Staatsanwaltschaft fälschlicherweise behaupten, jemand habe eine Straftat begangen. Lügen können fatale Folgen entwickeln. In diesem Buch geht es um Lügen in ihrer extremsten Form: Wenn sie das Leben der Betroffenen stark verändern, vielleicht sogar zerstören.

Lügen können in verschiedenster Verkleidung auftauchen. Vom falschen Verschweigen – Ich erzähle nichts – über das falsche Verneinen – Nein, ich habe nichts gesehen – bis zur Falschaussage, also der ausgestalteten Schilderung eines Geschehens, einer Handlung, die nie stattgefunden hat. In meinem Spezialgebiet, der Aussagepsychologie, definiert man die Lüge durch zwei Eigenschaften: Sie wird bewusst vorgetragen und soll eine Absicht erfüllen, ist also zweckgerichtet. Die Absicht liegt in der Regel darin, sich selbst zu nutzen oder einem anderen zu schaden, was manchmal dasselbe ist.

Es gibt vielerlei Arten von Lügen wie beispielsweise Höflichkeitslügen: O ja, danke, es hat sehr gut geschmeckt; Angstlügen: Ich hab das nicht genommen; Ausredelügen: Der Bus kam zu spät; Schonungslügen, Notlügen und viele andere mehr. Sie sind eher harmlos im Vergleich zu beispielsweise Kriegslistlügen oder Politikerlügen, die wiederum die Leben vieler Menschen zerstören können. Eine besonders charmante Not- oder Höflichkeitslüge möchte ich kurz erwähnen:

Spiegel online berichtete 2014 unmittelbar nach dem Gewinn der Fußballweltmeisterschaft der deutschen Mannschaft von einer ausländischen TV-Reporterin, die den bayerischen Torjäger Thomas Müller auf Englisch fragte, wie es sich anfühle, den Titel als bester Torjäger der WM knapp verpasst zu haben. Müller antwortete in seiner Muttersprache: »Des intressiert mi ois ned, der Scheißdregg. Weltmeista samma, den Pott hamma. Den Scheißdregg Goidna Schua konnst dir hinta d'Ohrn schmiern.« Und weg war er. Die Journalistin fragte Müllers Teamkollegen Bastian Schweinsteiger, was Müller da eben gesagt habe, und er übersetzte höchst kreativ: »Er sagte, dass du schön aussiehst und er glücklich ist, den Titel gewonnen zu haben.«

Irrtum oder Wahrheit: Wer die Wahrheit sagt, kann sich dennoch täuschen

Wenn ein Zeuge bei der Polizei oder vor Gericht eine Aussage macht, berichtet er über ein Geschehnis, das in der Vergangenheit liegt. Dieser Bericht kann zutreffend oder falsch sein, denn Menschen können sich irren. In der Erinnerung verschwimmen die Eindrücke oder werden verwechselt oder teilweise ganz vergessen. Am Ende steht ein Irrtum, der aber nicht so wahrgenommen wird, weil man ja selbst gar nicht weiß, dass die Erinnerungen verschwommen sind oder man etwas vergessen oder verwechselt hat.

Aussagen über Vergangenes stellen eine geistige Leistung dar. Sowohl Irrtum als auch Lüge haben Bezug zu unserer geistigen Leistungsfähigkeit. Im ersten Fall gibt man ein Erlebnis wieder. Der Bericht wird je nach geistiger Leistungsfähigkeit mehr oder weniger gut gelingen, mehr oder weniger anschaulich und zutreffend sein – je nachdem, wie hoch der Anteil des Irrtums ist. Auch im zweiten Fall, also bei der erfundenen Handlungsschilderung, hängt die Qualität der Lüge maßgeblich von der geistigen Leistungsfähigkeit ab. Der eine kann besser lügen, der andere hat Schwierigkeiten, etwas zu erfinden.

Zum Thema Irrtum hat die Aussagepsychologie in vielen Studien wissenschaftliche Erkenntnisse erbracht. Vor rund einhundert Jahren, als die Aussagepsychologie begründet wurde, ging man davon aus, dass Menschen, die über ein vergangenes Ereignis berichten, automatisch viele Fehler machen. Man hielt die fehlerhafte Aussage für die Regel und die zutreffende Aussage für eine Ausnahme. Doch Gerichte müssen sich in vielen Fällen auf Zeugenaussagen verlassen, weil sie keine anderen Beweismittel haben. Umso wichtiger ist es, klar bestimmen zu können, welche Zeugenaussage wahr und welche falsch ist, ob bewusst oder irrtümlich falsch wiedergegeben.

Wie unterscheiden sich wahre und erlogene Aussagen?

Die Suche nach der Wahrheit schützt einerseits Menschen vor der Lüge anderer – tatsächliche Opfer vor der Lüge des Täters, fälschlich Beschuldigte vor der Lüge des nur vermeintlichen Opfers. Wie nun unterscheiden sich wahre und erlogene Aussagen?

Erfolgreiches Lügen bedarf einer erhöhten geistigen Leistung. Einem Menschen, der über ein tatsächliches Erlebnis spricht, fällt es normalerweise leichter, anschaulich und detailreich zu berichten, als einem, der ein erfundenes Erlebnis erzählt. Denn wer die Wahrheit sagt, bezieht sich ja auf seine eigene Erinnerung, ein konkretes Geschehen. Er wird also vielleicht nicht nur die Haupthandlung darstellen, sondern auch Besonderheiten und Nebensächlichkeiten berichten. Außerdem wird er seine Gefühle bei dem Geschehen beschreiben. Im Gegensatz dazu ist ein Mensch, der lügt, für gewöhnlich so beschäftigt damit, am Hauptstrang seines Lügengebildes zu spinnen, dass dies seine gesamte geistige Leistungsfähigkeit beansprucht. Da ist kein Platz für Nebensächlichkeiten, Besonderheiten, Gefühle. Es gibt allerdings hin und wieder auch höchst gewiefte Lügner, die fast so klingen, als würden sie die Wahrheit erzählen. Doch letztlich nur fast, wenn man weiß, wie man ihnen beikommen kann. Denn es ist sehr schwer für einen Lügner, seine eigenen Gedanken und Gefühle bei dem Geschehnis zu schildern, das er verfälscht oder komplett erfunden darstellt. Er müsste diese ja ebenfalls erfinden, wo er doch bereits mehr als ausgelastet damit ist, den Handlungsstrang der Lüge fortzuführen.

Bei der Glaubhaftigkeitsbegutachtung wird also der Inhalt, die Qualität einer Aussage geprüft. Die Qualität wird in Bezug gesetzt zur geistigen Leistungsfähigkeit der Person. In der Aussagepsychologie spricht man von einem Qualitäts-Kompetenz-Vergleich. Dieser Qualitäts-Kompetenz-Vergleich allein reicht allerdings noch nicht aus. Er muss ergänzt werden durch die Analyse der Vorgeschichte der Aussage: Wenn nämlich ein Zeuge Zeit zur Vorbereitung hatte, zum Beispiel durch Lesen von Büchern oder heute häufig durch Recherchen im Internet, so sind höhere Anforderungen an die Qualität zu stellen, als wenn es sich um eine relativ zeitnahe und spontane Aussage handelt. Bei einem Kind muss geprüft werden, ob es vor seiner Aussage von Erwachsenen beeinflusst wurde. Nur wenn die inhaltliche Qualität einer Aussage auch dann, also bei Berücksichtigung der Vorgeschichte, über der Erfindungskompetenz der Aussageperson liegt, kann sie als glaubhaft angesehen werden. Wenn eine Person wiederholt ausgesagt hat, kommt noch die Prüfung hinzu, ob die Aussagen übereinstimmen oder Widersprüche aufweisen. Das aussagepsychologische Vorgehen besteht also aus den Analysen von drei Bereichen: Aussageperson, Aussagequalität und Aussagegeschichte.

Der Bundesgerichtshof (BGH) hat in einem Grundsatzurteil aus dem Jahre 1999 die aussagepsychologische Aufgabe treffend zusammengefasst: »Gegenstand einer aussagepsychologischen Begutachtung ist – wie sich bereits aus dem Begriff ergibt – nicht die Frage nach einer allgemeinen Glaubwürdigkeit des Untersuchten im Sinne einer dauerhaften personalen Eigenschaft. Es geht vielmehr um die Beurteilung, ob auf ein bestimmtes Geschehen bezogene Angaben zutreffen, d. h. einem tatsächlichen Erleben der untersuchten Person entsprechen.« In diesem Urteil wurde die aussagepsychologische Begutachtungsmethodik überprüft, und ihr wurde ausdrücklich Beweiswert zuerkannt.

Leider lassen sich trotz dieses BGH-Urteils aus dem Jahr 1999 immer noch viele Polizeibeamte, Staatsanwälte, Richter,

Rechtsanwälte und auch Gutachter bei der Wahrheitssuche dazu verleiten, personale Eigenschaften, also den vermeintlichen Charakter einer Person, zu bewerten. Dabei können Vor- und Fehlurteile vorkommen – und manche Verdächtige haben aufgrund ihrer Lebensumstände schlechte Karten. Es geht bei der Wahrheitsfindung aber nicht um Täter- oder Zeugenpsychologie, sondern um Aussagepsychologie.

Scheinerinnerungen: Es ist nicht alles wahr, woran man sich erinnert

Ich erwähnte das schon: Wenn Zeugen die Wahrheit sagen *wollen,* können sie trotzdem etwas Falsches sagen, weil sie sich irren. Wenn wir das Wort Irrtum hören, denken wir als Erstes vielleicht an eine Verwechslung. Ein Zeuge sagt, das Fluchtfahrzeug der Bankräuber sei rot gewesen, ein anderer schwört Stein und Bein, es sei blau gewesen, und ein dritter spricht von Grün. Zeugen berichten, ein Stoppschild gesehen zu haben, obwohl an dieser Stelle seit Jahrzehnten ein Vorfahrtschild steht. Es gibt aber auch Vorstellungen, die überhaupt keine Erlebens- oder Beobachtungsgrundlage haben wie in den beiden genannten Beispielen, wo es immerhin ein Auto und ein Schild gab. Wenn bei einem Menschen fiktive Vorstellungen entstehen und diese dann als Erinnerungen erlebt werden, sprechen Aussagepsychologen von Scheinerinnerungen oder Pseudoerinnerungen. Aussagen, die auf Scheinerinnerungen basieren, stellen keine Lügen dar, obwohl sie falsch sind. Denn es fehlen ja die Absicht zur Täuschung und das Bewusstsein der aussagenden Person, etwas Falsches zu berichten. Dennoch gehören Scheinerinnerungen eigentlich auch nicht zu den Irrtümern, da sie sehr umfangreich sein können und häufig gar kein Erlebnishintergrund besteht, der irrtümlich verändert wird. Aber Scheinerinnerungen sind näher beim Irrtum anzusiedeln als bei der Lüge.

Scheinerinnerungen können alle Lebensbereiche betreffen. Wenn irgendwo eine Bürgerinitiative gegen die Strahlung eines Funkmastes demonstriert und dadurch die öffentliche Aufmerksamkeit weckt, werden mehr Menschen Beeinträchtigungen durch Handystrahlung wahrnehmen, als wenn das Thema nicht öffentlich diskutiert wird. Wenn irgendwo mal wieder die Landung eines Ufos gemeldet wird, gibt es auch Menschen, die dazu passende Beobachtungen gemacht haben wollen. Hätten sie nichts von der vermeintlichen Landung gewusst, hätten sie ihre Beobachtungen anders bewertet. Es gibt natürlich auch Menschen, die bezeichnen Ufos als Spinnerei. Andere lügen, sie hätten da was gesehen, um sich vielleicht interessant zu machen, wieder andere sind leicht beeinflussbar und glauben, was ihnen andere erzählen; womöglich behaupten sie dann im Anschluss sogar, selbst etwas gesehen oder gehört zu haben – und glauben das auch noch.

Quellensuche: Wo die Erinnerung entspringt

»Hast du schon gehört, dass Laura nicht mehr mit Sven zusammen ist?«, fragt Diana ihre beste Freundin und wundert sich, weil die nicht auf den Knaller reagiert. Stattdessen schaut die Freundin Diana komisch an und sagt dann: »Aber das habe ich dir doch letzte Woche erzählt.«

»Nein!«, ruft Diana sofort. Doch dann erinnert sie sich dunkel. Da war doch was? Und dann ist ihr das wahnsinnig peinlich. Und deswegen beharrt sie darauf: »Nein, hast du nicht.«

Zu allem, was wir wissen, haben wir eine Quelle. Diese Quelle ist noch anfälliger, vergessen zu werden, als das Wissen selbst. Dieses Phänomen ist der Beginn vieler Scheinerinnerungen. Zwei Quellen vermischen sich miteinander, manchmal auch mehrere. Man weiß nicht mehr, ob man etwas erlebt oder gehört oder gelesen hat. Man erinnert sich nur noch an den neuen Inhalt und gibt diesen weiter – oftmals als eigene Erfahrung. Und je öfter man davon erzählt, desto bildhafter wird die Erzählung. Irgendwann würde man empört auch nur den leisesten Verdacht zurückweisen, sie entspreche nicht der Wahrheit. Denn das Wiederholen einer wenn auch unbewussten Unwahrheit lässt sie immer wahrer erscheinen. Die Wasser aus verschiedenen Quellen sind längst zusammengeflossen, es ist kaum mehr möglich, sie wieder voneinander zu trennen.

Wenn Menschen mit dem Rücken zur Wand stehen, reagieren sie oft aggressiv. Das heißt, dass ein Scheinerinnerer, der mit der Realität konfrontiert wird, bewusst zu lügen beginnen kann. Denn er möchte seine Scheinerinnerung bewahren, und auf keinen Fall möchte er als Lügner hingestellt werden. So kann es bei Zeugenaussagen zu allerlei Mischformen kommen: zu einem Teil falsche Aussage aufgrund einer Scheinerinnerung, zu einem anderen Teil bewusste Unwahrheit, Lüge also.

Patchwork-Biografien: Wenn der Schein lügt

Scheinerinnerungen können auch gezielt etabliert werden. Das wird beispielsweise genutzt von gewissen Coaches, die ihren Klienten einreden, sie könnten alles, was sie wollten, sie müssten nur fest daran glauben beziehungsweise visualisieren, dass sie das, was sie erreichen wollen, bereits erreicht hätten. Das wäre sozusagen eine Scheinerinnerung in der Zukunft, die sich dann in der Gegenwart als Vergangenheit positiv auf die Zukunft auswirken soll. Solche Scheinerinnerungen kosten meistens eine Stange Geld.

Aber in der Regel braucht man keinen teuren Coach für angenehme Erinnerungen. Man strickt sie sich selbst. Natürlich war die Exfrau schuld. Die Geliebte, die zur Scheidung führte, blendet man mal eben aus. Für manche Menschen ist dies auch das erste Mittel der Wahl, eine als hart oder ungerecht empfundene Wirklichkeit zu beschönigen. Gegen die Vorgehensweise ist in beiden Fällen nichts einzuwenden, solange man seine Scheinerinnerungen für sich selbst behält beziehungsweise keinem anderen damit schadet.

Scheinerinnerungen können kunterbunt zusammengesetzt sein. Zwei Stücke Realität aus unterschiedlichen Epochen an eine Sequenz Tagtraum getackert, die Erinnerung von einem anderen drangeheftet und das Ganze dann noch mit rosarotem Saum umgarnt: Fertig ist die Scheinerinnerung, die, wie gesagt, kein Lügenteppich ist. Den Lügenteppich hätten wir bewusst geknüpft, die Scheinerinnerung passiert unbewusst. Was die Sache für jemanden wie mich, der auf der Suche nach der Wahrheit ist, noch schwieriger und spannender macht. Eine Aussage, die auf einer Scheinerinnerung beruht, ist nicht mehr durch ihre Qualität von einer wahren Aussage zu unterscheiden, denn die aussagende Person hat ja alles, was sie berichtet, scheinbar erlebt. Sie muss also nichts erfinden, sondern kann sich auf ihre eigene »Erinnerung« beziehen. Es braucht nichts konstruiert zu werden, es muss nicht gelogen werden, weil ja alles bereits da ist, scheinerinnert. Und deshalb kann ein scheinerinnertes Ereignis genauso anschaulich, detailreich und authentisch wiedergegeben werden wie ein erlebnisbegründetes, also tatsächliches Erlebnis.

Heißt das, dass man Scheinerinnerern niemals auf die Schliche kommt? Nein, das heißt es nicht. Man braucht nur ein anderes Werkzeug, um sie zu überführen. Der Schlüssel zum Erkennen von Scheinerinnerungen liegt in der Analyse ihrer Entstehungsgeschichte. Unter welchen Bedingungen ist es zur Erstaussage gekommen? Wie hat sich die Aussage weiterentwickelt? Es gibt nämlich eine Reihe von Kriterien, die auf Scheinerinnerungen verweisen. Zum Beispiel, wenn die Zeugen Geschichten erzählen wie diese:

Also, wenn Sie mir vor zwei Jahren gesagt hätten, dass ich missbraucht worden bin, ich hätte gelacht. Ich doch nicht! Bei mir zu Hause war alles in Ordnung. Aber dann habe ich in den Medien immer öfter von solchen Fällen gelesen. Und das betraf nicht nur Kinder aus zerrütteten Ehen mit bösen Vätern. Nein, es gab eben auch diese Onkels und Nachbarn. Irgendetwas in mir ist da in Resonanz gegangen. Ich habe im Internet recherchiert. Dann habe ich gemerkt, dass ich da alleine nicht weiterkomme, und bin mal zu einem Therapiewochenende gegangen. Da waren viele wie ich, bei denen die Erinnerungen auch erst nach und nach zurückgekehrt sind. Tja, und dann erkannte ich, es war unser Nachbar. Der Herr Bernhagen. Zu dem musste ich immer, wenn meine Mutter mal länger gearbeitet hat …

Dies ist eine ganz typische Schilderung, wenn man die Entstehungsgeschichte einer Scheinerinnerung analysiert. Wobei es durchaus sein kann, dass man sich auf ähnliche Weise an eine tatsächliche Missbrauchserfahrung erinnert. Doch in Verbindung mit anderen Merkmalen stellt diese Form des Wiedererinnerns nach einer langen Zeit des Vergessens einen Hinweis auf eine Scheinerinnerung dar.

Scheinerinnerungen sind nicht harmlos, sie können genauso verheerende Wirkungen haben wie Lügen. Nun wird gelegentlich behauptet, niemand könne scheinerinnern, vergewaltigt worden zu sein. Das ist leider eine falsche Annahme. Es gibt sogar eine Zunahme bei Scheinerinnerungen über Sexualdelikte. Durch die in den letzten Jahren gehäuft auftretenden Berichte über sexuellen Missbrauch entwickeln manche Menschen falsche Vorstellungen und »erinnern« Ereignisse, die nicht geschehen sind.

Es ist ein bisschen wie in der Marktwirtschaft, Stichwort Angebot und Nachfrage. Gibt es viel sexuellen Missbrauch im Angebot der Medien, wird er auch öfter nachgefragt. Nicht in den Medien, sondern in der eigenen Biografie: *War da was? Wenn so viele betroffen sind … gehöre ich da womöglich auch dazu?* Und so kommt eins zum anderen, und am Ende stehen nicht selten ein zerstörtes Leben oder zwei oder mehrere.

Aus diesem Grund müssen wir umdenken. Ein Opfer ist dann ein Opfer, wenn die Tat nachgewiesen ist, vorher handelt es sich um einen Zeugen, der einen anderen Menschen beschuldigt, eine Tat begangen zu haben. Diese Anschuldigung kann falsch sein, was zu prüfen ist. Es ist ja nicht so, dass es dafür keine Methoden gäbe. Diese hat die Aussagepsychologie erforscht und beschrieben. Es ist aber leider so, dass die Aussagepsychologie mancherorts gar nicht bekannt ist oder aufgrund einseitiger Festlegungen nicht benutzt wird. Stattdessen werden vorschnell Urteile gefällt, Vor-Urteile, die keiner fundierten Überprüfung standhalten. Sonst würde sich manches Opfer als Täter und mancher Täter als Opfer herausstellen.

Suggestion: Da muss doch was gewesen sein

Es ist sehr leicht, anderen Menschen die Unwahrheit zu suggerieren und sie damit zu einer Scheinerinnerung zu animieren. Und leider geschieht es bei Sexualdelikten oft durch vermeintliche Fachleute. Da reden Erzieher, Lehrer, Therapeuten, Psychologen und viele andere ihren Schutzbefohlenen und Klienten etwas ein. Dahinter muss kein böser Wille stecken, es kann mit den allerbesten Absichten geschehen. *Ist es nicht so, dass …?* Und irgendwann scheint es dann wirklich so gewesen zu sein. Gerade bei Kindern, die gern brav sind und das tun und sagen, was die Großen hören wollen, hat das zuweilen fatale Folgen.

Jede Psychotherapie und jedes Coaching ist eine Form von Suggestion. Ein Klient oder Patient erlebt sich selbst, Teile von sich, Gefühle, Gedanken oder seine Umwelt als belastend, und es soll ihm mithilfe einer mehr oder minder psychologisch fundierten Intervention zu einer neuen Sicht verholfen werden.

»Egal, ob es wirklich so war, dass Ihr Vater in Ihrem Bett lag, oder ob es nicht so war«, sagt ein Therapeut zu seiner Patientin, »wenn Sie glauben, sich daran zu erinnern, ist das ein eindeutiges Signal Ihrer Seele. Da will etwas bearbeitet werden.«

Ja, das kann sein. Es kann aber auch anders sein. Plötzlich ist da ein schrecklicher Verdacht im Raum. Die Betroffenen wünschen sich Aufklärung. Eine schlimme Lebenskrise bricht aus, wenn wie aus dem Nichts etwas auftaucht, mit dem man nicht gerechnet hat. Wenn einer ersten Erinnerung an sexuellen Missbrauch lange Therapeutengespräche vorangingen, in denen die Therapeutinnen und Therapeuten vielleicht sogar explizit die Patientinnen und Patienten aufforderten, einmal ganz entspannt, aber intensiv darüber nachzudenken, was denn da so gewesen sein *könnte*, dann kann das Ergebnis des Nachdenkens auch eine Scheinerinnerung sein. Durch die weitgehende »Therapisierung« unseres Lebens haben Psychotherapeuten ein hohes Ansehen und einen großen Einfluss auf ihre Patienten. Unter Psychotherapeuten gibt es viele gut ausgebildete und sorgfältig arbeitende Experten, aber es gibt eben auch andere – Quacksalber und Scharlatane, die sich mangels Titelschutz wohlklingende Bezeichnungen auf ihre Praxisschilder prägen lassen, ohne eine tatsächliche Ausbildung als Psychotherapeut durchlaufen zu haben.

Bei der Analyse von Aussagevorgeschichten kann eine Psychotherapie also ein Hinweis auf eine mögliche Scheinerinnerung sein. Zur endgültigen Beurteilung genügt allerdings kein einzelner Hinweis, es müssen mehrere Bedingungen erfüllt sein.

Scheinerinnerungen haben gemeinsam, dass eine Person zunächst von vagen Anmutungen spricht, die im Laufe der Zeit und intensiver Beschäftigung mit dem Thema immer deutlicher werden. Ich habe einmal einen Fall begutachtet, bei dem das vage Gefühl einer Frau nach vielen immer fantastischer anmutenden Bezichtigungen darin gipfelte, dass sie behauptete, eine Gruppe von Tätern habe ihr bei lebendigem Leibe einen Fötus aus dem Leib gerissen. Über eine medizinische Versorgung danach berichtete sie nichts – auch nichts über Reaktionen ihrer Mitmenschen, und sie lebte keineswegs allein. So eine Schilderung erscheint von vornherein unglaubhaft. Es ist heute aber so, dass manche an den Haaren herbeigezogenen Geschichten dennoch viel Gehör bei Polizei und Staatsanwaltschaft finden. So war es auch in diesem Fall. Es wurde intensiv ermittelt und ein Glaubhaftigkeitsgutachten bei mir eingeholt. Leider gibt es Organisationen, die die falschen Opfer schützen, selbst wenn erhebliche Zweifel angebracht wären. Und es gibt Polizeibeamte, Staatsanwälte und Gerichte, die diesen Organisationen mehr Glauben schenken als dem gesunden Menschenverstand – auch ihrem eigenen. Man muss sich fragen, ob diese immense Verschwendung von polizeilichen Ressourcen und Steuergeldern gerechtfertigt ist. Aber wenn heute jemand behauptet, ein Opfer zu sein, werden kritische Überlegungen zuweilen als politisch unkorrekt angesehen und unterlassen.

Und dann gibt es in Deutschland noch das Opferentschädigungsgesetz (OEG). Es garantiert Opfern von Verbrechen eine Entschädigung von Staats wegen. Der Staat versucht zwar, Täter haftbar zu machen, aber häufig werden diese nicht entdeckt oder von ihnen ist nichts zu holen. Das OEG kostet den Steuerzahler also Geld. Die meisten von uns werden gern zur Entschädigung von wirklichen Opfern beitragen, doch wenn falsche Opferbehauptungen nicht erkannt werden, entstehen durch die Subvention falscher Aussagen unnötige Kosten. Unter den vielen Organisationen für Opferberatung, von denen die meisten gute Arbeit leisten, gibt es auch solche, die kein wirkliches Interesse an einer kritischen Prüfung haben, ob es sich bei einem Opfer um ein tatsächliches oder ein selbst ernanntes handelt. Auch eine Organisation besteht aus Menschen, die zum Teil an den Problemen anderer verdienen, hier in Gestalt von Nebenklageanwälten, wie man die Rechtsanwälte der Opfer nennt, Therapeuten, Beratern, Prozessbegleitern und so weiter. Außerdem gibt es ideologische Voreingenommenheiten bei Personen und leider auch bei ganzen Organisationen, die es verhindern, überhaupt die Frage zu stellen, ob eine Person, die angibt, Opfer geworden zu sein, auch wirklich ein Opfer ist. Gerade Aussagen von Erwachsenen über sexuellen Missbrauch in ihrer Kindheit sind dann als besonders problematisch zu betrachten, wenn eine Person selbst oder ihr Umfeld denkt, so etwas müsse passiert sein, aber die Erinnerung daran sei verloren gegangen. Wenn dann mit oder ohne therapeutische Unterstützung Bemühungen vorgenommen werden, sich an bisher nicht zugängliche Erlebnisse zu erinnern, so kann es zur Entstehung von Scheinerinnerungen kommen. Dass es in Psychotherapien zuweilen zu absurden Deutungen kommt, zeigt das folgende Beispiel.

Vati war's

Eine vierzigjährige Sekretärin suchte eine Psychotherapeutin auf, weil sie nach einer Trennung endlich ihre Partnerschaftsprobleme lösen wollte. Nie hielten ihre Beziehungen länger als ein Jahr, dabei wünschte sie sich doch so sehr, eine Familie zu gründen. Nach mehrstündiger Bearbeitung der Partnerschaftsprobleme, bei der einiges ans Licht gekommen war, sandte die Therapeutin einen Verlängerungsantrag für die Behandlung an die Krankenkasse. Darin schrieb sie, dass es nun vordringlich darum gehe, den sexuellen Missbrauch in der Kindheit der Patientin zu bearbeiten, den sie mit der Handgelenkssehnenscheidenentzündung der Patientin begründete. Diese Sehnenscheidenentzündung, so die Therapeutin, sei eine psychosomatische Symbolisierung für die Masturbation, die die damals Sechsjährige beim leiblichen Vater habe durchführen müssen.

Zur Erinnerung: Die Patientin arbeitete als Sekretärin. Da gehört eine Sehnenscheidenentzündung zu den Berufskrankheiten. Sie lachen jetzt vielleicht? Hier geht es aber nicht um Therapeutenwitze. Dem Vater dieser Frau, der gerade begann, seine Zeit als Rentner zu genießen, ist das Lachen im Halse stecken geblieben, als die Polizei ihn aufgrund einer Anzeige seiner Tochter zur Beschuldigtenvernehmung einbestellte. Bei der Polizei kannte man die Vorgeschichte der Anschuldigung nicht. Außerdem übersah man, dass ein sexueller Missbrauch verjährt gewesen wäre, wenn er denn überhaupt stattgefunden hätte. Es sind auch Fälle dieser Art, die zu der Debatte über die Verlängerung von Verjährungsfristen bei sexuellem Missbrauch beigetragen haben. Ist es aber nicht sinnlos, die ohnehin überlastete Justiz mit nicht beweisbaren, ja wahrscheinlich »falschen« Fällen zusätzlich zu belasten?

Inhaltsanalyse: Die heiße Spur zur Wahrheit

Vier Jahrzehnte Aussagepsychologie: Eine nicht nur persönliche Geschichte

Häufig werde ich gefragt, wie ich Gutachter für die Glaubhaftigkeit von Zeugenaussagen geworden bin. Jeder Mensch mit Sachkunde kann als Gutachter tätig werden, das ist kein Beruf an sich, sondern ein Gewerbe. Wenn die Heizung nach der Reparatur tropft und jemand Schadenersatzforderungen an eine Heizungsfirma stellt, wird eventuell ein Installateur vom Gericht beauftragt, um zu klären, ob die Schadenersatzforderungen berechtigt sind. Er ist dann ein Sachverständiger.

Ich bin als Psychologe nebenberuflich seit 1970 als Sachverständiger tätig. Bei meinem ersten Gutachten arbeitete ich hauptberuflich als wissenschaftlicher Assistent am Institut für Psychologie der Universität Kiel. Mein damaliger Chef und verehrter Lehrer, Prof. Dr. Dr. Hermann Wegener, lud mich zur Mitarbeit an einer aussagepsychologischen Glaubhaftigkeitsbegutachtung ein. Unsere Zusammenarbeit dauerte schlussendlich achtzehn Jahre.

Zu begutachten war in meinem ersten Fall eine jugendliche lernbehinderte Zeugin. Sie beschuldigte einen Betreuer der kirchlichen Einrichtung, in der sie lebte, sexuelle Handlungen an ihr vorgenommen zu haben. Ein Kapitel über Aussagepsychologie des Kölner Professors Dr. Udo Undeutsch in seinem Handbuch über Forensische Psychologie aus dem Jahre 1967 und ein Buch von Dr. Friedrich Arntzen über *Psychologie der Zeugenaussage*, das im Jahre 1970 gerade in der ersten Auflage erschienen war, dienten mir als wertvolle Hilfen bei der Vorbereitung auf diese neue Aufgabe. Die beiden Autoren beschrieben die Inhaltsanalyse als Königsweg zur Beurteilung der Glaubhaftigkeit von Zeugenaussagen.

Prof. Wegener und ich kamen aufgrund inhaltsanalytischer Überlegungen zu dem Ergebnis, dass die Anschuldigungen der Zeugin glaubhaft seien. Der Täter wurde verurteilt. In den folgenden Jahren bearbeiteten wir viele Fälle dieser Art.

An einen Fall aus den 1970er-Jahren mit einem beschuldigten Lehrer erinnere ich mich besonders gut. Ich war damals – wie gesagt – noch ein junger wissenschaftlicher Assistent und hatte die belastende Aussage einer Schülerin aufgrund einer Inhaltsanalyse als glaubhaft eingeschätzt. Die Verteidigung konterte mit einem Gutachten eines renommierten Professors für Psychologie an der Universität einer benachbarten Großstadt. Der Professor hatte im Auftrag der Verteidigung den Angeklagten untersucht – nicht die Zeugin! Auf der Grundlage von biografischer Analyse und zahlreichen Persönlichkeitstests entwarf er das Bild eines Mannes, der sich ganz seiner pädagogischen Aufgabe verschrieben hatte. Er schlussfolgerte, dass jemand mit so einem Persönlichkeitsprofil die angeklagte Tat nicht begangen haben könne – als gäbe es ein wissenschaftliches Fundament für eine psychologische »Zutraubarkeitsdiagnostik«. Hinzu kam: Die Persönlichkeitsbeschreibung des Professors für den angeklagten Pädagogen entsprach exakt der Beschreibung einer Gruppe pädophiler Täter im damals gerade erschienenen Buch des Hamburger Sexualforschers Prof. Dr. Eberhard Schorsch über Sexualstraftäter. Natürlich wies ich das Gericht auf das Eigentor des forensisch und kriminologisch unkundigen Gegengutachters hin. Das Gericht folgte meinem Gutachten und verurteilte den Lehrer wegen sexuellen Missbrauchs der Schülerin.

Welche Bedeutung hat dieser kurze Rückblick für die Gegenwart, gerade was mein Spezialgebiet, Aussagen über sexuellen Missbrauch, betrifft? In einigen Büchern wird es als Mythos bezeichnet, dass man vor einigen Jahrzehnten geglaubt habe, sexueller Missbrauch sei in Familien, Schulen, Heimen oder Kirchen nicht denkbar. Ich glaube nicht, dass es diese falsche Vorstellung unter Fachleuten je gegeben hat. Sexueller Missbrauch von Kindern in ihrem Nahbereich ist keine Entdeckung aus den 1980er-Jahren. Bereits vor meiner ersten Begutachtung im Jahre 1970 stand durch die erwähnten Publikationen ein rational begründeter Prüfansatz für Zeugenaussagen über Sexualdelikte zur Verfügung. Die inhaltsanalytische Begutachtungsstrategie ist geeignet, tatsächlichen Opfern als Zeugen zu ihrem Recht zu verhelfen. Die Inhaltsanalyse ist eine Methodik zur Substantiierung, wie das in der Fachsprache heißt, mit anderen Worten: zum Nachweis des Erlebnishintergrunds einer Aussage. Mit ihrer Hilfe kann in Fällen, in denen Aussage gegen Aussage steht, der Zeiger von Justitias Waage zugunsten der Aussagen jener Menschen ausschlagen, die tatsächlich Opfer eines Verbrechens wurden. Und das ist heute so wichtig wie eh und je.

Genauso wichtig ist es aber, belastende Zeugenaussagen auf ihren Wahrheitsgehalt zu prüfen. Denn ein Trend scheint dahin zu gehen, dass sexueller Missbrauch gern bemüht wird, sobald die Liebe zerbrochen ist. Der Vorsitzende des Deutschen Familiengerichtstages gab vor einigen Jahren die erschreckende Zahl bekannt, dass in jedem zweiten Nachscheidungskonflikt ein Partner des sexuellen Missbrauchs verdächtigt wurde. Nun kann man nicht behaupten, dass diese 50 Prozent alle aus dem bewussten Willen heraus ausgesagt haben, dem Expartner schaden zu wollen, wenngleich solche Fälle dabei sein mögen. Nein, diejenigen, die das anzeigen, glauben es zum Teil wirklich.

Und hört man das nicht überall? *Er war so ein netter Nachbar und völlig unauffällig, so ein lieber Vater. Nein, das hätte keiner von ihm gedacht. Sind das nicht die Schlimmsten, denen man überhaupt nichts anmerkt? Und benimmt er sich nicht manchmal merkwürdig?*

Wenn wir wollen, dass sich jemand merkwürdig benimmt, finden wir auch Anzeichen, die genau das belegen. In den Nachscheidungskonflikten trifft es meistens die Männer. Doch auch Frauen sind nicht vor falschen Verdächtigungen geschützt. Salopp formuliert könnte man sagen: Sie kommen als Täter gerade in Mode.

Während im Zuge der gesellschaftlichen Aufklärung in den 1980er-Jahren der sexuelle Kindesmissbrauch im Vordergrund stand, und zwar im Wesentlichen der innerfamiliäre Missbrauch mit dem Slogan *Väter als Täter*, rückten in der Folge weitere Tätergruppen in den Fokus wie zum Beispiel Geistliche und Lehrer, speziell aus Internaten. Überspitzt formuliert würde es im Moment genügen, eine Aussage zu machen wie »Religionslehrer Schmidt hat mich vor zwanzig Jahren umarmt«, um dafür zu sorgen, dass dieser Lehrer unehrenhaft aus dem Amt entlassen würde. Perioden der gesellschaftlichen Aufklärung über Missstände in bestimmten Gruppen wechseln sich ab mit Perioden relativer Ruhe, bevor ein anderes Tabuthema geknackt wird, das Interesse einer anderen Gruppe gilt. Fachleute wussten bereits vor vielen Jahrzehnten, dass sexueller Missbrauch häufig im Nahbereich passiert, dass gerade im pädagogischen Umfeld Missbrauchstäter zu finden sind. Das ist ja auch logisch. Wenn man sich zu Kindern hingezogen fühlt, arbeitet man am liebsten in ihrer Nähe. Doch Vorsicht: Das bedeutet nicht, dass jeder, der gern mit Kindern arbeitet, ihnen Böses will.

Als ich 1988 in Berlin meine Professur am Institut für Forensische Psychiatrie antrat, erhielt ich dort weiterhin Aufträge zur Erstellung von Glaubhaftigkeitsgutachten. Im Laufe der Jahre habe ich hier zahlreiche Mitarbeiterinnen und Mitarbeiter ausgebildet. An mein erstes Gutachten in Berlin erinnere ich mich noch sehr gut. Vor der Verhandlung wollte ich mich der Richterin vorstellen, die es in Auftrag gegeben hatte, und klopfte an ihre Tür im Gericht. »Guten Tag, ich bin Max Steller.« Irritiert musterte mich die Richterin. Später erst begriff ich, dass so etwas in der Großstadt Berlin wohl nicht üblich war. Aber ich kam nun mal aus der Provinz, aus Schleswig-Holstein. Viel Wind und Surfen, und die Leute sagen sich Guten Tag.

So erstaunt die Richterin über meine persönliche Vorstellung gewesen sein mag, so erstaunt war ich, als ich erfuhr, dass sie mein Gutachten zahlreichen Kolleginnen und Kollegen zu lesen gegeben hatte mit dem Kommentar, dass ihr so was noch nie unter die Augen gekommen sei. Bislang hatte sie Glaubhaftigkeitsgutachten erhalten, in denen das Ergebnis lautete, das Gericht möge selbst entscheiden, der Gutachter habe keine konkrete Meinung entwickeln können. In diesen Gutachten wurde die Person der Belastungszeugin beschrieben, aber keine Beurteilung der Glaubhaftigkeit ihrer Aussage vorgenommen. Ich hatte in meinem Gutachten sehr wohl eine Meinung zur Glaubhaftigkeit der Anschuldigungen geäußert und diese mit inhaltsanalytischen Überlegungen begründet. Aufgrund dieser Vorgehensweise konnte ich mich vor Gutachtenanfragen bald kaum mehr retten, denn natürlich erleichtert ein eindeutiges Gutachten die Arbeit der Gerichte. So kam es zur Gründung einer Arbeitsgruppe für Glaubhaftigkeitsgutachten in Berlin, die wir heute Zentrum für Aussagepsychologie Berlin (ZAB) nennen.

Im Lauf der Jahre wuchs die Bedeutung der forensischen Glaubhaftigkeitsgutachten. Es ist aber nicht so, dass bei jedem Prozess ein Glaubhaftigkeitsgutachten angefordert wird. Wenn man einen Fahrraddiebstahl anzeigt, wird man als Zeuge nicht begutachtet. Wie bereits erwähnt, sind es besonders häufig Sexualdelikte, bei denen diese Gutachten Licht ins Dunkel widerstreitender Aussagen bringen sollen. Aber auch in anderen Fällen, bei denen Aussage gegen Aussage steht, können aussagepsychologische Gutachten zur Wahrheitsfindung beitragen.

Opferentschädigungsstellen, Versorgungsämter, die sich nicht sicher sind, ob sie es mit echten Opfern zu tun haben, wenden sich mittlerweile ebenso an uns wie Familiengerichte, die entscheiden müssen, ob sie ein Kind aufgrund von Vorwürfen über Misshandlung oder Missbrauch in Obhut nehmen müssen. Vor allem aber setzen Staatsanwaltschaften und Strafgerichte auf die Aussagepsychologie: Lügt ein Belastungszeuge? Oder sagt er unwissentlich die Unwahrheit? Und wer hat ihn eventuell in dieser Richtung beeinflusst?

Wissenschaftlich ist klar erwiesen, dass diese Fragen kein Lügendetektor beantworten kann. Es gibt auch keine zuverlässigen körperlichen Zeichen für Lügen wie etwa Erröten oder Schwitzen. Die forensisch-psychologische Glaubhaftigkeitsbegutachtung durch Sachverständige besteht in der systematischen Prüfung der Frage, ob eine (Zeugen-)Aussage anders als durch einen tatsächlichen Erlebnishintergrund zustande gekommen sein kann. Im Wesentlichen geht es um die Abklärung von zwei Gegenannahmen zur Erlebnisannahme. Erstens: Bei der zu prüfenden Aussage handelt es sich um eine absichtliche Falschdarstellung (Lügenhypothese). Oder zweitens: Bei der zu prüfenden Aussage handelt es sich um eine subjektiv für wahr gehaltene, auf einer Scheinerinnerung basierende Darstellung, deren Inhalt aber tatsächlich keine Entsprechung in einer vorausgegangenen Realität hat. Scheinerinnerungen entwickeln sich in der Regel auf der Basis fremd- und/oder autosuggestiver Prozesse. Daher wird die zweite Gegenüberlegung zur Wahrheitsannahme auch Suggestionshypothese genannt.

Solange diese Gegenüberlegungen zur Erlebnisannahme nicht stringent zurückgewiesen werden können, gilt in unserem Rechtsverständnis die Unschuldsvermutung. Auch deshalb ist es so wichtig für tatsächliche Opfer, dass wir mit der Inhaltsanalyse eine Methode zum Nachweis von Wahrheit haben.

Wenn Gutachter schlechtachten

Als ich selbst bereits einige Zeit in Berlin lebte und arbeitete, wurde mir klar, warum meine Arbeitsgruppe immer mehr Anfragen bekam: Bislang waren viele Gutachten nicht nur ohne eindeutige Meinung geblieben, viele »Expertisen« waren auch, ich führe hier einen persönlichen Begriff ein, keine Gut-, sondern Schlechtachten. Was mir zuweilen vor Augen kam, konnte ich kaum glauben. Mit inhaltsanalytischer Beweisführung hatte das jedenfalls nichts zu tun.

Ein Kollege beschränkte sich auf die Beschreibung der Persönlichkeit einer Zeugin und legte ausführlich dar, wie er ihren Lebenswandel beurteilte, ein anderer lieferte ebenfalls ausschließlich Moralgutachten nach dem Motto »guter oder schlechter Leumund«. Ich erinnere mich an ein Gutachten über den möglichen sexuellen Missbrauch an einem siebenjährigen Mädchen durch einen Nachbarn. In dem Schriftstück ging es vor allem um die Rocklänge der Mutter und deren Beziehung zu dem Nachbarn. So war ich bei manchen Schlechtachten regelrecht fassungslos. Was hatte die Rocklänge der Mutter mit der Frage zu tun, ob das Kind die Wahrheit sagte? In vielen Gutachten überwogen die personenbezogenen Details. Das empörte mich zutiefst, denn die aussagepsychologische Wissenschaft war doch längst viel weiter. Und schließlich ging es hier um Menschenleben, die durch ein solches Gutachten wenn auch nicht vernichtet, so doch stark beeinträchtigt werden konnten. Da muss man doch erwarten dürfen, dass der eingesetzte Sachverständige ausreichenden Sachverstand hat.

Leider ist das nicht immer der Fall. In meiner langjährigen Tätigkeit habe ich zahlreiche Geschichten von unschuldig Verurteilten gehört, die nie wieder auf die Beine gekommen sind. Ganz zu schweigen von den Opfern, denen zu Unrecht nicht geglaubt wurde. In beiden Gruppen können Schlechtachten die Ursache sein. Unkenntnis und Ideologien gehen manchmal eine unheilige Allianz ein. Es kommt dann zu Fehlurteilen, von denen die Öffentlichkeit nur wenig erfährt, eigentlich nur in sehr extremen Fällen oder wenn eine prominente Person beteiligt ist.

Lügen haben kurze Beine … und einen großen Kopf

In der Inhaltsanalyse, die als Standard in der Aussagepsychologie gilt, hält man sich an Fakten, die man nach wissenschaftlichen Kriterien überprüft. Erinnern Sie sich noch? Wer etwas erzählt, was er tatsächlich erlebt hat, wer also die Wahrheit sagt, muss sich dabei zwar anstrengen, sich gut zu erinnern, wer lügt, benötigt aber noch mehr Gehirnschmalz, denn er muss ja den Inhalt seiner Aussage erfinden. Er braucht viel kognitive Energie – so heißt Gehirnschmalz in der Psychologie –, wenn er in einer Vernehmung lügt, die Lügen oft wiederholt und weiß, dass er ja nicht nur seine erfundene Geschichte erzählen muss, sondern diese so authentisch wie möglich rüberbringen soll, damit sie wirkt, als wäre sie wahr. Und das alles in einer Extremsituation mit dem Bewusstsein, womöglich im Gefängnis zu landen, wenn die Täuschung misslingt. Eine Lüge stellt eine schwierige und auch anspruchsvolle geistige Leistung dar.

Ein grundlegender Unterschied zwischen einer wahren und einer gelogenen Darstellung besteht zunächst darin, dass der Ehrliche seinen Bericht aus dem Gedächtnis *rekonstruiert,* während der Lügner seine Geschichte *konstruieren* muss. Bei tatsächlichen Erlebnissen speichert man nebenbei noch viele andere Informationen und Sinneseindrücke ab, die man zusätzlich zu der Geschichte, die man erzählt, abrufen kann. *Es hat dort nach Lebkuchen gerochen, das Licht war so grell, ich habe an meinen Mann gedacht.* Für die Erfindung von Nebensächlichkeiten hat ein Lügner in der Regel keine Kapazitäten mehr frei.

Ein lügender Zeuge muss ein erhebliches Ausmaß seiner kognitiven Energie darauf verwenden, seine Falschdarstellung plausibel darzulegen, sich die erfundenen Informationen zu merken, diese gegebenenfalls spontan zu ergänzen, aber keine Informationen zu produzieren, die den Zuhörer skeptisch werden lassen könnten. Er muss außerdem die eigene Wirkung sowie die Wirkung der Aussage auf den Zuhörer kontrollieren. Daher ist davon auszugehen, dass die eigentliche Handlungsschilderung – je nach kreativer und geistiger Fähigkeit des Aussagenden – inhaltlich relativ wenig anschaulich ausfällt, weil für eine komplexe Darstellung keine Ressourcen mehr zur Verfügung stehen. Daraus resultiert, dass eine erfundene Handlungsschilderung eine geringere inhaltliche Qualität aufweist als eine wahre Bekundung über ein Erlebnis.

Wer die Wahrheit sagt, erlaubt es sich auch, hin und wieder zu zweifeln. Das kommt dem Lügner nicht in den Sinn, der ja danach trachtet, dass ihm geglaubt wird, wobei er nicht bedenkt, dass ihm vielleicht eher geglaubt würde, wenn er selbst gelegentlich einen Zweifel in seine erfundene Geschichte einstreuen würde. So wie es jemand tut, der die Wahrheit erzählt. *Ich glaube, dass es so war. Es kann auch anders gewesen sein.* Das sind keine Anzeichen für eine Lüge, sondern eher für die Wahrheit, denn so sprechen Menschen, wenn sie etwas erlebt haben, aber sich nicht sicher sind. Oftmals geht es ja um Ereignisse, die eine Weile, manchmal sogar Jahre zurückliegen. Da ist Unsicherheit durchaus angebracht. Es gibt aber noch eine Reihe weiterer Anzeichen, die deutlich zeigen, ob ein Mensch die Wahrheit sagt. Solche Merkmale nennen wir Realkennzeichen.

Die Fährte zur Wahrheit – Realkennzeichen

Zusammen mit meinem Kollegen Günter Köhnken erstellte ich noch an der Universität Kiel in den 1980er-Jahren eine Liste mit inhaltlichen Qualitätsmerkmalen von Aussagen, sogenannten Realkennzeichen. Wir haben diese Kennzeichen nicht erfunden, sondern Beschreibungen von anderen Wissenschaftlern systematisiert, um empirische Forschung mit den Realkennzeichen zu ermöglichen. Beurteiler sollten verschriftlichte wahre und unwahre Aussagen daraufhin prüfen, wie stark welche Realkennzeichen in ihnen vorkommen. Wir ließen in wissenschaftlichen Studien zunächst Kinder über Ereignisse berichten, die sie erlebt hatten. Diese verglichen wir mit Aussagen von anderen Kindern über dieselben Ereignisse. Die Vergleichsgruppe hatte die Geschehnisse allerdings nicht erlebt, sondern war aufgefordert worden, sie in einem Erzählwettbewerb zu erfinden – also zu »lügen«. Später führten wir denselben Versuch mit Erwachsenen durch. In einer Studie sollten Psychologiestudentinnen über ihre Geburtserlebnisse »berichten«, aber nur eine Gruppe von Frauen hatte tatsächlich ein Kind geboren, die Vergleichsgruppe sollte es so erzählen, als ob sie schon eine entsprechende Erfahrung gemacht hätte. Mittlerweile gibt es zahlreiche wissenschaftliche Analysen dieser Art, ja sogar Meta-Analysen, also Analysen der Güte der Analysen. Das eindeutige Ergebnis aus der Forschung besteht in einer Bestätigung der Grundannahme der Inhaltsanalyse: Erlebnisbegründete Aussagen besitzen eine andere Gestalt, nämlich eine höhere Qualität, als erfundene, also erlogene Aussagen.

Köhnken und ich publizierten unsere Systematisierung der Realkennzeichen zuerst in einem englischen Buch. Ich hielt mich nämlich in den 1980er Jahren häufig als Gastwissenschaftler in den USA auf und hatte festgestellt, dass die Methode der Inhaltsanalyse in Amerika gar nicht bekannt war. Zu dieser Zeit wurde in der amerikanischen Öffentlichkeit viel über sexuellen Missbrauch berichtet. Neben der Aufklärung über das Delikt kam es auch dort – wie bei uns später – zu viel beachteten Massen-Missbrauchsprozessen, in denen sich herausstellte, dass sie auf falschen Verdächtigungen beruhten. Amerikanische Kollegen entwickelten großes Interesse an unserem inhaltsanalytischen Vorgehen. Ich wurde zu Vorträgen und Workshops eingeladen, um unsere Methode vorzustellen.

Die Textanalyse anhand von Realkennzeichen ist heute unter der Bezeichnung *Criteria Based Content Analysis (CBCA)* in die internationale Literatur eingegangen. Das komplexe Vorgehen bei unseren Glaubhaftigkeitsbegutachtungen mit Berücksichtigung der Analyse der Aussageperson und der Aussagegeschichte wird in der internationalen Literatur als *Statement Validity Assessment (SVA)* bezeichnet. Aus vielen Ländern kamen Gastwissenschaftler nach Berlin, um SVA und CBCA zu studieren. Nicht nur ich, sondern auch Kolleginnen und Kollegen haben im In- und Ausland Fortbildungsveranstaltungen durchgeführt und Vorträge gehalten. Auch international wurde viel über CBCA geforscht, es gibt dazu Diplom- und Doktorarbeiten zuhauf. Die Realkennzeichenanalyse wurde empirisch bestätigt, sie hat sich auch in der Praxis bewährt. Ich betone das nicht, um Prof. Köhnken und mir auf die Schulter zu klopfen, sondern um herauszustellen, dass es eine wissenschaftlich begründete Möglichkeit gibt, die Wahrheit herauszufinden. Vielleicht nicht in hundert von hundert Fällen, aber doch in sehr, sehr vielen.

Und natürlich sollte die Strafjustiz alle vorhandenen wissenschaftlichen Erkenntnisse nutzen. Doch nach wie vor ist Aussagepsychologie kein Lehrfach in der juristischen Ausbildung, obwohl es nach dem Jurastudium heißt: Die Beurteilung des Wahrheitsgehalts von Aussagen ist die ureigene Aufgabe von Richtern. Handwerksmeister wird man nach einer Lehre mit einschlägigen theoretischen und praktischen Komponenten und nach langer Gesellenzeit. Richter wird man durch Ernennung. Das beinhaltet die Gefahr, ein Richterleben lang die Glaubwürdigkeit von Angeklagten und Zeugen aufgrund laienhafter Konzepte zu beurteilen und gar nicht oder erst durch Justizkatastrophen zu lernen, dass es nicht um die *Glaubwürdigkeit von Personen* geht, sondern um die *Glaubhaftigkeit von Aussagen* und dass es für deren Beurteilung in der Aussagepsychologie bewährte Methoden gibt. Diese können auch von Richtern gelernt werden. Es bedarf nicht immer der Hinzuziehung von Sachverständigen. Es bedarf aber einer Offenheit für außerjuristisches Wissen.

Aussageanalyse und Inhaltsanalyse, ich verkenne das nicht, klingen weit weniger sensationell als Lügendetektion. Das inhaltsanalytische Vorgehen erfordert Geduld, Akribie und Sitzfleisch. Man muss sehr gut zuhören können. Denn im Grunde genommen verrät eine Person durch das, was sie erzählt, ob sie die Wahrheit spricht. Wenn man anderen also intensiv zuhört und sich merkt, was sie gesagt haben, kann man nach Beschäftigung mit der Inhaltsanalyse mit hoher Wahrscheinlichkeit im privaten Umfeld auch als Laie herausfinden, ob jemand die Wahrheit spricht.

Mobbing: Weil du anders bist, quälen wir dich

Wenn … Wenn der Bernd damals mit sechs Jahren nicht diesen Unfall gehabt hätte. Immerhin, er überlebte, als ihn das Auto überfuhr. Ein Wunder, sagten die Ärzte. Doch er erlitt ein Schädel-Hirn-Trauma. Andere Patienten mit einer solchen Diagnose fristen ihr Leben im Pflegeheim. Bernd Meier lag sechs Wochen im Koma, vier Jahre dauerte die Rehabilitation. Der kleine Bernd war ein Kämpfer, und außerdem setzte seine Mutter alles daran, ihrem Sohn ein weitestgehend normales Leben zu ermöglichen. Sie förderte ihn bis zur Überforderung. Bernd kam auf das Gymnasium, wechselte zur Realschule, wechselte zur Volksschule. Gehänselt wurde er überall. Denn er war anders als die anderen. Sprach schwerfällig und umständlich und laut, wobei er übertrieben gestikulierte. Er trug eine Brille und schielte. Außerdem war er motorisch ungeschickt, und sein räumliches Sehen war eingeschränkt. Da er sehr fleißig war und immer kräftiger wurde, waren seine Leistungen bei handfesten Arbeiten sehr gut, beim Fingerspitzengefühl haperte es.

Bernd wollte sein wie andere. Er wollte dazugehören, und dafür arbeitete er hart. In der Schule, in der Freizeit und schließlich auch in seiner Lehre als Gärtner. Doch leider geriet er in einen Betrieb, der zehn Jahre lang zur Hölle für ihn werden sollte. Denn vier seiner Kollegen im städtischen Bauhof, zu dem die Gärtnerei gehörte, drangsalierten ihn. Schon am ersten Tag schlugen sie ihm ins Gesicht, was einen Vorgesetzten dazu veranlasste, dem neuen Lehrling zu erklären: »Bei uns gehen die Uhren anders.« Anstatt ihn auszubilden, machten sich seine Kollegen über ihn lustig – er wäre doch sowieso ein Idiot. Wegen seines Schielens wurde Bernd täglich verhöhnt, was allerdings noch zu den harmloseren Tatbeständen gehörte. Man befahl Bernd, sich auf den Marktplatz der Kleinstadt zu stellen und zu rufen: »Ich bin ein Nichts!« Bernd wehrte sich nicht. Er wollte einen guten Job machen, und was einem von Vorgesetzten aufgetragen wird, muss man erledigen. Zu den Standardsprüchen der Kollegen gehörte auch der Satz: »Bei Adolf wärst du vergast worden.«

Das ging Bernd nahe. Er war doch ein Mensch. Warum behandelten ihn die Kollegen schlimmer als die Tiere? Nein, nicht schlimmer. Auch Tiere hatten unter den vier Mobbern zu leiden. So die Katze, die sie bei lebendigem Leibe in die Häckselmaschine schoben, immer Bernd im Blick: »Bald machen wir dasselbe mit dir.« Wie die Frösche, die sie an die Wand warfen, und wenn sie platzten, lachten sie: »Du wirst lauter knallen.«

Bernd lachte nicht mit. Er mochte Tiere und eigentlich auch Menschen. Er wollte einfach nur in Frieden leben. In seiner Freizeit schaute er gern Heile-Welt-Serien im Fernsehen an, am liebsten *Das Traumschiff*. Bernd fragte seinen Opa, ob das stimme, dass er in der NS-Zeit vergast worden wäre. »Mach dir mal keinen Kopp«, sagte der Opa. »Die hätten dich ganz bestimmt nicht vergast, weil du da ja noch nicht auf der Welt warst.«

Eine Argumentation, die Bernd verstand. Sonst verstand er vieles nicht. Zum Beispiel Metaphern, Redensarten. Für Bernd bedeuteten die Wörter das, was sie besagten. Dass dahinter noch ein anderer Sinn sein sollte, erschloss sich ihm aufgrund seiner Hirnschädigung nicht. Das nennt man Konkretismus. Bernd war aber nicht minderbegabt. Seine Denkfähigkeit lag im Durchschnittsbereich, nur Fantasie besaß er gar nicht. Tagträumen, Reflektieren oder Schwärmen waren ihm fremd. Er erlebte die Welt so, wie er sie konkret und anschaulich wahrnahm, interpretieren war nicht seine Sache. Das kam wiederum seinem Gedächtnis zugute: Hier wurde nichts durch Bewertungen und Meinungen verändert, viele Erlebnisse waren sehr konkret gespeichert, auch solche, die lange Zeit zurücklagen.

Die Schikanen an Bernds Arbeitsplatz steigerten sich mit der Zeit. So musste er zum Beispiel bei gefrorenem Boden Bäumchen pflanzen. Und dann griffen sie auf den Körper von Bernd Meier über. Aus Mobbing wurde offene Feindseligkeit und schließlich blanker Sadismus. Einige aus derVierergruppe schlugen ihn auf das Brutalste mit Fäusten, Knüppeln und Latten und schweren Eisenketten, häufig bis zur Bewusstlosigkeit. Tritte, auch auf den Kopf, gehörten zum Alltag. Sie fesselten ihn und schleiften ihn an eine Anhängerkupplung gebunden über den Hof. Sie würgten ihn bis zur Bewusstlosigkeit. Sie verschlossen seinen Mund mit Klebeband und leiteten die Auspuffabgase eines Unimogs durch einen Schlauch in seine Nase. Sie banden ihn fest, drückten seinen Kopf auf einen Holzblock und hielten ihm eine laufende Kettensäge an den Hals. Später sollte Bernd Meier das so kommentieren: »Als ich den Luftzug spürte, dachte ich: Jetzt hab ich es hinter mir.« Seine »Schuld« bestand in nichts anderem, als im Alter von sechs Jahren in einen Autounfall verwickelt worden zu sein, in dessen Folge er sich von anderen Menschen, von gesunden Menschen unterschied. Wobei man in diesem Zusammenhang über den Begriff gesund durchaus nachdenken sollte.

Bernd Meier schwieg. Wer würde ihm schon glauben, ihm, dem Spasti, wie sie ihn in der Schule genannt hatten. Er arbeitete immer härter, um zu beweisen, dass er den Job verdiente. Er wusste doch, dass man ihm nicht glauben würde. Allein seine Mutter würde für ihn kämpfen, wie immer, aber die wollte er da nicht mit reinziehen, sie hatte genug für ihn getan. Also sprach er mit niemandem über seine Qual. Auch wenn er sich vor Schmerzen kaum bewegen konnte, biss er die Zähne zusammen und erschien zum Dienst. Er wollte sich nicht nachsagen lassen zu kneifen. In seiner Freizeit besuchte er ein Fitnessstudio, damit er kräftiger wurde. Bei der Arbeit trug er auch im Sommer dicke wattierte Kleidung über Wollpullovern, damit es nicht so wehtat, wenn sie ihn sich »zur Brust nahmen«. Diese Jacken und Anoraks brachte er dann später auch mit in den Gerichtssaal, als Beweis für den Richter. Doch die Klamotten halfen ihm leider nicht, denn sie waren ja keine Rüstung, und die hätte er gebraucht.

Bernd Meiers Freundin, die er mittlerweile hatte, sprach später vor Gericht von dicken geschwollenen Striemen auf dem Körper ihres Freundes und dunkelblauen Hämatomen. Nie sei Bernd unverletzt gewesen, kaum sei die eine Stelle abgeheilt, habe er schon eine neue Verletzung gehabt. Manchmal seien seine Knie so geschwollen gewesen, dass er kaum laufen konnte. Oder er konnte den Nacken vor Schmerzen nicht bewegen. Wegen der ständigen Kopfschmerzen habe er auch nur Schuhe mit Klettverschluss getragen, da muss man den Kopf ja nicht so lange unten halten, wie wenn man Schnürsenkel bindet. Manchmal stiegen ihm schon beim Husten oder Niesen Tränen in die Augen, so starke Schmerzen hatte er. Rippenprellungen gehörten zu seinem Alltag. Dennoch behielt er das

Entsetzliche für sich. Lange, lange Zeit verschloss er alles in sich. Und wenn er gefragt wurde, antwortete er, er sei hingefallen, etwas sei auf ihn draufgefallen, er sei gestolpert. Eines Tages zwang ihn die Mutter zum Röntgen. Dort stellte man zwei Rippenfrakturen fest. Ihm sei eine Betonplatte auf die Brust gefallen, behauptete der Sohn.

In all den Jahren der sadistischen Quälereien schimpfte Bernds Mutter, die ja nichts ahnte, mit ihrem Sohn, weil sie seine Wäsche ständig ausbessern musste. Er entschuldigte sich für die Risse und Dreckspuren, wenn sie ihn mal wieder über den Hof oder durch den Wald geschleift hatten, an die Anhängekupplung gekettet.

Im Juli 2008 konnte Bernd Meier nicht mehr. Einer der vier Kollegen hatte ihn morgens mit einem Rechen so brutal verprügelt, dass der Rechen zerbrach. Dann hatte er weitergemacht, mit dem Stiel auf den Kopf und das Gesicht von Bernd Meier eingeschlagen. Wie immer wehrte Bernd sich nicht. Aber so wie der Rechen zerbrochen war, scheint in diesem Moment etwas in Bernd Meier gebrochen zu sein: das Schweigen. Weinend rief er seine Mutter an. Vor Schmerzen konnte er kaum noch atmen. Es waren ja nicht nur die neuen Verletzungen, die ihm zu schaffen machten. Auch die alten. Er brauchte Trost, Zuspruch. Damit er weiterarbeiten konnte. Die Mutter sagte, er solle sofort zu ihr kommen. Davon wollte Bernd Meier zunächst nichts wissen, dann gab er nach. Zu Hause erzählte er ihr von der Sache mit dem Rechen. Und er beschwor seine Mutter: »Du darfst niemandem erzählen, was ich dir gesagt habe. Versprich mir das!«

Die Mutter rief den Vorgesetzten ihres Sohnes an. Sie erhoffte sich Aufklärung, denn Bernd hatte wirr gesprochen, von Weinen geschüttelt. Der Vorgesetzte hatte natürlich keine

Ahnung, sagte er, was sich später im Prozess anders darstellte. Viele auf dem Bauhof schienen zu wissen, was sich dort abspielte. Vielleicht nicht das gesamte Ausmaß, aber die Aggressivität der Vierergruppe war bekannt. Auf dem Bauhof hatten offenbar viele Kollegen Angst vor dem Schlägertrupp.

Als die Mutter Bernd abends erzählte, dass sie mit seinem Chef geredet hatte, war dieser nicht mehr zu beruhigen: »Jetzt bringen sie mich um.« Die Mutter ließ nicht locker. So erfuhr sie nach und nach die ganze brutale Wahrheit.

Die Mutter suchte den Chef des Bauhofs auf. Weil sie dort wiederholt kein Gehör fand, erstattete sie Anzeige bei der Polizei. Bernd Meier ließ sich von ihr überzeugen, endlich sein Schweigen zu brechen. Bei mehreren Terminen schilderte er einem Kriminalbeamten seine Erlebnisse. Dieser ließ sich nicht von der schwerfälligen Sprechweise des Opfers in der Ausübung seines Berufs behindern, sondern ermittelte gründlich. Als Ergebnis seiner Vernehmungen listete er allein für die vergangenen zwei Jahre einhundertsechsundvierzig zum Teil massive sadistische Nötigungs- und Körperverletzungsdelikte auf. Angesichts der Taten aus den letzten zwei Jahren kam es nicht mehr darauf an, auch die früheren Taten der Vierergruppe detailliert zu ermitteln.

Nach den polizeilichen Vernehmungen prüfte die Staatsanwaltschaft noch einmal die Aussagen von Bernd Meier. Sie nahm schließlich sechzig Taten in die Anklageschrift vom September 2009 auf. Das waren jene Fälle, die von Bernd Meier zeitlich und örtlich sehr gut bestimmt werden konnten – was er natürlich nicht mehr für alle Fälle konnte, die ja in sehr ähnlicher Weise abgelaufen waren. Außerdem gelang es der Staatsanwaltschaft, bei diesen sechzig Fällen einzelne Tatbeiträge den entsprechenden einzelnen Akteuren aus der Vierergruppe zuzuordnen.

Vor Abfassung der Anklageschrift holte die Staatsanwaltschaft bei mir ein aussagepsychologisches Gutachten über die Glaubhaftigkeit der Angaben von Bernd Meier ein, denn alle Beschuldigten wiesen die Anschuldigungen zurück. Lediglich der Vorfall mit dem Rechen im Juli 2008 wurde eingeräumt. Für den Tag lag auch ein ärztliches Attest mit einer Beschreibung der Verletzungen vor, der zerbrochene Rechen war von der Polizei später sichergestellt worden. Der Schlag mit dem Rechen sei ein einmaliger Ausrutscher gewesen, sagte der Schläger aus der Vierergruppe. Er habe da ausnahmsweise leider die Beherrschung verloren, weil Bernd Meier schlecht gearbeitet habe und sich nichts habe sagen lassen. Alles andere habe Bernd Meier aus Rache für diesen einen Schlag erfunden.

Aussage gegen Aussage: Die Begutachtung

Wie bei Sexualdelikten fehlen auch bei Mobbing oder Körperverletzungen oft Beobachter als Augenzeugen. Viele Kollegen von Bernd Meier wurden polizeilich vernommen; keiner wollte irgendetwas bemerkt oder gesehen haben. Es gab nur einen Kollegen, der aussagte, er habe sich gewundert, dass Bernd auch im Hochsommer so dick angezogen gewesen sei oder dass Bernd unruhig und ängstlich gewesen sei, wenn er ihn zu Einsätzen mit den Kollegen in den Wald gefahren habe. Und manchmal habe Bernd Meier Andeutungen gemacht, die der Kollege aber nicht verstanden habe. Dass er heute wohl wieder was abkriegen würde. Dass das wohl noch weitergehen würde, bis er vierzig wäre. Der Zeuge konnte sich das Ausmaß des Grauens, das Bernd Meier schilderte, nicht vorstellen.

Auch die Anwälte der Vierergruppe bezeichneten die Anschuldigungen von Bernd Meier als unfassbar, ja als Lügen oder Fantasiegebilde. Diesem psychisch ja ohnehin auffälligen Belastungszeugen könne auf keinen Fall geglaubt werden. Wenn Herr Meier wirklich so hätte leiden müssen, wäre er doch wohl mal zum Arzt gegangen. Das war er ja auch, aber er hatte seine Verletzungen jeweils anders als durch Taten der Vierergruppe erklärt. Und überhaupt: Wer lässt schon solche Taten zehn Jahre lang geschehen, ohne wenigstens mit irgendjemandem über sie zu sprechen oder sie anzuzeigen? So argumentierten die Verteidiger. Damit stand die Aussage von Herrn Meier gegen die Aussagen der vier anderen Männer und gegen die Zweifel von vielen Kollegen und Vorgesetzten, die alle auf seine »Besonderheiten« hinwiesen.

Der Auftrag zu einem Gutachten über die Glaubhaftigkeit von Herrn Meiers Aussage erreichte mich Ende Dezember 2008. Aufgrund meiner Terminsituation konnte ich Herrn Meier erst im Mai 2009 begutachten. Mittlerweile war er neunundzwanzig Jahre alt, die infrage stehenden Geschehnisse auf dem kleinstädtischen Bauhof lagen fast zwei Jahre zurück. Wegen seiner frühkindlichen Hirnverletzung schlug ich vor, einen Psychiater an der Begutachtung zu beteiligen, der die grundsätzliche Aussagetüchtigkeit von Herrn Meier beurteilen sollte.

Die Begutachtung verlief erstaunlich problemlos. Herr Meier konnte mehrstündigen Explorationen an zwei Tagen ohne erkennbare Ermüdungserscheinungen folgen, Pausen wollte er eigentlich gar nicht machen. Viele der angeklagten Handlungen beschrieb er detailliert. Er sprach laut und im Vergleich zu seiner polizeilichen Vernehmung, die als Videoaufzeichnung vorlag, sehr schnell. Manchmal schilderte er weitschweifig oder verharrte lange bei Details, die ihm bedeutsam erschienen. Dann wiederum vollzog er sprunghafte Themenwechsel, er sprang abrupt von der Schilderung eines Vorfalls zu Details eines anderen Vorfalls. Sein Redefluss war kaum zu stoppen, er wirkte keineswegs kontrolliert. Im Gegenteil: Seine sichtlich starke emotionale Beteiligung beim Erzählen steigerte sich schnell.

Mein psychiatrischer Kollege beschrieb das Aussageverhalten von Herrn Meier in seinem Teil unseres gemeinsamen Gutachtens als typischen Ausdruck der unfallbedingten Hirnverletzung. Prinzipielle Einschränkungen der Aussagetüchtigkeit von Herrn Meier würden sich daraus aber nicht ergeben. Vielmehr sei er aufgrund seines Konkretismus und seines »Klebens« an Details eigentlich ein besonders guter Zeuge. Er würde eben nicht generalisieren oder interpretieren, wie manche Zeugen ohne Störungen es tun. Das könne er ja gar nicht. Er könne auch keine (Lügen-)Geschichten erfinden. Auf die Frage, wie er in der Schule beim Schreiben von Aufsätzen abgeschnitten habe, hatte Herr Meier geantwortet, das sei eine Katastrophe gewesen, ein totales Versagen.

Aus alldem ergab sich: Herr Meier hatte als Folge seines Unfalls seine Eigenarten, aber seine prinzipielle Aussagetüchtigkeit als Belastungszeuge stand außer Frage. So blieb die Glaubhaftigkeit seiner Bekundungen zu prüfen. Ich legte dar, dass bereits die Vielzahl der Anschuldigungen als ein Realkennzeichen zu werten sei. Unter Bezug auf das Konzept von Lüge als geistige Leistung erklärte ich, dass sich ein Lügner wohl kaum über hundert einzelne Handlungen ausdenken könnte und würde. Und wenn doch, würde er dann bei einigen Sachverhalten sagen, dass er sich an diese nur noch schlecht erinnere, aber andere sehr detailliert darstellen? Nein, ein Lügner will überzeugen, dazu braucht es eine überschaubare Anzahl knackiger Fälle, nicht eine Vielzahl von Fällen mit bunter Mischung von gravierenden und eher banalen Übergriffen.

Auch das Aussageverhalten von Herrn Meier bezeichnete ich als Realkennzeichen: Sowohl bei der Polizei als auch bei der Begutachtung schilderte er nicht in chronologischer Folge; seine Reihenfolge beim Erzählen war erkennbar von seiner Empörung über bestimmte Sachverhalte bestimmt. Widersprüche kamen trotz seines sprunghaften Erzählens nicht vor. Hätte Herr Meier gelogen, so müsste er diesbezüglich geradezu ein Genie sein: Er müsste nicht nur kreativ im Erfinden von Gemeinheiten sein, sondern er müsste auch Empörung und Temperament simuliert, sich dabei aber so unter Kontrolle gehabt haben, dass er nicht den roten Faden verlor und sich nicht in Widersprüche verwickelte.

Darüber hinaus erbrachte die Inhaltsanalyse: Bernd Meiers Darstellungen über körperliche Verletzungen durch Misshandlungen stimmten mit dem Inhalt von ärztlichen Berichten überein, die aufgrund von Untersuchungen erstellt wurden, bei denen er andere Erklärungen für seine Verletzungen abgegeben hatte. Die Berichte wurden aber jetzt erst eingeholt oder lagen bei seiner Mutter. Er müsste bei seinen Schilderungen von Übergriffen entsprechende zeitliche und inhaltliche Abstimmungen mit tatsächlichen ärztlichen Befunden vorgenommen haben, wenn seine jetzigen Schilderungen erlogen sein sollten.

Aufgrund der Aussage seiner Mutter war klar: Bernd Meier hatte wesentliche Sachverhalte seiner Beschuldigungen schon zeitnah zur »Eskalation« im Juli 2008 ihr gegenüber offenbart, also nach dem Schlag mit dem Rechen. Er hätte also sehr schnell viele zusätzliche Einzelfälle zum Rechen-Vorfall erfinden müssen. So sprach auch die Analyse der Aussageentstehung gegen die Lügenhypothese.

Und deshalb konnte ich die Lügenhypothese aufgrund der Ergebnisse meiner aussagepsychologischen Analyse stringent zurückweisen.

Ich legte zusätzlich dar, dass Herr Meier sein Erleben in einer Weise geschildert hatte, wie es in Büchern über Mobbingerleben enthalten sei. Herr Meier las aber solche Psychobücher gar nicht. Als ich ihn nach Büchern fragte, nannte er ein einziges Gartenbuch, das er besitze. Und ob Mobbing jemals in der Serie *Das Traumschiff* vorkam, entzieht sich meiner Kenntnis. Die Darstellung seiner Wehrlosigkeit über Jahre kann in psychologischer Begrifflichkeit als »gelernte Hilflosigkeit« interpretiert werden. Seine Erzählungen über mehr oder weniger taugliche Bewältigungsversuche durch dicke Jacken und körperliches Training können als Ausdruck von Kontrollverlust und Bemühen um Rückerlangung der Kontrolle gedeutet werden. Man kann sich fragen, wie der in höchstem Maße »unpsychologische«, ganz am Konkreten haftende Bernd Meier so eine typische, psychologisch stimmige Mobbing-Dynamik zusätzlich zu den Handlungsschilderungen erfunden haben kann, obwohl gerade das Psychologisieren ihm wirklich nicht lag. Theoretische Kenntnisse, aufgrund derer er eine stimmige Lüge über Mobbing konstruieren könnte, konnte man bei ihm nicht voraussetzen. Ich betonte im Gutachten dennoch, dass ich aus der Darstellung von Herrn Meier über die Psychodynamik zwischen ihm und den Akteuren der Vierergruppe keine direkten positiven Ableitungen zur Glaubhaftigkeit der infrage stehenden Geschehnisse zog. Ich schlussfolgerte lediglich, dass das lange Verschweigen durch Herrn Meier dem positiven Ergebnis der Glaubhaftigkeitsbeurteilung nicht entgegenstand, sondern geradezu typisch für entsprechende Mobbing-Konstellationen war.

Nun blieb noch die Suggestionshypothese – als zweite Gegenüberlegung zur Wahrheitsannahme – zu beurteilen. Bereits mein psychiatrischer Kollege hatte darauf hingewiesen, dass die Besonderheiten in der Persönlichkeitsstruktur von Bernd Meier gerade keine Anfälligkeit für die Ausbildung autosuggestiver Prozesse und keine besondere Empfänglichkeit für suggestive Anregungen von außen darstellten. Vielmehr standen mangelnde Fantasiefähigkeit und geringe Abstraktionsfähigkeit, der erwähnte Konkretismus, der Entstehung fiktiver Vorstellungen im Sinne von Scheinerinnerungen eher entgegen. Die Analyse von Aussageentstehung und Aussageentwicklung über die polizeilichen Vernehmungen bis hin zur aussagepsychologischen Exploration sowie inhaltliche Charakteristika der Aussagen von Herrn Meier ergaben ebenfalls keine Hinweise auf suggestive Vorgänge. Während für die Begründung der Lügenhypothese wenigstens ein denkbares Rachemotiv aufgrund der Ereignisse im Juli 2008 herangezogen werden konnte, fehlte für die Suggestionshypothese also jegliche Begründung.

Die Gerichtsverhandlung: Verteidigung in Bauhof-Manier

Nach den Begutachtungen dauerte es noch einmal etwa ein Dreivierteljahr bis zur Hauptverhandlung. Dort wurde schnell deutlich, dass die vier Angeklagten und ihre Verteidiger sich über die Verteidigungsstrategie nicht einig waren. Der Hauptangeklagte, der auch das Mobbing-Rudel angeführt hatte, bzw. sein Verteidiger bestimmten offenbar die Strategie: Nichts außer dem Schlag mit dem Rechen sei passiert, der Rest sei der Fantasie des Belastungszeugen entsprungen, alle Anklagepunkte würden auf dessen Scheinerinnerungen beruhen.

Das Ergebnis meiner Begutachtung war dem Rudelführer natürlich nicht genehm. Er und sein Anwalt hatten mit einem anderen Ergebnis gerechnet, schließlich war ich »ihr« Gutachter: Aufgrund ihres Antrages war es überhaupt zur Begutachtung gekommen. Nun verlangte dieser Anwalt ein neues Gutachten eines anderen Sachverständigen – ohne Erfolg. Was dem Verteidiger sichtlich missfiel. Manchmal mutiert man als Gutachter in so einer Konstellation in der Bewertung einiger Verteidiger, die sich nicht angemessen mit dem Inhalt eines Gutachtens auseinandersetzen wollen, vom im Antrag hochgelobten Sachverständigen zum unverständigen Deppen, der die Falschaussage des psychisch gestörten Belastungszeugen nicht erkannt hat. Das gehört zum Geschäft. Nicht bei allen Verteidigern; manche sind sich dafür zu schade, Gott sei Dank.

Auch Bernd Meier musste in der Verhandlung erleben, dass man ihn als geistig minderbemittelt darstellte. Es ist natürlich die Aufgabe von Verteidigern, die Interessen ihrer Mandanten zu vertreten, also zu versuchen, deren Unschuld zu beweisen. Dazu sollten aber nicht alle Mittel recht sein. Es darf nicht sein, dass Zeugen oder Sachverständige mit unfairen Mitteln diskreditiert werden.

In der Verhandlung gegen die Vierergruppe zog der Verteidiger des Anführers immer wieder die Suggestionskarte. Doch seine Bemühungen liefen meistens ins Leere, da die anderen Verteidiger nicht mitmachten und der Vorsitzende Richter dafür sorgte, dass die mehrtägige Verhandlung weitgehend in Ruhe über die Bühne ging.

Ob er sich mal gefragt habe, warum die vier das denn gemacht hätten, wurde Herr Meier unter anderem vom Richter gefragt. »Weil ich lebe«, antwortete er. Und seine sonst immer laute Stimme klang leise.

»Aber wie konnten Sie das aushalten?«, fragte der Richter weiter. Bernd Meier erklärte: »Niemand hätte mir geglaubt. Denn die anderen, das waren doch vier. Ich bin bloß einer. Die anderen sind viel länger im Bauhof. Ich bin ganz unten. Und ich wollte die Arbeit nicht verlieren. Und meiner Mutter wollte ich keinen Kummer machen.«

»Aber Sie wurden schwer verletzt. Sie hatten Schmerzen. Wie konnten Sie so lange schweigen?«, fragte der Richter.

»Ich hatte Angst«, antwortete Bernd Meier. »Todesangst«, ergänzte sein Anwalt. Die vier hätten ihm deutlich gesagt, was sie mit ihm machen würden, wenn er »die Fresse nicht halten« würde. Dann würden sie ihn mit der Kette, mit der er ja schon Bekanntschaft gemacht hätte, erwürgen. Und was mit seiner Leiche geschehen würde, sei ja auch geklärt: Die Häckselmaschine warte auf ihn. Oder: »Aus der Jauchegrube holt dich keine Pumpe mehr raus!«

Das Urteil im Bauhof-Prozess wurde am 8. Juli 2010 verkündet. Der sadistische Haupttäter wurde zu vier Jahren Freiheitsstrafe verurteilt, ein Mitläufer, dem keine eigentliche Tat nachzuweisen war, der aber zu feige war, einzugreifen, wurde freigesprochen. Die anderen beiden erhielten Freiheitsstrafen von zwei Jahren und neun Monaten bzw. anderthalb Jahren.

Niemand kann wissen, wie das Urteil gelautet hätte, wenn die Angeklagten und ihre Verteidiger eine andere Strategie gewählt hätten. Bernd Meier wollte keine Rache, die sich in hohen Strafen niederschlug, sondern als Mensch anerkannt werden. Das Gericht hat dem entsprochen. Wahrscheinlich wäre er für eine Entschuldigung durch die Angeklagten sehr dankbar gewesen. Dazu kam es aber nicht. Ob sich die vielen

»Weggucker« an seinem Arbeitsplatz, darunter Vorgesetzte, nach dem Urteil geschämt haben, ob es für sie eventuell dienstliche Konsequenzen gab und wic cs Hcrrn Meier nach dem Urteil ergangen ist, entzieht sich meiner Kenntnis. Immerhin konnte man in Zeitungen lesen, dass der Bauhof vollkommen umstrukturiert worden sei.

Bernd Meier gehört zu den »Probanden«, deren Schicksal es mir manchmal schwer macht, die gebotene Neutralität eines Sachverständigen einzuhalten. Dem Wunsch, mehr zu tun, kann ich nur eins entgegenhalten: Meine Begutachtung hat immerhin mitgeholfen, dass ihm letztlich geglaubt wurde.

Ausrede oder Wahrheit: Der Fall Susanne

Susanne Fuchs war das älteste von vier Kindern. Im Alter von vierzehn Jahren verließ sie ihr Elternhaus wegen Schul- und Erziehungsproblemen. Ihre Eltern kamen nicht mehr mit ihr zurecht, und Susanne wollte auch nicht mehr bei ihren Eltern leben. Das Jugendamt vermittelte den Aufenthalt in einer betreuten Wohngruppe. Die beiden Brüder blieben im Elternhaus. In der Wohngruppe fiel Susanne durch aggressives Verhalten gegenüber Mitbewohnerinnen auf. Innerhalb kürzester Zeit kam es zu mehreren Polizeieinsätzen wegen Ladendiebstahls und anderer kleinerer Vergehen wie beispielsweise Demolierung eines Zigarettenautomaten. Bei einer polizeilichen Vernehmung wegen eines Schmuckdiebstahls in einer Drogerie im Wert von 20 Euro schlug die Vierzehnjährige wild um sich und schrie dann: »Wollt ihr mich jetzt auch ficken, so wie mein Vater, das kenne ich schon, alle Erwachsenen sind Arschlöcher.«

Auf Nachfrage gab Susanne an, von ihrem Vater sexuell missbraucht worden zu sein. Daraufhin wurde sie ausführlich als Zeugin in einem Sexualdelikt vernommen. Hierbei wurde sie auch belehrt, dass sie nicht aussagen müsse, da es sich um ihren Vater handele, sie habe ein Aussageverweigerungsrecht.

Doch Susanne wollte aussagen und erzählte, dass der sexuelle Missbrauch – »Er hat mich befummelt« – im Alter von zwölf Jahren begonnen habe, als ihre Mutter nach einem Autounfall mehrere Wochen im Krankenhaus gelegen habe. Der Vater habe sie »da unten angefasst« und auch einmal versucht, »seinen Schwanz in mich reinzustecken«.

»Hat er das gemacht?«, wurde Susanne Fuchs gefragt, denn das ist ein wichtiges Kriterium. Handelt es sich um sexuellen Missbrauch oder penetrativen sexuellen Missbrauch? Dieser ist als schwerer sexueller Missbrauch in einem Extraparagrafen des Strafgesetzbuches geregelt. Er umfasst alle Handlungen, die mit dem Eindringen in Körperöffnungen verbunden sind. Susanne gab an, dass sie es nicht mit Bestimmtheit sagen könne, da sie im Alter von zwölf Jahren noch keine sexuelle Erfahrung gehabt habe. Sie habe nicht unterscheiden können, ob er »dran« oder »drin« gewesen sei.

Es dauerte ein halbes Jahr, bis Susanne von einem speziellen Dezernat am Landeskriminalamt vernommen wurde. Auch hier sind die Wartezeiten leider sehr lang; die Mitarbeiter sind überlastet. Und außerdem dauerte es, bis die Polizei an Susannes Wohnort den Vater und ihre Brüder sowie ihre Schwester und Mutter vernommen hatte. Susanne Fuchs gab auch bei einer Videovernehmung im Landeskriminalamt an, im Alter von ungefähr zwölf Jahren sexuell missbraucht worden zu sein. Die Videoaufnahme wurde mir später übermittelt, als ich zum Sachverständigen bestellt wurde. Mutter und Brüder stellten sich hinter den Vater. Susanne wurde der Lüge bezichtigt, beschimpft, bedroht, ja ausgestoßen, worunter sie laut eigener Aussage sehr litt.

Die Anklage

Susanne Fuchs berichtete, dass der Vater ihr mehrfach in verschiedenen Situationen die Hose heruntergezogen, sich selbst entkleidet und seinen Penis bis zum Samenerguss an ihrer Scheide gerieben habe. Angeblich habe er ihr sein Verhalten damit erklärt, dass er seiner Tochter demonstrieren wolle, wie wehrlos sie sei, wenn einmal ein Mann versuchen würde, sie zu vergewaltigen. Mehrmals habe Susanne vor Schmerzen geweint, da habe er aufgehört.

Nun wurde ein erstes Glaubhaftigkeitsgutachten in Auftrag gegeben, denn da die Familie die Vorwürfe vehement bestritt und Susanne Fuchs erstens nicht unmittelbar nach der Tat ausgesagt hatte und zweitens in einer Situation, in der sie wegen des Ladendiebstahls unter Rechtfertigungsdruck stand, schien vorstellbar, dass sie die Anschuldigungen erfunden hatte, um von dem Diebstahl abzulenken. Hinzu kamen ihre bisherigen polizeilichen Anzeigen, ihre Aggressivität, die Tatsache, dass sie eine Förderschule besuchte, und ihr früher Auszug von zu Hause. Die Gutachterin kam zu dem Schluss, dass die Beschuldigungen von Susanne zwar in weiten Teilen glaubhaft klingen würden, doch wegen der Vorgeschichte sei keine ausreichende Sicherheit für eine positive Glaubhaftigkeitsbeurteilung gegeben. Sie beschrieb Susanne Fuchs im Gespräch als latent aggressiv und argumentierte, die Angaben könnten Ausreden für ihre Diebstahls- und Aggressionsdelikte sein.

Trotz des unklaren Ergebnisses bei der Glaubhaftigkeitsbegutachtung erhob die Staatsanwaltschaft Anklage gegen Susannes Vater beim Landgericht. Diese wurde allerdings nicht zur Verhandlung zugelassen, da sich der Vater zu dem Zeitpunkt, der in der Anklage als Tatzeit angegeben war, nicht in

Deutschland aufgehalten hatte, wie sein Verteidiger nachwies. Damit wäre die Sache beinahe zu Ende gewesen. Man hätte denken können, dass Susanne gelogen und dabei übersehen hatte, dass ihr Vater zur behaupteten Tatzeit gar nicht da gewesen war. Susanne hatte unbestimmte Zeitangaben gemacht: Als Mutti im Krankenhaus war, als wir noch in der und der Wohnung wohnten – wie wir es alle tun, wenn wir nicht nach einem Terminkalender leben. Doch die Staatsanwaltschaft hatte aus ihren Angaben falsche Schlüsse gezogen bzw. sich schlicht um ein Jahr vertan, als sie aus Susannes Angaben genaue Daten errechnete. Auch durch so eine Flüchtigkeit kann schnell Unrecht geschehen. Die Anwältin von Susanne Fuchs legte Beschwerde ein, die von einem Oberlandesgericht geprüft wurde. Dort gab es einen schlauen Kopf, der alle zeitlichen Angaben, die Susanne bisher gemacht hatte, sehr genau unter die Lupe nahm und den Fehler erkannte. Jedenfalls sah sich die Staatsanwaltschaft schließlich genötigt, ihren Fehler zu korrigieren und die Tatzeit in der Anklage um ein Jahr zu verändern, was den Angaben von Susanne gerecht wurde. Nun wurde die Anklage zur Verhandlung zugelassen, aber es verging noch einmal viel Zeit, bis das Hauptverfahren an einem Landgericht begann und das Gericht mich mit einem Glaubhaftigkeitsgutachten beauftragte. Da das erste Gutachten im Ergebnis nicht eindeutig war, sollte ich herausfinden, ob Susanne Fuchs die Wahrheit sagte. Susanne Fuchs stand kurz vor ihrem zwanzigsten Geburtstag, als sie zur Begutachtung bei mir erschien.

Die Entwaffnung

Mit den Worten »geile Hütte« betrat sie mein Arbeitszimmer. Sie war Punkerin. Kurze, schwarz gefärbte Haare, viel schwarze Schminke um die Augen, schwarze Lippen und zahlreiche Piercings an Augenbrauen, Nase, Unterlippe. Sie trug eine schwarze Hose und ein schwarzes, kurzärmeliges T-Shirt. Sie roch nach kaltem Rauch und einem süßlichen Parfüm und kaute Kaugummi, als hinge ihr Leben davon ab. Provozierend lief sie in meinem Arbeitszimmer herum und ließ dabei mehrere rosafarbene Kaugummiblasen platzen. Schließlich setzte sie sich unaufgefordert vor meinen Schreibtisch und wiederholte: »Echt geile Hütte.«

Ich nickte zustimmend, was sich allerdings lediglich auf den Inhalt ihrer Bemerkung, nicht auf die Art des Vortrags bezog. Mein Büro lag in einer Jugendstilvilla in Berlin-Dahlem. Es war das ehemalige Schlafzimmer der Villa mit einem wunderbaren Balkon, der in einen parkähnlichen Garten mit riesigen Bäumen hinausging.

»Was kost'n das so Miete?«, erkundigte sich Susanne Fuchs.

»Das weiß ich nicht. Ich arbeite hier ja nur.«

»Kriegen Sie alles bezahlt, verstehe. Haben Sie auch einen Dienstwagen, dickes Ding, oder?«

»Zuerst einmal danke, dass Sie heute hierhergekommen sind, Frau Fuchs. Denn das müssten Sie ja nicht«, erinnerte ich sie an die Freiwilligkeit ihres Besuchs bei mir.

Wieder platzte eine Blase. »Weiß schon. Aber ich will das so. Weil, es ist echt die Hölle draußen. Alle sagen, ich lüge. Eigentlich ist es nach der Anzeige noch viel schlimmer geworden. Deshalb finde ich es auch so scheiße, dass das so lange dauert. Ich habe den Bullen die Sache vor fünf Jahren erzählt. Und der läuft immer noch frei herum.«

»Es tut mir auch leid, dass es so lange gedauert hat. Aber jetzt sind Sie ja hier.«

Zur Bestätigung ließ Susanne Fuchs eine Blase besonders laut platzen. Es klang wie ein Schuss. Ich überlegte, wie ich sie entwaffnen könnte.

»Meine Brüder hassen mich«, fuhr Frau Fuchs fort. »Manchmal hab ich total Angst, obwohl ich jetzt in einer anderen Stadt wohne.«

»Möchten Sie etwas zu trinken?«

»Cola.«

»Leider gibt's hier nur Wasser.«

»Das ist aber nicht stilecht in so 'ner Villa«, grinste sie. Sie hatte sehr schöne Zähne und einen offenen Blick. Obwohl sie so derb auftrat, war deutlich zu spüren, dass ihr unser Gespräch wichtig war. Was aber natürlich noch kein Anzeichen dafür war, dass sie die Wahrheit sagte. Es könnte ihr auch wichtig sein, die Sache hinter sich zu bringen oder ihre Lügen loszuwerden. Und wer sagte denn, dass, angenommen es handelte sich um eine falsche Aussage, sie das überhaupt wusste? Es könnte ja auch eine Scheinerinnerung vorliegen.

Ich wundere mich oft darüber, wie schnell Menschen sich öffnen und auch über intime Sachverhalte sprechen, wenn man ein geeignetes Gesprächsklima schafft und sie nicht zu früh mit Detailfragen bedrängt. Es ist so ähnlich wie beim Arzt. Da zieht man sich manchmal gleich nach der Begrüßung aus und findet das normal. Ich habe mir über die Herstellung dieser besonderen Gesprächssituation bei Gutachten häufig Gedanken gemacht. Mein Gegenüber soll spüren, dass ich es nicht vorverurteile. Dass ich jemand bin, der sich neutral und sachlich anhört, was die Person zu sagen hat. Dazu gehört auch, dass ich das Gespräch zu Beginn in keine Richtung lenke. Ich lasse die Leute erst einmal reden. Und so forderte ich auch Susanne Fuchs auf. »Erzählen Sie mal, worum es geht.« Es ist wichtig, eine unverfängliche Formulierung zu wählen. Eben nicht zu fragen: »Erzählen Sie mal von der Sache mit Ihrem Vater.«

Ich habe Fälle erlebt, in denen landeten wir durch diese offene Fragestellung ganz woanders, was der Sache diente. Hätte ich konkret nach einer Situation gefragt, wären wir dort nie hingekommen.

»Ja, aber das wissen Sie doch schon alles«, erwiderte Susanne Fuchs.

»Leider ist es in unserem Strafprozessrecht nötig, dass eine Zeugin auch in einer späteren Gerichtsverhandlung noch einmal den gesamten Verlauf schildert. Diese Besprechung hier dient der Vorbereitung so einer Gerichtsverhandlung. Das Gericht hat mich nach meiner Meinung gefragt, und wenn ich eine Meinung äußern soll, ist es notwendig, dass Sie mir den Sachverhalt noch einmal schildern.«

Susanne Fuchs dachte kurz nach und fragte mich dann: »Das heißt also, wenn Sie der Meinung sind, dass mein Vater nichts getan hat, dann glaubt Ihnen das Gericht.«

»So eine Automatik gibt es nicht, aber natürlich legt das Gericht Wert auf meine Meinung. Als Gutachter habe ich Erfahrung mit Personen, die so etwas erlebt haben.«

»Also muss ich diese ganze Scheiße jetzt noch mal aufwärmen.«

»Wenn diese Begutachtung einen Sinn haben soll, kann ich es Ihnen nicht ersparen, dass Sie alles noch einmal erzählen.«

»Na dann.« Kaugummiblase. »Ich meine, das hab ich ja irgendwie schon erwartet.« Kaugummiblase. »Okay. Ich nehm' dann doch mal gern ein Glas Wasser, wenn's recht ist.« Kaugummiblase. Und dann geschah ein Wunder. »Kann ich mal bitte ein Stück Papier haben?« Ich reichte ihr einen Notizzettel. Sie spuckte den Kaugummi hinein, schaute sich suchend im Raum um, stand auf und ging zu dem Papierkorb in der Ecke, wo sie ihn versenkte. Ich atmete auf.

Die Exploration

Zu begutachtende Personen nennen wir Probanden, unser Gespräch mit Probanden ist eine Exploration. Beide Worte kommen aus dem Lateinischen und bedeuten, dass wir bei einer Testperson etwas auskundschaften, nämlich, ob sie die Wahrheit sagt.

Susanne Fuchs begann: »Wie das alles anfing, hab ich zuerst gedacht, das ist vielleicht nicht so schlimm. Also ganz am Anfang. Das war mir voll peinlich und so. Ich hab das auch niemandem erzählt. Aber wo ich dann älter geworden bin, ist mir schon klar geworden, dass das kein Spaß ist. Und dass das nicht normal ist. Ich wollte das nicht. Ich konnte auch nicht mehr zu ihm hingehen und ihn mal umarmen. So wie man das macht bei einem richtigen Vater. Ich hasse ihn. Ich habe ihn dann auch immer mehr gehasst. Ich hab versucht, bloß nicht in seiner Nähe zu sein, damit nichts passiert. Ich wollte gar nicht mehr nach Hause. Deshalb war ich dann ja so froh, wie das mit der Wohngruppe klappte. Manchmal hab ich gedacht, okay, es wird alles wieder normal und so.«

Aber es wurde nicht wieder normal, wie Susanne nach einer kurzen Pause berichtete. Ihre Stimme war nun leiser, und wenn sie noch mal eine Kaugummiblase gemacht hätte, wäre diese womöglich nicht knallend zerplatzt, sondern verpufft. »Wenn er auf mir gelegen ist, hat er immer so komisch geatmet, laut und scheußlich. Das war so eklig. Es kam immer

Sperma raus. Ich kann mich an die meisten Sachen gar nicht mehr erinnern, weil ich sie immer gleich vergessen wollte.«

Bereits in der ersten polizeilichen Vernehmung hatte Susanne Fuchs viele verschiedene Handlungen ihres Vaters an verschiedenen Orten angezeigt. Diese hatte sie dann in der polizeilichen Videovernehmung vor mehreren Jahren spezifiziert. Entsprechende Angaben machte Susanne auch in unserem Gespräch. *Ich stand im Flur, als er mich von hinten packte und meine Brust befummelte; ich lag noch im Bett, als er morgens ins Zimmer kam; ich machte gerade Hausaufgaben, als er …* Ich hatte mir die Videoaufzeichnung mehrfach angesehen, auf der Susanne Fuchs im Übrigen noch keine Punkerin war. Was sie sagte, klang weder damals noch heute auswendig gelernt. Bei den Schilderungen kamen auch keine Übergenauigkeiten vor. Mehrfach betonte Susanne ihre Erinnerungsunsicherheiten, ob etwas im Bad oder der Küche passiert sei, ob es Tag oder Nacht gewesen sei. Bei ihren Erzählungen ging sie nicht chronologisch vor, sie zeigte ein ungesteuertes Aussageverhalten, beschrieb einen Vorfall in der Küche, dann noch einen in der Küche – eine typische assoziative Verknüpfung. Ihr Vortrag wirkte natürlich und nicht kontrolliert, sie sprach schnell.

Damit waren bereits mehrere Realkennzeichen erfüllt. Im Falle einer Lüge sprechen Menschen eher konstruiert und chronologisch. Sie springen nicht hin und her, wie Susanne Fuchs das machte. Für jemand, der die Wahrheit sagt, ist so eine Sprechweise aber naheliegend, ja logisch, da man dann seinen Assoziationen folgt: Küchenvorfälle zu Küche, Geschehnisse im Schlafzimmer zu Schlafzimmer. Susanne hätte auch nach einem anderen inneren Ordnungsprinzip erzählen können. Ihre Chronologie, die ja streng genommen keine war, war jedoch glaubhafter, als wenn sie erzählt hätte: Am 6. Februar abends geschah dieses und am 7. Februar morgens geschah jenes. Vielleicht fragen Sie sich nun, ob man diese unstrukturierte Erzählweise als Lügner einstudieren könnte. Ich denke, dass Sie sich die Frage selbst beantworten können. Es mag in Ausnahmefällen möglich sein, doch ich halte es für sehr schwierig, zumindest in den Fällen, die ich begutachte, die ja alle sehr komplex sind. In einer wissenschaftlichen Untersuchung konnten Studenten der Psychologie dieses Realkennzeichen in Lügengeschichten nicht simulieren, obwohl ihnen ausführlich erklärt worden war, wie sie dies bewerkstelligen sollten.

Meistens lasse ich meine Probanden ohne Unterbrechung reden. In seltenen Fällen müssen Gesprächspartner mit Zwischenfragen rechnen. Dadurch möchte ich dann erkennen, ob sie den Faden erneut aufnehmen können. Wenn ich den Verdacht hege, dass jemand etwas auswendig Gelerntes der Reihe nach erzählt, unterbreche ich seinen chronologischen Ablauf. Auswendig Gelerntes muss oft am Anfang begonnen werden, um es erzählen zu können. Viele Menschen wissen nicht, welcher Buchstabe wo im Alphabet steht. Was kommt nach dem Q? Um das herauszufinden, müssen sie bei A beginnen. Genauso geht es bei Gebeten, Liedtexten, Gedichten. Und eben auch beim Lügen: Wenn man eine Lüge nicht von vorn bis hinten erzählen kann, sondern unterbrochen wird und dann irgendwo weitererzählen soll, wird es besonders schwierig.

Die spontane unstrukturierte und nicht chronologische Darstellung ist auch deswegen ein Realkennzeichen, weil kein Lügner, der einen anderen von der Wahrheit seiner Lüge überzeugen will, so chaotisch erzählen würde. Er glaubt ja, er müsse klar und strukturiert sprechen, um den Eindruck zu erwecken, dass er die Wahrheit sagt. Wenn man Menschen fragt, was sie glauben, wie sie am erfolgreichsten lügen, hört man in der Regel: Ich erzähle klar und sachlich und vermeide alles, was einen unsicheren Eindruck vermitteln könnte. Beim Lügen gehen also viele einem Vorurteil über Lügen auf den Leim.

Susanne Fuchs verhielt sich anders. Sie erzählte manchmal verworren, unsachlich und gab sich keine große Mühe mit den Daten, die im Ungefähren blieben, was aber gerade für ein Erleben glaubhaft ist, das vor langer Zeit stattgefunden haben soll. Während ich ihr zuhörte, hakte ich innerlich einige Realkennzeichen ab. Das Gespräch wurde im Übrigen nach Susannes Einverständnis auf Tonband aufgezeichnet. Das ist Standard; so hat man ein authentisches Protokoll, das man später gründlich analysieren kann.

Susanne Fuchs schilderte, dass sich die sexuellen Handlungen von Berührungen ihrer Brust bis zur Scheide hin zu dem Versuch gesteigert hätten, den Geschlechtsverkehr durchzuführen. Sie berichtete, ihr Vater habe ihr erklärt, dass das ganz normale Handlungen von Vätern an ihren Töchtern seien, und normal sei es ebenfalls, nicht darüber zu sprechen. Oder habe Susanne so etwas schon einmal gehört? Nein, hatte sie nicht. Ja, genau aus diesem Grund. Da sehe sie, dass niemand darüber sprechen würde, das tue man nämlich nicht. Es sei die Aufgabe eines Vaters, seine Tochter im Hinblick auf andere Männer zu trainieren, denen sie ja später als Frau begegnen würde. Nur schlechte Väter würden ihre Kinder unvorbereitet in diese Situationen bringen. Gerade weil er ein so besonders guter Vater sei, setze er alles daran, sie, seine Tochter, auf das Leben vorzubereiten. *Und jetzt zieh mal die Bluse aus.*

Susannes Schilderungen erfüllten damit weitere Realkennzeichen. Hier vor allem das Merkmal »Vorkommen von deliktspezifischen Inhalten«. Wir wissen aus kriminologischer

Literatur, wie innerfamiliäre Sexualstraftäter ihre Taten »rechtfertigen« und sie steigern. Es werden zuerst zufällig wirkende sexuelle Handlungen vorgenommen, überprüft, ob das Kind sie zulässt. Wenn ja, wird weitergemacht. So werden die Grenzen des Opfers ständig getestet und überschritten. Die Begründungen ihres Vaters, die Susanne Fuchs wiedergab, klangen typisch und dennoch spezifisch. So etwas findet man in der Fachliteratur, nicht jedoch bei Recherchen im Internet. Es erschien unwahrscheinlich, dass Susanne all dies erfunden haben konnte.

Susanne Fuchs erzählte von dem Penetrationsversuch und ihrer Unsicherheit, ob es überhaupt zu einer Penetration gekommen sei. »Also, damals wusste ich das ja nicht, ich kannte mich mit so was nicht aus, weil mir die Erfahrung fehlte. Heute wüsste ich das natürlich, ich hab ja einen Freund. Aber damals …« Sie zuckte mit den Schultern. Auch mit dieser Schilderung war ein Realkennzeichen gegeben, denn die Erwähnung solcher Unsicherheiten in einer absichtlichen Falschaussage ist eher unwahrscheinlich. Ein Lügner will überzeugen und tut alles, um Zweifel zu zerstreuen. Er wird also keine produzieren, obwohl er genau damit die Glaubhaftigkeit seiner Aussage stützen könnte.

Im weiteren Verlauf des Gesprächs erzählte Susanne Fuchs von einem sogenannten Handlungsabbruch, einem Vorfall, bei dem es zu einer Störung gekommen sei. Ihr Vater habe sie aufgefordert, sich vor dem Küchentisch, an dem sie sich festhalten sollte, zu bücken, und dann versucht, von hinten in sie einzudringen. Dann habe es an der Tür geklingelt. Daraufhin sei der Vater ins Bad gegangen.

Noch einmal: Ein Lügner will überzeugen und konzentriert sich daher wahrscheinlich auf die Erfindung von verbotenen Handlungen, die eine Belastung darstellen. Die Schilderung von »Nichthandlungen« hält er für überflüssig, da sie ja, so glaubt er, nichts beweisen. Hier jedoch irrt der Lügner. Auch und gerade beim langfristigen innerfamiliären sexuellen Missbrauch von Kindern kann es zu solchen Störungen von außen kommen. Mutti sperrt die Haustür auf, das Telefon klingelt – tatsächliche Opfer erinnern sich sehr gut daran, weil sie diesmal davongekommen sind. Das Vorkommen solcher Schilderungen über eine unerwartete Unterbrechung eines Geschehens ist ein Realkennzeichen, da ein Lügner eine solche kaum anführen wird: Sie würde ja nichts zu der beabsichtigten Belastung des »Täters« beitragen.

Am Ende des Gesprächs fragte ich Susanne Fuchs, ob sie eine Bestrafung ihres Vaters erreichen wolle. »Ja.« Auch darin kann man ein Realkennzeichen sehen, nämlich dass sie Rachegefühle offensiv bekundete und nicht herunterspielte.

Im Verlauf des Gesprächs hatte es noch weitere markante Realkennzeichen gegeben. Ich verfasste ein Gutachten, das sich in seiner Eindeutigkeit von dem Erstgutachten deutlich unterschied. Natürlich betonte auch ich die problematische Ausgangslage, nämlich die verzögerte Erstbekundung ausgerechnet in einem Moment, als Susanne unter Rechtfertigungsdruck für ihren Diebstahl stand. Ich zeigte aber auf, dass es aufgrund der Inhaltsanalyse sehr unwahrscheinlich sei, dass Susanne ihre Beschuldigungen als Ausredelüge erfunden haben konnte.

Das Gericht, dem mein schriftliches Gutachten zugegangen war, wählte am Verhandlungstag eine besondere Vorgehensweise. Während es prozessual üblich ist, dass Sachverständige ihre Gutachten am Ende der Beweisaufnahme vortragen, wurde ich bereits nach Verlesen der Anklage aufgerufen – Susanne hatte noch gar nicht ausgesagt. Ich trug mein Gutachten vor. Das Gericht ordnete danach eine Pause an mit dem deutlichen Hinweis, der Angeklagte möge sich mit seinem Verteidiger beraten. Nach einer halben Stunde ging es weiter: Der Angeklagte gestand »vollumfänglich«, wie es in der Gerichtssprache heißt. Er musste zum Beleg der Richtigkeit seines Geständnisses Einzelheiten seiner Taten schildern. Susanne brauchte nicht mehr auszusagen.

Susannes Vater wurde zu einer Freiheitsstrafe von zwei Jahren verurteilt, der Vollzug der Freiheitsstrafe wurde zur Bewährung ausgesetzt. Die Bewährung war mit der Auflage verbunden, der Angeklagte dürfe nie wieder behaupten, dass seine Tochter lüge. Die Strafe mag Ihnen angesichts der üblen Taten des Vaters sehr gering vorkommen – und das ist sie auch. Gerichte müssen bei der Strafzumessung unter anderem die Zeit berücksichtigen, die seit den Taten vergangen war, und diese Zeit war im vorliegenden Fall sehr lang. Es gab auch keine Vorstrafen und keine Erkenntnisse über weitere Taten des Angeklagten mit anderen Opfern. Auch das zwar späte, aber überzeugende und mit Reue vorgetragene Geständnis musste durch das Gericht berücksichtigt werden.

Susanne selbst war mit dem Urteil zufrieden. Sie litt besonders darunter, dass ihr Vater und ihre Brüder sie überall als Lügnerin denunzierten. Würde der Vater dies nach dem Urteil fortsetzen, müsste er seine Gefängnisstrafe antreten. So wurde durch das Urteil ein wichtiger Wunsch von Susanne erfüllt. Auch ihre Brüder mussten nun einsehen, dass der Vater schlimmes Unrecht getan hatte. Für Susanne war das wichtig, viel wichtiger, als den Vater im Gefängnis zu sehen.

Ich habe viele Opfer sexuellen Missbrauchs begutachtet. Susanne Fuchs gehörte zu den wenigen Opfern, die das Geschehen relativ gut verarbeiten. Man weiß natürlich nicht, ob dies von Dauer ist oder ob sich Spätfolgen zeigen werden. Zur Zeit der Gerichtsverhandlung machte sie auf mich aber den

Eindruck, eine stabile Persönlichkeit entwickelt zu haben. Ihre frühere Aggressivität und auch die Diebstähle können durchaus Folgen des sexuellen Missbrauchs gewesen sein. Man weiß das nicht so genau, denn entsprechende Verhaltensweisen sind auch als pubertätsbedingte Übergangserscheinungen denkbar, ohne dass ein sexueller Missbrauch vorausgegangen ist.

Der Fall von Susanne Fuchs verdeutlicht jedenfalls, dass Charakteranalysen oder Ausdeutungen von Verhaltensweisen kein Schlüssel zur Wahrheit sind. Der Volksmund sagt zwar: »Wer einmal lügt, dem glaubt man nicht.« Aber der Volksmund weist zugleich auf die hohe Fehlerhaftigkeit dieser vermeintlichen Regel hin und fährt fort: »Und wenn er auch die Wahrheit spricht.« Hätte man Susanne Fuchs wegen ihrer Diebstähle als Lügnerin abgestempelt, dann hätte man ihr großes Unrecht zugefügt. Jeder Mensch hat Vorurteile. Wir alle teilen die Welt aufgrund unserer Erfahrungen ein. Aber wenn es darum geht, Menschen zu verurteilen und zu bestrafen, sollten wir doppelt und dreifach gründlich arbeiten. Die Aussageanalyse ist das beste Werkzeug, um an der Lüge zu schrauben, bis die Wahrheit herausfällt.

Prominente: Ruhm lockt Lügner an

Ich erzählte schon, ich habe lange in Schleswig-Holstein gelebt. Bis 1988, das war das Jahr mit dem Ehrenwort des damaligen Ministerpräsidenten dieses Bundeslandes. »Ich gebe Ihnen mein Ehrenwort«, sagte Dr. Dr. Uwe Barschel vor laufender Kamera – und log. Der Ministerpräsident hatte sehr moderne Telefone zur Verfügung, Datum, Uhrzeit und Anrufer wurden aufgezeichnet. Das war damals nicht üblich, als auf Telefonrechnungen nur die Anzahl verbrauchter Einheiten aufgelistet wurde. Beim Lügen vergaß er, dass seine Angaben über Telefonate nachprüfbar waren. Um ihn und um seinen Tod in einem Genfer Nobelhotel ranken sich viele Gerüchte.

Sein Konkurrent von der anderen damals noch großen Volkspartei galt als Hoffnungsträger der moralischen Erneuerung in der Politik – und log. Es wurde still um Björn Engholm. Der Pfeifenraucher zog sich in die Kunstszene zurück, da sind Fantasie und blauer Dunst ja willkommen. Die beiden Politiker wurden beim Lügen erwischt, weil sie Fehler gemacht hatten – Lüge als geistige Leistung.

Die Lügen dieser beiden Nordlichter hatten mit Sexualität nichts zu tun, aber die Lüge eines ehemaligen Präsidenten der USA schon: »I never had sex with that woman!« Ich? Mit der doch nicht! Die Schwäche von Präsident Bill Clinton gegenüber einer erwachsenen Praktikantin war kein Verbrechen; Glaubwürdigkeit, Verlässlichkeit und Stabilität dieses Expräsidenten in wichtigeren Situationen können aber als angeschlagen gelten.

Dominique Strauss-Kahn, der ehemalige französische Wirtschafts- und Finanzminister und ehemalige Direktor des Internationalen Währungsfonds IWF, hatte später auch mit Vorwürfen der Förderung von Prostitution zu kämpfen. Er hatte an Sexpartys teilgenommen, sagte dazu aber, er habe nicht gewusst, dass die Damen als Prostituierte tätig gewesen seien. Von dieser Anklage wurde er im Juni 2015 freigesprochen. Im Jahr 2011 wurde er in New York wegen eines Vergewaltigungsvorwurfs festgenommen. Er stritt einen sexuellen Kontakt mit einem Zimmermädchen seines Hotels nicht ab, sondern nannte ihn eine »unangemessene Beziehung«. Vergewaltigt habe er sie nicht, wie sie es behauptet hatte. Außer den beiden wird niemand jemals zuverlässig wissen, was wirklich geschah, denn für ein Strafverfahren war ihre Aussage nicht glaubhaft genug, und ein Zivilverfahren von ihr gegen ihn wegen Schadenersatz wurde nicht zu Ende geführt, sondern mit einer Geldzahlung gestoppt.

Wenn ein Präsident und ein Weltbanker die Herrschaft über sich verlieren, ist das beunruhigend. Noch beunruhigender als die Tatsache, dass ein Bundestagsabgeordneter seine Zeit damit verbringt, Bilder von nackten Jungen anzusehen. Dass er sich solche via Internet im Versandhandel aus dem Ausland bestellte, hat sicher wieder etwas mit geistiger Leistungsfähigkeit zu tun.

Perversion ist eine Verdrehung der Richtung. Pervers ist es auch, das breite Spektrum von »normaler« Sexualität als Argument heranzuziehen, um die Funktionalisierung von Kindern für sexuelle Zwecke von Erwachsenen zu rechtfertigen. Ich guck ja bloß!

Sebastian Edathy stellte nicht in Abrede, dass er Kunst in Form von Bildern mit nackten Knaben genossen habe. Er verwies auf die griechische Geschichte, ein verdrehtes Argument.

Erzählungen über Lügen aus dem Mund von Prominenten könnten beliebig fortgesetzt werden. Ich erwähnte schon die höfliche Lüge von Bastian Schweinsteiger, die auf sein schnelles Reaktionsvermögen, nicht nur mit den Beinen, hindeutet. Im Dezember 2014 flog ein anderer Fußballer mit einer nicht ganz so harmlosen Lüge auf: Er hatte schneidige Sportwagen über lange Zeit ohne Führerschein gefahren und war sechs Mal erwischt worden. Er benutzte auch einen gefälschten Führerschein. Die Geldstrafe in Höhe von gut einer halben Million Euro hat ihn vermutlich nicht verarmen lassen – eine Frage, die die Öffentlichkeit interessierte. Mich interessiert nicht so sehr die Höhe der Geldbuße, vielmehr frage ich mich: Handelte der Profifußballer noch bei intaktem Bewusstsein? Oder war dem Fünfundzwanzigjährigen seine Karriere zu Kopf gestiegen? Dachte er vielleicht, er sei unantastbar? Dann würden wir im Bereich von Wahn, von geistiger Erkrankung oder von psychischen Störungen landen. War Marco Reus vielleicht sogar schuldunfähig oder wie man früher sagte: unzurechnungsfähig? Und hat er dann womöglich eine halbe Million zu viel bezahlt?

Prominente lügen aber nicht nur, über sie wird auch gelogen, gerade auf sexuellem Gebiet. Karl Dall kam im Dezember 2014 glimpflich davon. Die Persönlichkeitsstörung der chronisch als Stalkerin tätigen Frau, die ihn wegen Vergewaltigung angezeigt hatte, war wohl zu offensichtlich. Jedenfalls schenkte ihr ein Schweizer Gericht keinen Glauben. Es glaubte dem bekannten Komödianten. Das Verfahren gegen Karl Dall ist seit Sommer 2015 rechtskräftig abgeschlossen: Der Freispruch wurde nach Berufung bestätigt. Man kann daraus lernen: Es kann für Prominente sehr gefährlich werden, wenn sie zu Groupies keine ausreichende Distanz halten.

Der falsche Fall des Andreas Türck

Es war 2004 und 2005 eine Topnachricht in den Medien und hielt sich über Wochen in den Schlagzeilen. Ein dreiunddreißigjähriger Fernsehmoderator, den viele Mütter sich als Schwiegersohn gewünscht hätten, wurde der Vergewaltigung bezichtigt. Er hatte im August des Jahres 2002 gar keine Lust zu dem Besuch des Edelclubs, zu dem ihn sein Freund dann aber doch überredete. Kaum dort angekommen, wurden sie von zwei jungen Frauen angesprochen, Andreas Türck wurde erkannt. Die beiden Frauen ließen nicht locker, wollten unbedingt Kontakt. Die sechsundzwanzigjährige Katharina B. war besonders temperamentvoll. Die Vierergruppe beschloss schließlich, einen anderen Club aufzusuchen. In Andreas Türcks Wagen. Er fuhr aber zunächst auf seine Lieblingsbrücke über den Main. Gerade nachts sei da ein eindrucksvolles Panorama der Skyline von Frankfurt zu sehen, erklärte er, und so steht es auch in Wikipedia über die Honsellbrücke. Das Auto wurde geparkt, Katharina B. und Andreas Türck begaben sich in die Mitte der Brücke. Die beiden anderen hatten mit sich zu tun. Sie sagten später aus, sie hätten aus circa 15 Meter Entfernung im Dämmerlicht von Mondschein und Straßenlampen die Silhouetten gesehen. Andreas Türck habe gestanden, und seine Begleiterin habe vor ihm gekniet. Gewalt oder Gerangel hätten sie nicht beobachtet. Andreas Türck wollte dann nach Hause, nicht mehr in den anderen Club. Er ließ die beiden Frauen in der Nähe des Clubs aus seinem Auto aussteigen.

Ein halbes Jahr später wurde er wegen Vergewaltigung angezeigt: Er habe auf der Brücke seine Begleiterin zu Oralsex gezwungen, sie dabei gewürgt und ihren Kopf an das Brückengeländer gestoßen. Die Anzeige erfolgte von Amts wegen. Katharina B. hatte den Moderator nicht von sich aus angezeigt. Sie hatte Ähnliches bereits in der Nacht nach dem Aussteigen aus dem Auto zu ihrer Freundin gesagt, wollte aber keine Anzeige. Ihr Telefon wurde allerdings von der Polizei abgehört; es ging um Kontakte von ihr zu Drogendealern. Am Telefon hatte sie am frühen Morgen der Brückennacht einem Bekannten ihr Leid geklagt: Sie sei gerade von Andreas Türck vergewaltigt worden. Der glaubte ihr nicht, da sie ihm bereits zwei Wochen vorher von einer anderen Vergewaltigung erzählt hatte, sagte er später aus. Die Polizei wollte erst einmal den Drogendealer-Fall aufklären, ein halbes Jahr später wurde sie wegen des am Telefon mitgehörten Berichts über eine angebliche Vergewaltigung tätig. Vergewaltigung ist ein sogenanntes Offizialdelikt: Wenn die Polizei davon Kenntnis erhält, muss sie ermitteln. Die Polizei suchte Katharina B. in der Bank auf, in der sie arbeitete, konfrontierte sie mit dem Grund ihres Besuches und befragte sie anschließend als Belastungszeugin. Katharina B. wollte erst nichts sagen, schilderte dann aber erzwungenen Oralverkehr mit vorausgegangenem Würgen und Kopfverletzung. Ihre Aussage erfolgte im Frühjahr 2003, im März 2004 wurden die Vorwürfe gegen Andreas Türck in einer Radiosendung bekannt. Es blieb unklar, wie die Information dorthin gelangt war.

Eine Psychologin wurde bereits von der Staatsanwaltschaft mit einer Glaubhaftigkeitsbegutachtung der Aussage von Katharina B. beauftragt. Sie beschrieb aufgrund ihrer Befunde Anzeichen für eine emotional instabile oder eine histrionische Persönlichkeitsstörung bzw. Anzeichen für entsprechende Persönlichkeitszüge bei der Belastungszeugin. Das Gutachten fiel für Katharina B. negativ aus.

Da Katharina B. nicht selbst angezeigt hatte, war keine Motivation für eine falsche Beschuldigung erkennbar. Es kam trotz des negativen Glaubhaftigkeitsgutachtens zur Anklage. In der Gerichtsverhandlung 2005 schilderten mehrere Zeugen, dass Katharina B. wiederholt durch falsche Behauptungen Zuwendung, Mitleid und Fürsorge erhalten hatte. Sie hatte seit ihrer Schulzeit immer wieder falsche Angaben über Krankheiten, sexuellen Missbrauch und auch Vergewaltigungen gemacht. Das von Zeugen geschilderte Verhaltensmuster war immer gleich: starke Kontaktwünsche, extrem leichte Kränkbarkeit und Manipulationen. Es wurde außerdem über Bulimie und selbstverletzendes Verhalten der Belastungszeugin berichtet. Die Aussagen von ehemaligen Mitschülerinnen und gegenwärtigen Bekannten in der Verhandlung unterstützen den Befund der Psychologin.

Die Psychologin hatte auch Ausführungen über Auswirkungen von Trauma-Erlebnissen gemacht und sich dabei auf einen Aufsatz von mir berufen. Zur Gerichtsverhandlung im Sommer 2005 wurde ich zusätzlich zu der Psychologin als Sachverständiger geladen. Aufgrund der gerichtlichen Beweisaufnahme kam ich zu demselben negativen Ergebnis wie die Erstgutachterin. Nach meinem Gutachten wurde ich, wie üblich, entlassen, gleichzeitig ordnete das Gericht eine Pause an. Beim Verlassen des Saales hörte ich hinter mir schnelle Schritte; es war der Sitzungsvertreter der Staatsanwaltschaft.

Im Vorbeigehen sagte er zu mir: »Vielen Dank, Ihr Gutachten hat mir die Sache klargemacht.« Ich war überrascht, ich hatte eher eine Beschimpfung erwartet.

Im Prozess gegen Andreas Türck beantragte die Staatsanwaltschaft im September 2005 Freispruch, das Urteil des Landgerichts Frankfurt lautete entsprechend. Es bleibt nachzutragen: Der Oralverkehr war nicht fraglich, fraglich war nur, von wem die Initiative ausging und ob Gewalt im Spiel war. Gerade zu diesen Punkten hatte Katharina B. sehr widersprüchliche Angaben gemacht. Andreas Türck hatte als Angeklagter im Prozess geschwiegen, das ist in der Regel ein vernünftiges Verhalten. Er hatte aber – noch ohne anwaltliche Beratung – bei der Polizei ausgesagt. Seine Aussage hatte ich nicht zu bewerten. Ich sagte schon: Als Sachverständiger muss man sich auf die Beantwortung der gerichtlichen Fragen beschränken. Das Gericht fragte mich nach der Bewertung der Aussage von Katharina B. unter dem besonderen Gesichtspunkt der Psychotraumatologie. Meine Antwort auf diese Frage war, dass sich ein Erlebnisgehalt der Schilderung von Katharina B. über Unfreiwilligkeit und Gewaltanwendung nicht positiv feststellen ließ und dass aufgrund ihres Aussageverhaltens in diesem Punkt sogar erhebliche Zweifel bestanden.

Eine unbewusste Umdeutung der Situation auf der Brücke ist durchaus vorstellbar, so wie sich auch Annkathrin nach dem freiwilligen Sexualkontakt mit Ben anders entschied und ihn als Vergewaltiger anzeigte. Doch im Falle von Katharina B. verwiesen Widersprüche und nachgeschobene »Verbesserungen« ihrer Erinnerungen in der Verhandlung auf bewusstes Lügen. Realkennzeichen kamen in ihren Aussagen gar nicht vor, immer wieder berief sie sich auf Erinnerungslücken wegen des erlebten Traumas. Ich glaube, dass ihr Trauma aus fehlender Beachtung durch den Prominenten nach dem Geschehen auf der Brücke bestand. Jetzt bin ich nicht mehr Sachverständiger in einem laufenden Verfahren, sondern Autor eines Buches, daher kann ich diese Meinung äußern. Als Autor kann ich auch hinzufügen: Die spontane Aussage, die Andreas Türck bei der Polizei gemacht hat, enthielt zahlreiche Realkennzeichen, also Anzeichen dafür, dass seine Version stimmte. Ich gehe jedenfalls davon aus.

Der Verteidiger von Herrn Türck sprach von einem völlig unnötigen Prozess, in dem es nur Verlierer gab. Die Staatsanwaltschaft wurde kritisiert, sie habe nur wegen der Prominenz des Beschuldigten angeklagt, es sei schon vor der Anklage klar gewesen, dass die behauptete Vergewaltigung niemals hätte bewiesen werden können. Das Gericht wurde kritisiert, dass die Urteilsbegründung zu sehr auf Beweismängel abgestellt habe. Die anwaltliche Vertretung von Katharina B. wurde kritisiert, dass sie ihre psychisch labile Mandantin zur Teilnahme an allen Hauptverhandlungsterminen veranlasst habe. Da musste Katharina B. nämlich hören, was über sie ausgesagt wurde. *Die verlorene Ehre der Katharina Blum* lautete der Titel eines Romans von Heinrich Böll aus dem Jahr 1974 über die Folgen von Sensationsjournalismus, »Die verlorene Ehre der Katharina B.« hieß eine Schlagzeile in den Printmedien. Natürlich war auch Andreas Türck Verlierer: Er verlor seinen guten Ruf. Er reagierte mit Abtauchen aus der Öffentlichkeit, erst nach acht Jahren konnte man lesen, dass er wieder für das Fernsehen arbeitete.

Falschbeschuldigen ist keine Kriminalität

Ein weiterer Prominenter reagierte ganz anders als Herr Türck. Der Wettermoderator Jörg Kachelmann war im Mai 2011 vom Vorwurf der Vergewaltigung freigesprochen worden. 2012 schrieb er mit seiner Frau Miriam als Coautorin ein Buch über seine Erfahrungen mit der Justiz. *Recht und Gerechtigkeit* lautet der Titel. Auch in seinem Vergewaltigungsprozess kamen die Zutaten vor, die ich in diesem Buch beschreibe. Widersprüche, ja selbst nachgewiesene Lügen der Belastungszeugin wurden damit erklärt, dass die Zeugin durch die (noch nicht nachgewiesene) Vergewaltigung traumatisiert gewesen sei – da redet man eben so widersprüchlich. Eine Staatsanwaltschaft konnte nicht lockerlassen.

Immerhin: Die Beschuldigerin im Fall Kachelmann hatte vor Gericht gefordert, dass ihr Nachname in dem Buch der Kachelmanns nicht vollständig genannt werden dürfe. In einstweiligen Verfügungen bekam sie zunächst recht. Diese Verfügungen wurden aber vom Landgericht Mannheim und von der Kontrollinstanz, dem Oberlandesgericht Karlsruhe, aufgehoben. Herr Kachelmann darf sagen und schreiben, dass Claudia D. ihn falsch beschuldigt hat, er darf sie auch »Falschbeschuldigerin« nennen, nur als »Kriminelle« darf er sie nicht bezeichnen, das stellt eine Herabwürdigung dar. Opferschutz? Nein, denn Frau D. war ja kein Opfer einer Vergewaltigung. Aber wohl Persönlichkeitsschutz. Eine falsche Beschuldigung, so lernen wir, ist eine falsche Beschuldigung, aber eine Falschbeschuldigerin ist keine Kriminelle, auch nicht, wenn sie das Leben eines anderen psychisch und finanziell zerstört hat. Denn auch nach einem Freispruch bleibt immer etwas hängen in der Meinung der Öffentlichkeit. Wenn Herr Kachelmann uns wieder das Wetter erklären würde, würde er wohl von niemandem mehr als unbefangener Spaßvogel angesehen werden, sondern als der Mann, der so viele Frauen getäuscht hat. Und vielleicht war da ja doch noch mehr. Es zeigt sich die unheilvolle Macht, die selbst in nachgewiesenen Falschaussagen steckt. *Wir wollen euch scheitern sehen!*, betitelte Alexander Görlach 2014 sein Buch über Prominente, nein, über uns alle, die wir Schadenfreude empfinden, wenn »die da oben« scheitern. Häme ist kein menschenfreundliches Gefühl, sondern niederträchtig. Der Autor mahnt, andere so zu behandeln, wie man selbst behandelt werden will.

Sollen wir also auch die Lehrerin keine Kriminelle nennen, die wegen ihrer falschen Vergewaltigungsbehauptung gegen einen Kollegen rechtskräftig mit einer Freiheitsstrafe von fünfeinhalb Jahren belegt wurde? Dieses Urteil fällte das Landgericht Kassel, und der BGH ließ es im Oktober 2014 in letzter Instanz rechtskräftig werden. Frau Heidi K. hatte Herrn Horst Arnold im Jahre 2001 fälschlich der Vergewaltigung bezichtigt. Er wurde verurteilt und saß fünf Jahre zu Unrecht im Gefängnis. Ein Landgericht stellte 2011 seine Unschuld fest, ein Jahr später verstarb Horst Arnold an Herzversagen. Das Wiederaufnahmeverfahren hatte drei Jahre gedauert. Für die Familie von Horst Arnold ist die Sache mit einem Strafantritt der nicht-kriminellen Falschbeschuldigerin sicher nicht erledigt: Seine Tochter wuchs quasi ohne Vater auf, da dieser im Gefängnis war und bald nach seiner Entlassung verstarb.

Bill Cosby, ein Schauspieler und Entertainer aus den USA, muss nicht ins Gefängnis, er wurde nicht einmal angeklagt, die Vorwürfe gegen ihn sind verjährt. Mehrere Wochen wurde über Bill Cosbys angebliche Taten in den Medien berichtet. Eine fünfzigjährige Frau hatte ausgesagt, dass er sie zu sexuellen Handlungen gedrängt habe, als sie fünfzehn Jahre alt gewesen sei. Das habe sie erst vor kurzer Zeit realisiert, stand in dem Bericht. Irgendwann waren es zwanzig Frauen, die dem Siebenundsiebzigjährigen öffentlich vorwarfen, sie vor langer Zeit sexuell missbraucht zu haben. Es war, wie in Amerika üblich, viel Geld im Spiel. Da nicht verhandelt wird, wird wohl nie aufgeklärt werden, ob und gegebenenfalls wie viel falsches Wiedererinnern, ob und gegebenenfalls wie viel Ansteckungen mit Scheinerinnerungen im Spiel waren oder ob hier einfach eine Geldquelle angezapft werden sollte. Natürlich ist auch denkbar, dass an den Vorwürfen etwas dran ist, aber was? Hat hier ein beliebter Schauspieler sein Leben lang in Serie Sexualdelikte begangen? Denkbar ist alles.

Ein paar Tage nachdem ich diesen Absatz geschrieben hatte, las ich eine Meldung, dass Bill Cosby nun wohl doch vor Gericht müsse. Ein weiteres Opfer hatte sich gemeldet, vierundzwanzig Jahre alt. Sie sagte aus, 2008 – da war sie achtzehn Jahre alt – auf einer Sommerparty von Hugh Hefner, dem Gründer der Zeitschrift *Playboy,* von Bill Cosby missbraucht worden zu sein, unter Einsatz von K.-o.-Tropfen. Das ist günstig, denn da muss man nicht so viele Details erinnern. Im Zeitungsbericht heißt es weiter, ihre Glaubwürdigkeit würde dadurch getrübt, dass sie in Los Angeles vor drei Jahren wegen Prostitution festgenommen worden sei. Ihr Anwalt äußerte sich überzeugt, dass es noch viele Frauen geben werde, die jetzt den Mut finden würden, gegen den allmächtigen Bill Cosby auszusagen. Das glaube ich auch.

Männer sind Schweine

Und dann ist da noch Lady Gagas Schock-Beichte. So lautete jedenfalls eine Überschrift einer Berliner Tageszeitung im Dezember 2014. Im Text hieß es, die Achtundzwanzigjährige habe eine Vergewaltigung durch einen Musikproduzenten im Alter von neunzehn Jahren nach langer körperlicher und mentaler Therapie nun endlich überwunden. Das sagte sie in einem Interview, gab aber den Täter nicht bekannt und auch nicht, ob sie die Tat seinerzeit angezeigt hatte. Sie habe ihr Trauma in dem Song »Swine« verarbeitet, in dem es um Vergewaltigung, Liebe und Zorn gehe. Es kann sein, dass Lady Gaga Autobiografisches besingt, aber es kann auch anders sein. Jedenfalls stellt sich die Frage, ob sich im Gedächtnis einer Lady Gaga in neun Jahren etwas verändert haben kann. Dass Männer Schweine sind, weiß man ja schon aus einem Song der Ärzte. Und Frauen übrigens auch, also fast, da Schweine ja genetisch unsere sehr nahen Verwandten sind.

Wahrheitsfindung mit Maschinen: Der Lügendetektor lügt

Schon immer haben Menschen nach Methoden gesucht, die Wahrheit herauszufinden, und sind dabei leider auch auf schreckliche Ideen gekommen. Aber mit Maßnahmen wie Folter wird man die Wahrheit nicht erkennen. Selbst bei aggressiven Verhörmethoden ohne körperliche Übergriffe geben Menschen oft Dinge zu, die sie nicht getan haben, um endlich in Ruhe gelassen zu werden.

Wenn man einen Krimi im Fernsehen verfolgt und dort ein Verdächtiger vernommen wird, sieht man diesen manchmal nervös werden. Er schwitzt, stottert oder verhält sich sonst irgendwie auffällig. Der erfahrene Zuschauer weiß, dass dies nichts zu bedeuten hat. Hier wird eine falsche Spur gelegt. Er soll glauben, das sei der Täter, in Wirklichkeit ist der Täter aber jemand anders, der in schlechten Krimis sogar als Möglichkeit erst ziemlich am Ende auftaucht. Die falsche Spur, die gelegt wurde, basiert auf körperlichen Reaktionen. Und leider setzen nicht nur Schauspieler bei der Darstellung von Polizeibeamten, Staatsanwälten und Richtern auf diese Zeichen, sondern auch reale Vertreter dieser Berufsstände. Dabei ist wissenschaftlich längst nachgewiesen, dass Erröten, Erblassen, Stottern, Schwitzen, Zittern und so weiter keine Merkmale dafür sind, dass jemand lügt. Denn wir erröten auch, wenn wir uns freuen oder aufgeregt sind; wir werden blass, wenn wir erschrecken, wir stottern oder schwitzen oder zittern, wenn uns eine Situation überfordert oder einschüchtert. Und genau das dürfte auch in vielen Vernehmungen durch die Polizei der Fall sein, denn so etwas erleben die meisten von uns ja nicht jeden Tag. Es ist so ähnlich wie der berühmte hohe Blutdruck beim Arzt. Kaum legt der die Manschette um den Arm des Patienten, schnellt dessen Blutdruck in die Höhe. Somit ist festzuhalten, dass diese körperlichen Erscheinungen bei der Suche nach der Wahrheit in einer Strafsache nicht zuverlässig sind. Nicht einmal bei Eheleuten. Wenn man sich sehr lange kennt, fällt zwar ein ungewöhnliches Verhalten auf, da man mit dem Normalverhalten vertraut ist. Doch was bedeutet das ungewöhnliche Verhalten? Hat ein Ehemann etwas zu verbergen, wenn er seiner Frau Blumen mitbringt, was er jahrelang nicht getan hat? Oder ist er einfach nur einem Impuls gefolgt, als er an einem Blumenladen vorbeiging und an seine Frau dachte? Ein Polizeibeamter sieht eine Person nur wenige Male. Er weiß nicht, wie sich diese Person für gewöhnlich benimmt und wie sie normalerweise reagiert. Es kann nicht oft genug gesagt werden: *Körperliche Reaktionen sind keine Anzeichen für eine Lüge, sondern allenfalls für Stress.* Und ja, wer lügt, hat Stress, aber wer in falschen Verdacht gerät, hat auch Stress.

Die Menschen hätten so gern eine verlässliche Methode, um ihre Kollegen besser durchschauen zu können, ihren Kindern auf die Schliche zu kommen und, das darf nicht vergessen werden, Tipps zu erfahren, wie sie selbst überzeugend lügen können, ohne aufzufliegen. Anders ist der Boom der Bücher zu diesem Thema nicht zu erklären. Aber da die wissenschaftliche Forschung stringent ergeben hat, dass alle genannten Methoden unzuverlässig sind, können Sie genauso gut würfeln lassen. Hat Ihr Verdächtiger eine Sechs, lügt er. Oh, jetzt wird er rot im Gesicht. Freut er sich über die vielen Augen? Oder hat er Angst, des Betrugs überführt zu werden? Angenommen, wir wüssten sicher, dass das Erröten oder Erblassen eines Menschen – das unbestritten mit Gefühlen wie Schuld, Scham, Freude und Angst verbunden ist – auf Letzterem, also auf Angst basiert: Woher wollen wir wissen, was diese Angst befeuert? Ist es die Angst, als Täter überführt zu werden, oder ist es die Angst, fälschlicherweise für einen Täter gehalten zu werden, der man aber nicht ist? Im Orient gab man Menschen, deren Schuld oder Unschuld nicht klar war, früher trockenen Reis zum Kauen. Hatte der Verdächtige beim Ausspeien der zerkauten Reiskörner Probleme, weil sein Speichelfluss versiegt war, galt er als überführt und hatte womöglich nicht mehr lange Zeit, neuen Speichel zu produzieren. In anderen Regionen der Welt hielt man ein glühendes Eisen an die Zunge eines Beschuldigten. Je nach Stärke der erzeugten Verbrennung galt er als überführt oder unschuldig. Sind wir da heutzutage nicht viel weiter mit Geräten wie dem Lügendetektor? Der schreibt übrigens nicht mehr mit einer spitzen Nadel quietschend Kurven auf Papier. Das funktioniert heute alles computerisiert, inklusive Auswertung. Den klassischen Lügendetektor gibt es gar nicht mehr, heute kommt er als Laptop daher. Wenn Propagandistinnen und Propagandisten der Lügendetektion mit ihrem Polygrafenkoffer im Fernsehen auftreten, demonstrieren sie, dass sie Jahrzehnte fachlich verschlafen haben.

Die Funktionsweise des Lügendetektors

Anfang der 1980er-Jahre, ich war bereits seit einigen Jahren Universitätsassistent, suchte ich trotz der spannenden Tätigkeit bei aussagepsychologischen Begutachtungen eine neue Herausforderung. Die Arbeit eines meiner Kollegen, der Gedankenprozesse mit dem EEG, Elektroenzephalogramm, erforschte, faszinierte mich. Er hatte beeindruckende Geräte in seinem Labor, riesengroße Computer, wie sie damals eben aussahen, und dieses Equipment wirkte ungeheuer wichtig und bedeutsam – »harte« Naturwissenschaft eben. Dagegen kam die sonstige Psychologie, die ja auch als »weiche« Wissenschaft abqualifiziert wird, nicht an. Mein Kollege beschäftigte sogar einen Physiker, einen Naturwissenschaftler, für seine Analysen. Das war doch mal etwas Handfestes. In dieser Zeit las ich in einer wissenschaftlichen Veröffentlichung, dass der in Deutschland verpönte Lügendetektor in Amerika an einem Universitätsinstitut in Salt Lake City, Utah, wissenschaftlich erforscht wurde. Das war meine Chance, dem Universitätsalltag zu entrinnen und wie mein geschätzter Kollege mit Apparaten zu arbeiten, die Psychologie also auf technisch-naturwissenschaftliche Füße zu stellen. Ich vermutete, dass die Deutsche Forschungsgemeinschaft ein Stipendium in Salt Lake City wohl bewilligen würde, das war ja nicht Kalifornien, Stichwort Wellenreiten. Dass mir ohnehin eher Skifahren in den Rocky Mountains vorschwebte, musste ich ja nicht in meinen Antrag schreiben. Pulverschnee, dachte ich, und schickte ihn ab. Letztlich hatte ich dann doch nicht viel Zeit zum Skifahren, denn die Arbeit an der Universität von Salt Lake City begeisterte mich so sehr, dass ich später meine Habilitationsschrift über den Lügendetektor verfasste.

Ein Lügendetektor ist ein Polygraf, also ein Mehrkanalaufschreibegerät – mehr steckt nicht dahinter. Solche Mehrkanalschreiber werden auch in Kliniken zur Aufzeichnung körperlicher Reaktionen benutzt. Denn genau darum geht es bei der Lügendetektion. Nicht die Lüge wird sichtbar gemacht, sondern allein eine körperliche Reaktion. Die Grundideen dazu stammen übrigens gar nicht aus Amerika, sondern aus Deutschland. Dort hatten Psychologen in den 1920er-Jahren eine Möglichkeit gesucht, Antworten auf Fragen mit der systematischen Ausdeutung von Reaktionen zu verbinden Bei der Assoziationstechnik, einem Vorläufer jener Fragetechniken, die später bei der Lügendetektion eingesetzt wurden, werden dem Verdächtigen unter anderem Tatdetails genannt, denen er Begriffe zuordnen soll. Man fragt zunächst einige neutrale Begriffe ab – Eisenbahn, Schüssel, Sonntag –, und der Geprüfte soll dazu Begriffe assoziieren. Dann nennt man ein Wort aus dem Tatumfeld, beispielsweise Schraubenzieher. Die Reaktionszeit des Verdächtigen bis zur Assoziation wird gemessen. Eigentlich müsste die Pause vor der Assoziation zum Schraubenzieher, die Bedenkzeit, bei einem Täter länger sein. Denn er weiß ja, dass es jetzt gefährlich für ihn wird, er gerät unter Stress. Er muss sich etwas ausdenken, was nichts mit der Tat zu tun hat, und das dauert. Die Reaktionszeit zeigt, dass im Kopf eines Täters andere Prozesse ablaufen als im Kopf eines Nichttäters. Die Reaktionszeit, die eigentlich ein gutes Maß sein könnte, wurde im Lauf der Zeit allerdings ad acta gelegt, vielleicht weil die Aufzeichnungen der physiologischen Reaktionen wie Hautleitfähigkeit und Durchblutung spektakulärer wirken.

Bei den Messgeräten hat sich viel verändert. Früher maß man die Durchblutung, indem eine Person einen Arm in ein Wassergefäß steckte, das oben einen Auslauf hatte. Sobald der

Blutdruck des Befragten stieg, stieg auch der Wasserstand, und es tröpfelte in den Auslauf. Heute braucht man keine Gefäße mehr, nur Oberflächenelektroden, die auf die Haut gelegt werden, um Herzfrequenzänderungen und Durchblutungsänderungen in der Peripherie wie den Fingern zu messen. Außerdem werden Atembewegungen erfasst. Das sensibelste Merkmal, das der Polygraf registriert, ist die elektrische Hautleitfähigkeit. Bei Aufregung werden die Hände feucht, und wir schwitzen auch an anderen Körperstellen, was die Leitungsgeschwindigkeit für schwachen elektrischen Strom verändert. Die Veränderung der Schweißdrüsentätigkeit entgeht den Elektroden nicht, auch wenn sie durch Berührung noch gar nicht wahrgenommen werden kann.

In Amerika bekam der Mehrkanalschreiber den griffigen Namen »Lügendetektor«. Damit startete er dann seine Karriere – vor allem auch in Filmen, in denen Verdächtigen der Schweiß ausbricht, wenn ihnen die Cops einen Lügendetektortest androhen. Auch in Filmen misst der Lügendetektor allerdings keine Lüge, sondern zeichnet während einer Befragung kontinuierlich den Verlauf von verschiedenen körperlichen Parametern auf: Atmung, Blutdruck, Puls, elektrische Leitfähigkeit der Haut.

Selbstverständlich wissen auch die Befürworter der Lügendetektion, dass die Haut und andere Körperteile nichts direkt darüber aussagen, ob jemand lügt. Deshalb geht es auch nicht um die Intensität der Hautleitfähigkeit, sondern um ihre Veränderungen in Bezug auf Fragen – tatbezogene versus nicht tatbezogene Fragen –, die gestellt werden. Wenn ein später verurteilter Mörder gefragt wird: *Ist heute Mittwoch?,* wird er eine andere Reaktion zeigen, als wenn er gefragt wird: *Haben Sie Frau Schulz getötet?* Die Antwort auf die Fragen ist stets nein, da eine gleichförmige verbale Reaktion erforderlich ist.

Man könnte genauso gut auf alle Fragen Ja sagen, was aber eigenartig klänge. *Haben Sie Frau Schulz getötet? Ja.* Es gibt sogar den sogenannten Silent-Answer-Test, bei dem der Proband gar nicht antwortet. Hier werden dem Probanden lediglich die Fragen gestellt, er schweigt – und reagiert trotzdem durch seine Physiologie. Aber dieses Vorgehen ist methodisch problematisch, weil man nicht sicherstellen kann, dass der Proband auch wirklich zuhört. Dadurch, dass er antwortet, also Nein sagt, zeigt er, dass er am Geschehen teilnimmt und nicht gedanklich ganz woanders ist, was wiederum seine Physiologie beeinflussen könnte.

Die Vergleichsfragen-Technik

Es ist nachvollziehbar, dass auch jemand, der Frau Schulz nicht getötet hat, sich bei dieser Frage aufregt. Also musste man eine andere Fragetechnik erfinden. Man erfand die Kontroll- bzw. Vergleichsfragen-Technik, bei der man nicht mehr zwischen tatrelevanten und nicht tatrelevanten Fragen unterscheidet, sondern nur noch belastende Fragen stellt und die Reaktionen darauf vergleicht. Doch was ist vergleichbar belastend wie die Frage: »Haben Sie Frau Schulz getötet?« Dieses Problem ist bis heute nicht gelöst, auch wenn in zahlreichen Studien aufgrund von Laborexperimenten behauptet wird, dass dem so sei. Wenn jemand verdächtigt wird, einen sexuellen Missbrauch begangen zu haben, könnte eine relevante Frage lauten: Haben Sie den Vibrator in die Scheide Ihrer Tochter gesteckt? Zum Vergleich könnte gefragt werden: Haben Sie schon einmal sexuelle Handlungen begangen, die Schamgefühle bei Ihnen ausgelöst haben? Die Lügendetektion geht davon aus, dass, wer auf eine relevante Frage stärker reagiert als auf eine Vergleichsfrage, bei der Verneinung lügt. Aber das stimmt leider nicht, so bestechend es klingen mag. Denn es besteht weiterhin das Problem, dass wir eben keine spezifische körperliche Lügenreaktion feststellen können und auch mit Vergleichsfragen nur dem Zufall entsprechende Resultate erhalten. Der eine Mensch reagiert stark auf eine relevante Frage, weil er die Tat begangen hat, der andere, der die Tat nicht begangen hat, reagiert genauso stark, weil er Angst hat, für den Täter gehalten zu werden. Oder ein Täter reagiert stark auf die Vergleichsfrage, weil sie bei ihm Gedanken auslöst, die ihn mehr auf- bzw. erregen als die relevante Frage. Trotzdem wird immer noch von einigen Kolleginnen und Kollegen behauptet, die Vergleichsfragen-Technik erbringe zuverlässige Resultate. Das tut sie aber nicht.

Im Dezember 1998 hat sich der 1. Strafsenat des Bundesgerichtshofes mit der Lügendetektion auseinandergesetzt. In der damaligen Zeit gab es Vorstöße aus der Psychologie, die Kindern bei Verdacht auf sexuellen Missbrauch die Aussage ersparen wollten und vorschlugen, stattdessen Verdächtige an den Lügendetektor anzuschließen. Der Bundesgerichtshof hatte sich 1954 schon einmal mit der Lügendetektion auseinandergesetzt und diese als Verstoß gegen die Menschenwürde als Beweismittel in Strafverfahren ausgeschlossen. Der BGH revidierte dieses Urteil im Dezember 1998 dahingehend, dass das Anlegen von Oberflächenelektroden und die folgende Befragung nicht gegen die Menschenwürde verstießen. Der Beschuldigte würde nicht zum Objekt des Strafverfahrens gemacht, zumal wenn er selbst die Durchführung eines Lügendetektortests beantrage, um seine Unschuld zu beweisen. Lügendetektion ist ja freiwillig. Sie kann nicht ohne Mitwirkung des zu Befragenden durchgeführt werden, der ja mindestens so weit kooperieren muss, dass er stillsitzt. Im zweiten Teil des Urteils führte der Strafsenat des BGH 1998 aber aus, dass die Zuverlässigkeit der Vergleichsfragen-Technik nicht gegeben sei, und schloss die Lügendetektion als Beweismittel im Strafverfahren erneut aus.

Das ist aus folgenden Gründen begrüßenswert:

Dem Geprüften wird nicht gesagt, dass die Vergleichsfragen nicht relevant sind. Ganz im Gegenteil: Es wird ihm der Eindruck vermittelt, dass die Vergleichsfragen ihn genauso belasten könnten wie die relevanten Fragen. Die Vergleichsfragen sollen einen vergleichbaren Inhalt haben, sodass der Geprüfte denkt, sie seien wichtig. *Haben Sie schon öfter in Ihrem Leben Aggressionen gegen andere gehabt? Fühlten Sie sich schon als Jugendlicher zu kleinen Jungen hingezogen? Haben Sie schon mal jemanden verprügelt?* Der Geprüfte glaubt also, dass die Fragesteller sozusagen um die Ecke herausfinden wollen, ob er die Tat begangen hat. Das bringt ihn ins Grübeln. *Wenn ich Ja sage, denken die, ich war's.* Das macht ihm vielleicht noch mehr Angst oder verunsichert ihn noch stärker, gerade auch, wenn er unschuldig ist. Dann muss er doch befürchten, durch Antworten, die falsche Schlüsse zulassen, einer Tat bezichtigt zu werden, die er nicht begangen hat. So reagiert der Nichttäter eventuell physiologisch stärker auf die Vergleichsfrage als auf die relevante Frage. Das entspricht der Erwartung der Befürworter dieser Fragetechnik. Ähnliche Gedanken macht sich aber natürlich auch der Täter. Seine Sorgen und Ängste beziehen sich allerdings vor allem auf die relevanten Fragen. So weit die Theorie, die beinhaltet, dass der Nichttäter stärkere Emotionen bei den Vergleichsfragen zeigen wird, während der Täter auf jeden Fall stärkere Emotionen bei den relevanten Fragen haben wird.

Täter könnten aber die Zweiteilung der Fragen erkennen und sich vornehmen, bei den Vergleichsfragen, die sie als relativ unwichtig empfinden, stärkere Reaktionen zu zeigen. Denn die Erhöhung von Emotionen ist relativ einfach, während eine Unterdrückung gerade der körperlichen Anzeichen kaum zu erreichen ist. Es ist relativ einfach, den Herzschlag zu beschleunigen, wenn man an etwas denkt, was sehr erregt, aber man kann ihn nur durch intensives Training verlangsamen. Wenn jemand weiß, dass er im Gesicht rot wird, und versucht, das zu unterdrücken, wird er noch röter. Denkt ein Täter nun bei einer Vergleichsfrage an etwas, was ihn emotional stark bewegt, wird er auch eine hohe Reaktion zeigen, vor allem, wenn er dann bei den Fragen, die die Tat betreffen, im Vergleich dazu weniger reagiert. So besteht die Gefahr, dass er falsch klassifiziert wird.

Gerade bei Sexualstraftätern muss man auch ohne deren absichtliches Bemühen mit erhöhten Reaktionen auf Vergleichsfragen rechnen. Man stelle sich einen Pädophilen vor. Pädophilie ist eine von der »normalen« Richtung abweichende sexuelle Neigung, eine »Verdrehung«. Perversionen sind wie Süchte unter anderem damit verbunden, dass man immer mehr begehrt, immer mehr will. Perverse Täter nehmen in ihrer Vorstellung strafbare Handlungen vorweg, die sie in der Wirklichkeit nicht begangen haben. Noch nicht. Nun stelle man sich weiter vor, ein pädophiler Täter, der eine sexuelle Berührung bei einer Dreijährigen vorgenommen hat, wird in einer relevanten Frage nach dieser Berührung gefragt. Das zieht zwar eine hohe physiologische Reaktion nach sich. Fragt man ihn dann in einer Vergleichsfrage: »Haben Sie in Ihrem bisherigen Leben Gedanken gehabt, sexuelle Dinge mit Kindern zu machen?«, laufen in seinem Kopf womöglich all die Gewaltpornos mit Kleinkindern ab, die er sich ersehnt hat und die weit über die tatsächlich vorgenommene Berührung hinausgehen. Deswegen wird er viel stärker auf die Vergleichsfrage reagieren als auf die relevante Frage. Das Ergebnis der Prüfung ist dann falsch. Wenn man zudem bedenkt, dass pädophile Täter ihre verquasten Bagatellisierungsstrategien hochhalten – *Das war doch gar nicht sexuell; ich wollte der bloß eine pädagogische Lektion erteilen; das waren doch nur Zärtlichkeiten; Kinder haben ein Recht auf Sexualität; besser, sie lernt durch eine Vertrauensperson wie mich als durch einen Fremden; ich kann gar nichts dafür, die hat mich verführt* und so weiter –, wird deutlich, dass solche Täter möglicherweise am stärksten auf die Vergleichsfragen reagieren und damit den Anschein erwecken könnten, unschuldig zu sein. Die Ergebnisse von Prüfungen mit der Vergleichsfragen-Technik können bei Sexualstraftätern also nicht nur zufällig ausfallen, sondern sogar systematisch falsch sein und zu falschen Entlastungsbeweisen führen. Das wäre unverantwortlich und auch unerträglich.

Somit bleibt festzuhalten, dass die theoretischen Voraussetzungen der Vergleichsfragen-Technik zwar verlockend klingen. Die Methodik kann aber in der Praxis nicht überzeugen, da sie keine eindeutigen Ergebnisse erbringt. Das hat der BGH 1998 in Übereinstimmung zur Mehrheitsmeinung in der wissenschaftlichen Literatur festgestellt.

Daher muss gar nicht diskutiert werden, ob es in Täterkreisen bekannt sein könnte, dass man durch Kopfrechnen oder durch ein Zusammenkneifen der Pobacken die Hautleitfähigkeit verändern kann. Als Gegenmittel für Letzteres ließ man die zu Prüfenden in Amerika auf Stühlen mit Gummiblasen sitzen, damit dieser Trick sichtbar wird – ein unbeholfener Versuch, die Lügendetektion zu retten, auch wenn man eigentlich wissen müsste, dass sie lügt.

Die Tatwissen-Technik

Der Vollständigkeit halber ist anzumerken, dass es noch eine andere Fragetechnik als die Vergleichsfragen-Technik gibt, welche die Prüfung des BGH bestanden hat: die sogenannte Tatwissen-Technik. Diese Fragetechnik ist allerdings nur in ganz wenigen Fällen in der Praxis anwendbar, denn sie setzt voraus, dass dem Probanden noch keinerlei Kenntnisse über das zu prüfende Delikt vermittelt wurden. Hier wird das Wissen des Täters über Tatdetails genutzt. Bereits die Nennung eines solchen Tatdetails durch den Prüfer und das Wiedererkennen beim Täter führen bei ihm zu hohen physiologischen Reaktionen. Im Gegensatz dazu weiß der Nicht-Täter ja nicht, ob ein Mord, dessen er beschuldigt wird, durch ein Messer, eine Schusswaffe oder Gift vollzogen wurde, wenn ihm dies nicht durch Vernehmende vorgehalten wurde. Allerdings ist kaum eine reale Situation vorstellbar, in der einem Beschuldigten nicht erläutert wird, wessen man ihn beschuldigt. Es ist ein rechtliches Problem, was bzw. wie viele Details einem Beschuldigten vor seiner Vernehmung eröffnet werden müssen.

Der 1. Strafsenat des BGH hat 1998 in seinem Urteil festgestellt, dass die Tatwissen-Technik im Gegensatz zur Vergleichsfragen-Technik zwar eine zuverlässige Methodik sei, dass sie aber zum Zeitpunkt der Hauptverhandlung nicht mehr als Beweismittel taugt, da bis dahin die Tatdetails auf verschiedenen Ebenen erörtert wurden.

Auf der Spur der Angst

Ein Kriminalkommissar einer Mordkommission rief mich an und wollte wissen, ob Hypnose eine Möglichkeit zur Wahrheitsfindung sei. Dass die Polizei direkt bei mir anruft, ist selten. Aber wir sind ja ein Institut für forensische, also gerichtliche Psychiatrie und Psychologie. Ich ließ mir den Fall schildern. Ein totes Kind war auf einer Müllkippe gefunden worden. Es wies siebzehn Messerstiche an markanten Körperstellen auf. Man hatte einen Verdächtigen festgenommen, der mit dem Kind gesehen worden war. Dabei handelte es sich um einen entfernten Bekannten aus einer anderen Stadt, der verneinte, die Tat begangen zu haben. Ein Psychiater hatte nun Hypnose empfohlen: Dabei würde der Verdächtige die Tat unbewusst preisgeben. Erwähnenswert sei noch, so der Kommissar, dass der Verdächtige als Exhibitionist polizeibekannt sei. Aber Exhibitionisten, habe der Psychiater gesagt, seien harmlos, die würden keine Morde begehen.

»Zwei Mal falsch«, erwiderte ich. »Hypnose wird nicht zur Wahrheitsfindung beitragen, denn unter Hypnose kann ein Mensch auch fantasieren. Und die Klassifizierung eines Exhibitionisten als ungefährlich ist wissenschaftlich nicht zu 100 Prozent tragfähig. Es gibt immer wieder Progressionen bei den Handlungen von Tätern, gerade im Bereich der Perversion. Wann war denn der Leichenfund?«

»Heute Vormittag.«

»Haben Sie das schon an die Presse gegeben?«

»Nein.«

»Sind dem Verdächtigen Tatdetails eröffnet worden?«

Der Kommissar zögerte. Dann verneinte er. Dies war einer der seltenen Fälle, in denen die Tatwissen-Technik hätte eingesetzt werden können. Ich schlug sie dem Kommissar vor.

»Tatwissen-Test?«, fragte er. Davon hatte er noch nie gehört. Ich erläuterte die Methode. Dabei wurde leider klar, dass der Verdächtige doch über mehr Informationen verfügte, als er haben durfte, um diesen Test zu absolvieren. Er wusste bereits, dass es Stichverletzungen an der Kinderleiche gab. So schloss ich den Tatwissen-Test in diesem Fall aus, zumal die rechtliche Situation der Polizei zur damaligen Zeit nicht geklärt war. Der Kommissar war nun aber sehr neugierig und nutzte die Gelegenheit, einen Wissenschaftler am Telefon zu haben. Er fragte mich, was ich schon oft gefragt worden bin, ob denn nicht die modernen Methoden beziehungsweise die Gehirnforschung Aufschluss über die Lüge geben könnten.

Es stimmt, dass die Versuche zur Lügendetektion immer moderner geworden sind. Heute werden nicht mehr nur Hautwiderstand, Durchblutung und Atmung erfasst, sondern auch die Reaktionen des Gehirns. Mit bildgebenden Verfahren kann man sehen, welche Zentren im Gehirn aktiv sind. Die »Kartierung des Gehirns«, das sogenannte Brainmapping, hat durch bildgebende Verfahren insgesamt große Fortschritte gemacht. Es wird nun auch zur Lügendetektion angeboten: Statt Polygrafie sollen funktionelle Magnetresonanztomografie (fMRT) und Positronen-Emissionstomografie (PET) eingesetzt werden. Diese seriösen Verfahren aus der Medizin taugen sicherlich zur Diagnostik von Krankheiten und zur Forschung, nicht jedoch zur Lügendetektion. Die Lokalisation von Hirnaktivität gibt ebenso wenig Aufschluss darüber, ob jemand lügt, wie die Erfassung physiologischer Begleiterscheinungen von Gedanken und Gefühlen.

Lassen Sie sich von den komplizierten Bezeichnungen nicht blenden: Auch mit den modernen Möglichkeiten des »Neuroimaging«, des Abbildens von Nervenaktivitäten, können wir die Angst vor tatsächlicher Entdeckung nicht von der

Angst vor falscher Entdeckung unterscheiden. Unsere Gefühle und Gedanken sind mit körperlichen Reaktionen verbunden, und sie bilden sich natürlich im Gehirn ab, ja, finden dort wohl statt. Aber es bleibt dabei: Die messbaren körperlichen Phänomene sind für die Art der Gefühle und Gedanken unspezifisch. Das Erröten vor Freude ist vom Erröten vor Scham oder Aufregung eben nicht zu unterscheiden – auch nicht mit aufwendigen Apparaten. Wir sind also genauso weit wie die Medizinmänner in Afrika, die für sich in Anspruch nahmen, Schuldige aus einer Reihe von Verdächtigen herausriechen zu können. Die Medizinmänner übersahen, dass der Angstschweiß vor falscher Entdeckung nicht anders riecht als der Angstschweiß vor tatsächlicher Entdeckung.

So bleibt als brauchbares Erkenntnismittel aus der Psychologie nur das Thema dieses Buches: die Aussageanalyse. Sie wurde ja auch von der obersten strafrechtlichen Instanz als Beweismittel anerkannt. Wenn ich wissen will, ob jemand die Wahrheit sagt oder lügt, muss ich ihn möglichst lange reden lassen, gut zuhören und aufmerksam betrachten und vergleichen, was er am Anfang gesagt hat und was er später sagt. Bei meinen Fällen muss ich beim Aktenstudium auf Seite 400, manchmal auch auf Seite 4000, noch wissen, was ich auf Seite 4 oder 40 gelesen habe. Das ist mühsam. Insofern ist es nachvollziehbar, dass sich Menschen eine einfache Methode wünschen: Der stottert, also lügt er. Der hat feuchte Hände, also war er's.

Aber: Möchten Sie so beurteilt werden? Noch dazu in einer Situation, in der es um Schuld und Gefängnis geht? Nein? Dann verzichten Sie am besten auch bei anderen darauf.

Anstandsregeln: Vom »richtigen« Umgang mit Opfer-Zeugen

In vielen Fällen bekommen Täter aufgrund ihres Geständnisses »Rabatt« auf die eigentlich zu verhängende Freiheitsstrafe. So auch im Falle von Susanne Fuchs, der jahrelang missbrauchten Tochter, Sie erinnern sich?

Rabatt? Ja, im Jargon nennt man das tatsächlich so. Gemeint ist damit, dass ein Geständnis strafmindernd wirken kann. Das gilt im Besonderen, wenn das Geständnis einem Opfer die Aussage erspart. Doch meines Erachtens war der Rabatt im Fall von Susanne Fuchs zumindest in dieser Höhe nicht gerechtfertigt, denn das Geständnis des Täters, ihres Vaters, kam viel zu spät. Außerdem wollte Susanne aussagen. Sie hatte sich gedanklich lange damit auseinandergesetzt. So geht es vielen Opfern: Sie sind nicht erleichtert, sondern empört, wenn sie keine Aussage mehr machen dürfen, weil der Täter, der auf Rabatt hofft, ihnen durch sein Geständnis zuvorkommt. Sie wollen unbedingt ihre Sicht der Dinge schildern, weil sie das entlastet und ihnen auch Genugtuung verschafft. Wenn es vor ihrer Aussage zu einem Geständnis kommt und sie deshalb vom Gericht nicht mehr gehört werden, empfinden das manche als Kränkung, ja Brüskierung.

Hier müsste eine andere Regelung gefunden werden. Mit einfachen Mitteln ließen sich Verbesserungen erreichen. Gerichte sollten Opfer-Zeugen nicht zu Terminen einbestellen, bei denen die Gefahr besteht, dass sie nicht gehört werden können. Man könnte sie informieren, dass es nicht sicher sei, ob und wann sie aussagen sollen. Im Handy-Zeitalter kann man sie bitten, sich bereitzuhalten, und sie telefonisch informieren, wenn ihre Anwesenheit nötig ist. Dann warten sie nicht womöglich stundenlang auf Gerichtsfluren, um schließlich zu erfahren, dass sie nach Hause gehen können, da man ihre Aussage nicht mehr braucht.

Das Gleiche gilt für die Wartesituation von Kindern. Wer vor Gericht aussagen soll, kommt nicht immer pünktlich dran. Auch Kinder müssen warten. Bei vielen Gerichten gibt es für sie Wartezimmer mit Spielzeug. Das ist natürlich gut. Doch wenn Kinder dort mehrere Stunden zubringen müssen, sind sie danach müde und können vielleicht nicht mehr konzentriert aussagen. Oder sie erzählen im Spielwartezimmer der freundlichen Betreuerin all das, was sie eigentlich vor Gericht aussagen sollen, und haben dann keine Lust mehr, noch einmal von vorn anzufangen. Auch hier wäre es besser, die Kinder blieben zu Hause, bis ihre Begleitpersonen angerufen werden, dass sie sich jetzt allmählich auf den Weg machen sollen – oder eben nicht. Aufgrund meiner langjährigen Beobachtungen in Gerichtsverhandlungen behandle ich im Folgenden einige Aspekte eines angemessenen Umgangs mit Opfer-Zeugen.

Es gibt diverse strafprozessuale Schutzbestimmungen für junge Opfer-Zeugen. Wesentlich sind: Die Befragung von Zeugen bis zum Alter von sechzehn Jahren erfolgt nur durch den Vorsitzenden Richter – es gibt also kein »Kreuzverhör« wie im

Fernsehen; Staatsanwaltschaft, Nebenklage und Verteidigung müssen ihre ergänzenden Fragen dem Richter mitteilen. Der Angeklagte kann während der Zeugenvernehmung ausgeschlossen werden, ebenso die Öffentlichkeit zum Schutz der Privatsphäre des Zeugen. Das sind gute Maßnahmen, die nach meinen Beobachtungen in der Gerichtspraxis konsequent umgesetzt werden.

Ich erinnere an einen wichtigen Punkt: Zum Zeitpunkt der Vernehmung in einer Gerichtsverhandlung ist noch nicht endgültig festgestellt, ob ein Belastungszeuge tatsächlich ein Opfer ist, er oder sie hat das bisher nur behauptet. Wenn ich dennoch von Opfer-Zeugen spreche, so ist das ein sprachliches Kürzel für Zeugen, die Aussagen über Ereignisse machen, bei denen sie Opfer von Straftaten gewesen seien, und nicht etwa Aussagen über bloße Beobachtungen von Straftaten. Opfer-Zeugenschutz darf nicht dazu führen, dass die Unschuldsvermutung ausgehebelt wird. Es muss eine effektive Befragung möglich sein, die auch hilft, eventuelle Falschbehauptungen über Opfererleben aufzudecken. Ich denke, ein angemessener Umgang mit Opfer-Zeugen muss zugleich human, aber auch effektiv sein. Anhand von zwei Fallbeispielen will ich diese beiden Zielsetzungen verdeutlichen.

Tränen im Zeugenstand

Ich hatte als Sachverständiger die Aussagen von zwei dreiundzwanzigjährigen Zeuginnen in einem Berufungsverfahren vor einem Landgericht zu begutachten. Sie hatten vor zehn Jahren, also als Dreizehnjährige, durch ihre Eltern Anzeige erstattet und bei der Polizei Aussagen über diverse sexuelle

Missbrauchshandlungen eines damals einundvierzigjährigen Mannes gemacht.

Die zehnjährige Verfahrensdauer erklärte sich beim Studium der Akte zunächst gar nicht. In der Anklageschrift, die erst sieben Jahre nach der Anzeige erstellt worden war, hieß es, der Angeklagte sei diese sieben Jahre »unbekannten Aufenthalts« gewesen. Tatsächlich saß er zeitweilig in verschiedenen Justizvollzugsanstalten desselben Bundeslandes ein, in dem ihn die Polizei in größeren Zeitabständen erfolglos per Meldeabfragen zur Beschuldigtenvernehmung suchte. Auf die Idee, ihn in Gefängnissen zu suchen, war wohl niemand gekommen. Nach der Anklageerhebung kam es zu weiteren Verzögerungen durch mehrfaches Ausbleiben des Angeklagten vor dem Amtsgericht. Schließlich begann zehn Jahre nach der Anzeige eine Hauptverhandlung, in der eine Amtsrichterin ihn zu einer Freiheitsstrafe von zweieinhalb Jahren verurteilte. Der Verurteilte musste seine Strafe dennoch nicht antreten, was bei diesem Strafmaß – alles über zwei Jahre kann nicht zur Bewährung ausgesetzt werden – die Regel gewesen wäre, denn sein Verteidiger legte Berufung gegen das Urteil ein.

Die Taktik des Verteidigers in der Berufungsverhandlung bestand im Versuch einer systematischen Demontage der ersten Zeugin. Das ist eine beliebte Methode bei einem Verteidigertyp, dem der Eindruck auf seinen Mandanten wichtiger zu sein scheint als die Sachaufklärung. Er stellte der Zeugin in schneller Folge Fragen, die nichts mit der Sache zu tun hatten.

Hatten Sie damals viele Freundinnen?
Und Freunde?
Haben Sie auch schon was mit Jungs gehabt?
Hatten Sie damals einen festen Freund?
Hatten Sie Intimkontakt mit Ihrem Freund?

Wie alt waren Sie bei Ihrem ersten Intimkontakt?
Die Tat betreffend stellte er Detailfragen:
Wie war das Wetter?
Welche Schuhe trugen Sie?
Und was für ein T-Shirt?

Dabei war niemals die Rede davon gewesen, dass die Zeugin ein T-Shirt getragen hatte. Doch sie schlug sich wacker, parierte die Fragen nach ihren Lebensumständen, die hier wirklich nichts zur Sache taten, souverän, und protestierte bei den Detailfragen nach ihrer Kleidung, dass der Verteidiger so etwas nach zehn Jahren auch nicht mehr erinnern würde. Dies führte zu dessen zwar zutreffender, aber völlig unangemessener Replik, dass es darauf hier nicht ankomme. Er fügte hinzu, es sei seine Aufgabe, die Lügen der Zeugin zu entlarven. Lügen waren der Zeugin aber gar nicht nachgewiesen worden.

Ein weiterer Diffamierungsversuch bestand darin, dem seinerzeit dreizehnjährigen Mädchen, das nach allen vorliegenden Erkenntnissen ausschließlich an Wettkampfsport interessiert gewesen war, das Image einer sexbesessenen Lolita zu geben. Die Zeugin schlug sich dennoch weiterhin wacker.

Ich hatte in einem vorläufigen Gutachten die Aussagen der beiden Zeuginnen als glaubhaft eingeschätzt. Ihnen wäre nicht gedient gewesen, wenn ich gegen das Vorgehen des Verteidigers protestiert hätte, denn das hätte Anlass gegeben, mich als befangen anzusehen, was zum Ausschluss aus einem Verfahren führt. Als Sachverständiger hat man sich neutral zu verhalten. Das ist nicht gerade einfach, wenn ein eifernder Verteidiger unfaire Fragen stellt und das Gericht dies nicht unterbindet. Gerichte lassen solchen Verteidigern manchmal eine lange Leine, wohl auch in der Erwartung, dass sich die Fragenden selbst disqualifizieren. Ich musste also meine humanen Regungen – wir reden hier ja über Humanität im Umgang mit Zeugen – unterdrücken, damit ich die Effektivität meiner Begutachtung nicht gefährdete. Und ich hoffte klammheimlich, dass das unangemessene Verhalten des Verteidigers seinem Mandanten eher schaden als nutzen würde, da es sicher auch den Schöffen und Richtern nicht gefiel. Manche Angeklagten genießen aggressive Auftritte ihrer Verteidiger und merken gar nicht, dass diese ihnen bei der Strafzumessung schaden können.

Die zweite Zeugin wollte auf die einleitenden Fragen des Vorsitzenden erst einmal ihre Empörung über die lange Verfahrensdauer und ihre wiederholten Ladungen zu Gerichten loswerden – sie war, anders als der Angeklagte, ja immer erschienen: insgesamt fünf Mal. Ein Versuch, sie über die Hintergründe aufzuklären, eine Art Entschuldigung oder auch nur Bekundung von Verständnis für ihren Unmut erfolgten durch das Gericht nicht. Nach kurzer Befragung durch den Vorsitzenden zum ersten von drei Anklagepunkten erhielt wieder der Verteidiger das Fragerecht. Berufung war durch die Verteidigung eingelegt worden, was zur Folge hat, dass dieser nach dem Richter zuerst fragen darf; dann kommt die Staatsanwaltschaft an die Reihe. Nach wenigen Verteidigerfragen der beschriebenen Art brach die Zeugin in Tränen aus, die erkennbar Folgen von Wut und Hilflosigkeit waren. Es wurde eine Pause gemacht, in der informelle Besprechungen zwischen Gericht, Staatsanwaltschaft und Verteidiger stattfanden. Nach der Pause beantragte die Staatsanwältin, zu den Anklagepunkten, die die zweite Zeugin betrafen, das Verfahren einzustellen. Der Verteidiger nahm zu den Anklagepunkten, die die erste Zeugin betrafen, die Berufung zurück. Er erläuterte völlig unpassend und nicht nachvollziehbar: Die

Rücknahme der Berufung geschehe lediglich zum Schutz der Zeuginnen, obwohl sich sein Mandant eigentlich keiner Schuld bewusst sei.

Die zuvor weinende Zeugin hatte nach der Pause wieder gefasst am Zeugentisch Platz genommen. Sie konnte angesichts der Anträge nur noch überrascht gucken, verstand gar nichts mehr und bekam ihren Laufzettel für die Kasse. Auch ich wurde als aussagepsychologischer Sachverständiger, der im vorläufigen Gutachten auch die Aussage der zweiten Zeugin als glaubhaft eingeschätzt hatte, ohne Anhörung entlassen. Später erfuhr ich: Der braun gebrannte, muskelgepumpte Angeklagte mit Camouflagehose, lockerem Pferdeschwanz und dreißig Seiten langem Vorstrafenregister bekam erheblichen Rabatt, nämlich einige Monate mit Bewährung statt der Amtsgerichtsstrafe ohne Bewährung.

Effektiv war das Vorgehen sicher in dem Sinne, dass ein juristischer Dauerbrenner endlich zum Abschluss gebracht wurde. Ob die Verfahrensweise allerdings einen humanen Umgang mit der zweiten Zeugin darstellte, verdient mehr als nur ein Fragezeichen. Bedarf es wirklich einer Doktorarbeit oder eines Forschungsprojekts, um zu der Erkenntnis zu kommen, dass Informationen über Verfahrensnotwendigkeiten und verständliche Hinweise auf juristische Regeln einem Zeugen das Aushalten von Belastungen erleichtern können? Oder könnte ein Gericht auch von selbst darauf kommen? Sind Tränen angesichts eines Ohnmachtsgefühls gegenüber einer als unfair empfundenen Verhandlung ein ausreichender Grund, auf die weitere Befragung einer durchtrainierten dreiundzwanzigjährigen Zeugin zu verzichten? So viel »Humanität« auf Kosten von Effektivität der Strafverfolgung erstaunt.

Jeder Zeuge reagiert anders

Ein zweites Fallbeispiel: Ein Angeklagter vor einem Landgericht war durch Festplattenbeschlagnahme des Konsums und der Verbreitung von Kinderpornos überführt; zusätzlich war er auch des sexuellen Missbrauchs von zwei Stieftöchtern angeklagt. Die Stieftöchter waren bereits als Kinder wegen Misshandlungen durch Mutter und Stiefvater vom Jugendamt in Obhut genommen worden – also nicht wegen sexuellen Missbrauchs. Als Jugendliche hatten sie wieder Kontakt zur Mutter und dabei auch den Stiefvater in Kauf genommen. Als eine der beiden entdeckte, dass der Stiefvater Kinderpornos auf seinem PC gespeichert hatte, machte sie deswegen Anzeige, verschwieg aber die lange zurückliegende eigene sexuelle Missbrauchserfahrung mit ihm. Diese bekundete sie erst, als sie etwas später erfuhr, dass ihre Mutter vom Stiefvater schwanger sei. Daraufhin sagte auch die ein Jahr jüngere Schwester Entsprechendes aus.

Der Verteidiger beklagte sich vor Verhandlungsbeginn lautstark beim Staatsanwalt über seinen potenziellen Imageverlust: Er habe dem Angeklagten Bewährung versprochen, wenn dieser auch den sexuellen Missbrauch gestehe, wozu der Staatsanwalt wegen der Schwere der Missbrauchstaten beharrlich sein Einverständnis verweigerte. Weitere informelle Unterredungen fanden im Beratungszimmer statt, ohne meine Anwesenheit als Sachverständiger. Nach Verhandlungsbeginn gestand der Angeklagte den sexuellen Missbrauch, allerdings nur pauschal, ohne Details. Trotz dieses Geständnisses hörte das Gericht bis in den späten Nachmittag alle Zeugen und auch mich als Sachverständigen für die Glaubhaftigkeit der Aussagen der beiden jungen Frauen.

Wie in dem zuvor geschilderten Fall verhielten sich die beiden Zeuginnen sehr unterschiedlich, was wieder einmal deutlich macht, dass pauschale Empfehlungen für einen richtigen Umgang mit Opfer-Zeugen nicht gegeben werden können, da Menschen, auch Schwestern, sich offenbar höchst unterschiedlich entwickeln und verhalten. Eine der beiden, sechzehn Jahre alt, hielt Blickkontakt zum Angeklagten und machte mit fester Stimme sehr klare Angaben über Sachverhalte, die sie als Sechsjährige erlebt habe. Die nur ein Jahr jüngere Schwester konnte vor Weinen kaum sprechen, der Vorsitzende konnte ihr nur mit Mühe einige verfahrensrelevante Angaben entlocken.

Das Gericht hatte alte Akten zu dem Fall hinzugezogen. In den Akten über die Inobhutnahme der Schwestern gab es einen Brief der Pflegemutter des älteren Mädchens an ein Familiengericht, der vor zehn Jahren geschrieben worden war. Das Mädchen hatte gegenüber der Pflegemutter Angaben über den sexuellen Missbrauch des Stiefvaters gemacht. Diese waren im Brief in wörtlicher Rede enthalten. Die Aussage der Sechzehnjährigen entsprach dem Inhalt des Briefes, von dessen Existenz die Zeugin bis zur Hauptverhandlung keine Kenntnis hatte. Die Konstanz ihrer Angaben über einen Zeitraum von zehn Jahren war ein deutlicher Hinweis auf die Glaubhaftigkeit ihrer Beschuldigungen.

Der Brief der Pflegemutter an das Familiengericht war übrigens ohne strafrechtliche Folgen geblieben – so viel zum Thema Opferschutz.

Eine Randnotiz: Die Pflegemutter als Briefschreiberin unterschied sich in Konkretheit und Besonnenheit wohltuend von einem seinerzeit tätig gewordenen Mitarbeiter des Jugendamts. In der Akte des Jugendamts war ein Bericht darüber enthalten, dass die beiden Mädchen nach Inobhutnahme über einen sexuellen Missbrauch des Stiefvaters gesprochen hatten. Der Sozialpädagoge schrieb – anders als die Pflegemutter – allerdings nicht auf, was die beiden Mädchen ihm gesagt hatten. Stattdessen verlor er sich in allgemeinen Ausführungen über die Scheußlichkeit des Stiefvaters. Sein Bericht war aufschlussreich im Hinblick auf seinen Gemütszustand, aber er war damals kein brauchbarer Hintergrund für geeignete Maßnahmen. Er enthielt auch kein Material für die Beurteilung des Wahrheitsgehalts der Angaben, die die Mädchen gemacht hatten. Ich führte in meinem Gutachten allerdings aus, dass bereits die Tatsache, dass die Mädchen zeitnah über einen sexuellen Missbrauch durch den Stiefvater ausgesagt hatten, für die Glaubhaftigkeit ihrer zehn Jahre späteren Beschuldigungen sprach. Die Aussagen der beiden jugendlichen Zeuginnen waren auch nach einem Zeitraum von zehn Jahren anschaulich und detailreich. Ich erstattete ein positives Glaubhaftigkeitsgutachten. Das Gericht verurteilte den Angeklagten. Trotz des Geständnisses gab es in diesem Fall für den Angeklagten dreieinhalb Jahre.

Dabei stellen sich die folgenden Fragen: Hätten ein sogenannter Deal mit Rabatt nach dem unspezifischen Geständnis des Angeklagten und ein Verzicht auf die Vernehmungen der Zeuginnen ein humaneres Vorgehen dargestellt als das Vorgehen, das dieses Gericht wählte? Erfüllt eine deutliche Bestrafung nach längerer Verfahrensdauer das Effektivitätskriterium besser als eine geringe Bestrafung nach kurzer Verfahrensdauer, oder gilt im Interesse von überlasteten Gerichten und überfüllten Gefängnissen vielleicht das Umgekehrte?

Die von mir für selbstverständlich gehaltenen Kriterien der Humanität und Effektivität im Umgang mit Opfer-Zeugen stellen sich bei näherer Betrachtung als mehrdeutig dar. Gibt es also gar kein brauchbares Rezept für den Umgang mit Opfer-Zeugen? Ich denke: Doch, es gibt eine Grundregel. Es sollte immer daran gedacht werden, dass hinter »Fällen« Menschen stehen und dass die »Abarbeitung von Akten« Schicksale von Menschen betrifft. Natürlich ist es wichtig, dass die eingangs erwähnten strafprozessualen Schutzmöglichkeiten genutzt werden. Entscheidend für einen richtigen Umgang mit Opfer-Zeugen ist aber wohl die Fähigkeit von Polizei und Gerichten, sich jeweils im Einzelfall in deren Position hineinzuversetzen. Das ist weniger eine Sache von Vorschriften in der Strafprozessordnung als vielmehr des anständigen Umgangs miteinander. In einer Vielzahl von Fällen habe ich Gerichte für ihren Umgang mit Opfer-Zeugen bewundert, aber es gab leider auch andere. Und jeder unangemessene Umgang ist einer zu viel.

Mord aus Frust: Der Holzklotz-Fall

Es ist eine Horrorvorstellung für jeden Autofahrer: Ein Baum fällt auf die Fahrbahn, ein Fahrzeug kommt einem auf der eigenen Spur entgegen … oder etwas wird von einer Brücke auf die Straße geworfen. Zum Beispiel ein Holzklotz. Er trifft das Auto einer Familie. Die Kinder sitzen auf der Rückbank, Mann und Frau vorn. Sie sind wahrscheinlich guter Stimmung, denn sie kommen aus dem Urlaub – es ist der Abend des Ostersonntags 2008. Bald werden sie zu Hause sein. Vielleicht überlegen sie, was sie essen werden, vielleicht freuen sich die Kinder auf ihre Stofftiere.

Niemand ahnt, dass diese vier Menschen ihre Wohnung nie wieder als heile Familie betreten werden. Denn auf einer Autobahnbrücke bei Oldenburg steht ein Täter. Und der wuchtet einen sechs Kilo schweren Holzklotz auf das Geländer und stößt ihn dann hinab. Er hätte auch ein anderes Fahrzeug treffen können, auch uns, wenn wir zu diesem Zeitpunkt an diesem Ort unterwegs gewesen wären. Doch er traf diesen BMW, der mit etwa 130 Stundenkilometer Geschwindigkeit von Wilhelmshaven in Richtung Süden auf der rechten Spur der A29 unterwegs war. Der sechsunddreißigjährige Ehemann hörte einen lauten Knall, den er nicht einordnen konnte. Die Windschutzscheibe barst, Glassplitter flogen durch die Luft. Der

Fahrer trat reflexartig auf die Bremse und lenkte das Fahrzeug auf die Standspur. Die Kinder schrien im Schock. Von seiner dreiunddreißigjährigen Frau kein Laut. Der Holzklotz hatte ihren Schädel mit der Wucht von etwa zwei Tonnen zertrümmert. Er zerriss ihre Schlagadern und verletzte ihr Herz. Sie war wohl schon tot, als ihr völlig geschockter Ehemann den Wagen angehalten hatte und um das Auto herumlief, um ihr zu helfen. Sie blutete stark, und auf ihrem Schoß lag ein massiver Klotz aus Pappelholz. Der Fahrer und seine siebenjährige Tochter blieben unverletzt. Der neunjährige Sohn wurde durch Splitter leicht unter dem rechten Auge verletzt.

Im Prozess, der Anfang 2009 stattfand, würdigte der Richter die fahrerische Glanzleistung des Ehemanns, mit der er trotz des Schocks und der chaotischen Situation den Wagen sicher auf der Standspur der Autobahn zum Stehen brachte. »Sie haben Ihren Kindern das Leben gerettet. Bei Ihrer Frau hatten Sie keine Chance.«

Der Fall stieß auf großes Medieninteresse. Würde der Täter erneut zuschlagen? Musste man mit Nachahmern rechnen? Viele Menschen, die unter Brücken hindurchfuhren, überkam nun ein mulmiges Gefühl, besonders wenn dort oben Leute standen. Normalerweise winken die ja. Aber wenn da wieder so ein Verrückter stünde … Denn verrückt musste so einer doch wohl sein?

Ankündigung Massen-Gentest: Und einer wird nervös

Die Kriminalpolizei arbeitete mit Hochdruck an dem Fall, doch viele Spuren verliefen im Sande. Zwei Wochen nach der Tat kündigte die Polizei an, dass von allen erwachsenen Männern, die in der Gegend gemeldet waren, mittels Speichelprobe eine DNA-Analyse erstellt werden sollte, da auf dem Holzklotz DNA, vermutlich die des Täters, sichergestellt worden war. Daraufhin meldete sich Nikolai H. bei der Polizei und gab zu Protokoll, am Ostersonntag beim Überfahren der Autobahnbrücke mit dem Fahrrad den Holzklotz beiseite geräumt zu haben, damit sich niemand verletze. Beim Berühren des Holzklotzes habe er vielleicht Spuren hinterlassen. Gleichzeitig habe er eine Felge und einen Ast, die ebenfalls den Radweg blockiert hätten, zur Seite gelegt. Damit war Nikolai H. ein Zeuge, ein Hinweisgeber sagt man auch dazu, weil er ja der Polizei einen Hinweis auf den Ablageort des Holzklotzes kurze Zeit vor der Tat gegeben hatte.

Man muss sich vorstellen, dass in einem solchen Fall Hunderte von Hinweisen eingehen, auf verschiedenen Polizeidienststellen. Jeder Hinweis wird in einem Aktenvermerk festgehalten – das gesamte Material zusammenzutragen und daraus Schlüsse zu ziehen dauert oft Wochen. Als ein Beamter der ermittelnden Mordkommission Nikolai H.s Hinweis las, erschien ihm diese Darstellung nicht so recht nachvollziehbar. Nikolai H. war der Polizei als drogenabhängiger Kleinkrimineller bekannt. Seit wann räumen solche Personen Radwege frei? Ein Vorurteil? Oder eine heiße Spur? Auffällig erschien auch, dass Nikolai H. seinen Hinweis erst so spät machte, nämlich nach dem Aufruf zur DNA-Abgabe. Der Holzklotzwurf war nicht nur in der Gegend um Oldenburg Thema in allen Medien. Hatte er gezögert, früher zur Polizei zu gehen, um nicht in falschen Verdacht zu geraten? Kleinkriminelle behaupten, dass die Polizei mit ihrer bekannten Kundschaft anders umgeht als mit »unbescholtenen« Bürgern. Oder hatte er etwas zu verbergen? Offenbar brauchte er angesichts des angekündigten Gentests eine Erklärung dafür, dass seine DNA auf dem Holzklotz zu finden war. War er Wegräumer oder Werfer des Holzklotzes?

Nikolai H. wurde von Beamten der Mordkommission ausführlich als Zeuge vernommen. Er schilderte dabei Details zu seiner Räumaktion und zum Verlauf seines Ostersonntags. Dabei erzählte er auch, dass er sich vormittags bei einer Verwandten Geld besorgt habe, um damit Drogen einzukaufen. Er habe aber keinen Dealer gefunden. Offenbar gibt es auch in dieser Zunft Regelungen für Ladenöffnungszeiten und Feiertagsverkauf.

Die Beamten glaubten ihm seine Ordnungsliebe immer noch nicht. Rund zwei Monate nach Ostern wurde Nikolai H. von der Polizei in den Stand eines Beschuldigten versetzt. Ihm wurde vorgeworfen, er habe den Holzklotz von der Brücke geworfen. Und er wurde erneut vernommen. Er stritt die Täterschaft ab.

In einer zweiten Beschuldigtenvernehmung am 21. Mai 2008 gestand er nach anfänglichem Leugnen, den Holzklotz auf die Autobahn geworfen zu haben. Dieses Geständnis erfolgte in einer Zigarettenpause gegenüber einem Beamten, der ihn zur Rauchpause begleitet hatte. Er wiederholte es ausführlich in der folgenden offiziellen polizeilichen Vernehmung als Beschuldigter und noch am selben Tag in einer richterlichen Vernehmung. Daraufhin wurde er sofort in Haft genommen.

Wenige Tage nach seiner Inhaftierung widerrief Nikolai H. sein Geständnis. Trotz dieses Widerrufs erhob die Staatsanwaltschaft Anklage wegen Mordes und Mordversuchs, und die Hauptverhandlung gegen Nikolai H. wurde eröffnet.

Die DNA-Analyse von Anhaftungen am Holzklotz war im Übrigen unergiebig, sonst hätte das Gericht mich nicht als aussagepsychologischen Sachverständigen zur Hauptverhandlung geladen. Im Zentrum der Hauptverhandlung stand die Frage, ob Nikolai H. ein zutreffendes Geständnis abgelegt hatte oder nicht. War er von der Polizei unter Druck gesetzt worden? Wie waren die Umstände in der Rauchpause, in der er sein Leugnen aufgab? Die Frage an mich lautete, ob das Geständnis oder der Widerruf aus aussagepsychologischer Sicht glaubhaft war.

Die Hauptverhandlung: Beredtes Schweigen

Nach seinem Widerruf machte Nikolai H. von seinem Recht als Angeklagter Gebrauch, in der Verhandlung zu schweigen. Für ihn sprach bei den vielen Terminen der Hauptverhandlung nur sein Verteidiger; Nikolai H. saß schweigend hinter einer Panzerglasscheibe, die ihn vor möglichen Angriffen wütender Zuschauer schützen sollte.

Das Argument der Verteidigung lautete zusammengefasst: Nikolai H. habe zur Zeit der zweiten Beschuldigtenvernehmung unter Drogenentzug gelitten. Polizeilicher Druck und Entzugserscheinungen hätten zu einem falschen Geständnis geführt. Ich konnte ihn nicht zu den Umständen seines Geständnisses und seines Widerrufs explorieren oder in der Hauptverhandlung befragen; auch den Richtern sagte Nikolai

H. ja nichts. Es gab aber seine Aussagen vor dem Schweigen: das Protokoll seiner Angaben als Hinweisgeber, die Protokolle von zwei polizeilichen Vernehmungen als Zeuge, ein polizeiliches Protokoll der ersten Vernehmung als Beschuldigter mit Leugnen der Täterschaft, das polizeiliche Protokoll mit dem Geständnis und das Protokoll der richterlichen Aufnahme des Geständnisses am Nachmittag desselben Tages.

Ich war gespannt, ob eine inhaltsanalytische Auswertung, ein Vergleich der verschiedenen Aussagen von Nikolai H., Licht ins Dunkel bringen konnte. Die Ausgangslage dafür hatte sich noch erschwert: Nikolai H. hatte vor zehn Jahren schon einmal nachweislich ein falsches Geständnis abgelegt.

Die Frage, die mein Gutachten klären sollte, glich derjenigen bei der Beurteilung von belastenden Zeugenaussagen. Es ging nicht darum, ob das Geständnis zutreffend sein *kann.* Nein, angesichts der Unschuldsvermutung und des Widerrufs lautete die Frage, ob es positive Belege dafür gab, dass das Geständnis richtig *war.*

Lange hatte ich Zweifel daran, dass ein positiver Nachweis für die Richtigkeit des Geständnisses gelingen könnte. Bis ich entdeckte, dass die Lösung relativ einfach war. Sie war aber im Wust von fünfzehn Aktenordnern versteckt. In der Hauptverhandlung war sie schon relativ früh zum Greifen nahe, als die verschiedenen Vernehmungen von Nikolai H. eingeführt und besprochen wurden. Dann wurde der Weg zur Lösung aber wieder für viele Verhandlungstage versperrt, in denen Befragungen von zahlreichen Zeugen zur Drogenproblematik des Angeklagten durchgeführt wurden.

Falschgeständnisse über Kapitaldelikte: Gibt es die?

Sie werden sich vielleicht fragen, ob man überhaupt so lange darüber nachdenken muss, ob ein Geständnis zutreffend ist. Wer macht denn schon ein falsches Geständnis über ein Kapitaldelikt? Die Antwort ist: Das kommt häufiger vor, als man es sich vorstellen kann. In der rechtspsychologischen wissenschaftlichen Literatur werden Merkmale und Bedingungen beschrieben, unter denen Falschgeständnisse von Kapitaldelikten entstehen können. Als personenbezogene Risikofaktoren werden u.a. intellektuelle Beeinträchtigungen genannt, bei denen mit erhöhter Suggestibilität zu rechnen ist. Psychiatrische Erkrankungen und Persönlichkeitsstörungen können mit Realitätsverkennungen verbunden sein. Vernehmungsmethoden, die Druck oder »Tricks« beinhalten, wie z.B. die falsche Behauptung über das Vorliegen objektiver Beweise, werden als potenzielle Bedingungen für die Entstehung falscher Geständnisse beschrieben. Lagen solche Bedingungen mit der Drogenproblematik des Angeklagten und seinen wiederholten Vernehmungen vor? Das erschien denkbar, jedenfalls zunächst nicht widerlegbar.

Und dann war da ja auch noch das falsche Geständnis aus dem Jahr 1998. Nikolai H. war damals mit drei anderen Männern in einem Pkw unterwegs, der Fahrer verursachte durch zu schnelles Fahren einen schweren Verkehrsunfall. Nikolai H. gab an, der Fahrer des Pkw gewesen zu sein. Als er nach circa fünf Stunden im Krankenhaus erfuhr, dass sein Schwager an den Unfallfolgen verstorben sei, widerrief er, den Pkw gefahren zu haben: Sein Schwager habe am Steuer gesessen. Er habe diesen, Familienvater und Freund, mit seinem falschen Geständnis schützen wollen. Seine neue Version, dass der Schwager der Fahrer gewesen sei, wurde durch technische Analysen von Unfallexperten gestützt. War Nikolai H. also ein so guter Mensch, dass er einen anderen durch eine falsche Selbstbezichtigung schützen wollte? Galt das auch für den Holzklotzwurf? Hatte er den Holzklotz wirklich nur vom Fahrradweg geräumt, damit sich niemand verletzte? Kann ein Drogenabhängiger kein guter Mensch sein?

Auch freiwillige falsche Geständnisse, also solche, die ohne Zutun von Ermittlungsbehörden zustande kommen, sind häufiger, als wir denken: Personen melden sich sogar von sich aus bei der Polizei und gestehen ein schwerwiegendes Delikt, ohne dass sie vorher in den Verdacht der Täterschaft geraten sind. Als Paradebeispiel dafür wird immer wieder die Entführung des Lindbergh-Babys am 1. März 1932 angeführt. Die Leiche des Kindes wurde am 12. Mai gefunden. Nach der Entführung des Kindes – der Vater Charles Lindbergh hatte 1927 den ersten Transatlantikflug geschafft – soll es zweihundert Selbstbezichtigungen gegeben haben.

Der Hintergrund für freiwillige Falschgeständnisse besteht in der Regel in pathologischem Streben nach Berühmtheit, in bewussten oder unbewussten Strafbedürfnissen oder in anderen pathologischen Störungen der Realitätskontrolle. Persönlichkeitsanalysen und Widersprüche zu polizeibekannten Fakten in den Geständnissen führen in der Regel schnell dazu, dass freiwillige falsche Geständnisse erkannt werden. Aber nicht immer.

Ein Psychiater legte dem Gericht dar, dass bei Nikolai H. keine psychiatrischen Erkrankungen und keine Persönlichkeitsstörungen vorliegen würden. Er sei zwar drogenabhängig, aber seine Sucht habe noch zu keinem Persönlichkeitsabbau geführt. Er zitierte aus früheren Berichten über Aufenthalte von Nikolai H. in Gefängnissen, in denen dieser als psychisch robust und durchsetzungsfähig beschrieben wurde. Beim Holzklotz-Fall ging es ja auch nicht um ein freiwilliges Geständnis, sondern um eines, das durch polizeilichen Druck und Entzugserscheinungen entstanden sein sollte. Insofern waren die Bedingungen von 1998 und 2008 durchaus unterschiedlich.

Falsches Geständnis: Druck oder Einlullen?

Am 21. Mai 2008, als Nikolai H. zum ersten Mal die Tat gestand, hatte keiner der Beamten, die an seinen Vernehmungen beteiligt waren, irgendwelche Entzugserscheinungen beobachtet; und zwar seit der morgendlichen Abholung aus seiner Wohnung bis in den Nachmittag hinein: Er habe bereits in der Wohnung sachverhaltsbezogene Fragen gestellt, zum Beispiel, ob er Sachen mitnehmen solle. Im Vorgespräch habe er sich dann sehr nach der Familie des Opfers erkundigt und dabei über seine Großmutter als »starke Frau« in der eigenen Familie berichtet. Ein Beamter sagte als Zeuge in der Gerichtsverhandlung: »Es ging ihm schlicht und ergreifend gut.« Derselbe Beamte sagte aus, nach dem Geständnis habe Nikolai H. erleichtert gewirkt. Er sei »locker«, »völlig unproblematisch« und »absolut positiv« gewesen. Er habe auch keinen Anwalt gewollt. Drei Beamte und Nikolai H. hätten in der Wartezeit vor der richterlichen Vernehmung gemeinsam Kaffee getrunken.

Die Verteidigung argumentierte nun in der Hauptverhandlung, dann sei eben kein offener Druck auf Nikolai H. ausgeübt worden, sondern die Vernehmung sei zu freundlich erfolgt: Duzen, Verzicht auf Fesselung, Rauchpausen, Kaffee. Es fiel das Wort vom »Menschenflüsterer«: Ein Beamter aus der Vernehmungsgruppe habe die Fähigkeit, Angeschuldigte zur Kooperation zu bewegen. Das habe zu dem falschen Geständnis geführt.

Die »Druckhypothese« beinhaltete ja, dass Nikolai H. ein Falschgeständnis abgelegt habe, um eine für ihn belastende Situation mit konfrontativen Befragungen und Entzugserscheinungen zu beenden. Diese Erklärung wurde nun verworfen. Ab jetzt galt, was ich später in meinem Gutachten die »Einlull-Hypothese« nannte. Die Beamten hätten eine freundlich-kooperative, von äußerem Druck freie Situation hergestellt. Gerade der Verzicht auf konfrontative und »harte« Vernehmungsmethoden, die kooperative Vernehmungsführung habe aus Nikolai H. eine kooperative Person gemacht, was zu seinem falschen Geständnis geführt habe. So argumentierte nun der Verteidiger.

Weder die Druck- noch die Einlull-Hypothese führten zu einer Antwort auf die Frage, ob das Geständnis falsch oder zutreffend war. In meinem Gutachten trug ich vor, dass auch in diesem Fall das inhaltsanalytische Vorgehen anzuwenden sei.

Reden kann Blech sein, Schweigen ist Gold

Es sei die Frage zu stellen, so betonte ich, ob Nikolai H. den Inhalt seines Geständnisses erfunden haben könne, also ob er das, was er ausgesagt habe, auch hätte sagen können, ohne der Täter zu sein. Im Geständnis hatte Nikolai H. den Transport von einem Holzklotz und zugleich von einer Felge auf seinem

Fahrrad von seinem Zuhause zur Brücke geschildert. Er beschrieb den Wurf des Holzklotzes von der Brücke, das Anhalten des getroffenen Autos, das Aussteigen des Fahrers und dessen erste Aktionen. Da er dabei beobachtet habe, dass der Fahrer telefonierte, habe er befürchtet, dass die Polizei erscheine, und die Brücke mit seinem Fahrrad verlassen.

Inhaltsanalytisch ergab sich also eine widerspruchsfreie, detailreiche und anschauliche Schilderung im Geständnis. Der Transport der Felge, die aber nicht zum Einsatz kam, war ein gewichtiges Realkennzeichen: eine originelle Schilderung mit indirekter Darstellung eines Handlungsabbruchs. Die Details in der Schilderung des Wurfs durch Nikolai H. stimmten außerdem mit den Angaben des Zeugen, den der Holzklotz zum Witwer gemacht hatte, gut überein. Die aussagepsychologische Leitfrage, ob Nikolai H. sich den Geständnisinhalt nicht vielleicht doch habe ausdenken können, konnte aufgrund der Inhaltsanalyse tendenziell verneint werden. Wegen der relativen Einfachheit des geschilderten Vorgangs blieb allerdings ein Rest von Unsicherheit, ob es sich bei dem anschaulich klingenden Geständnis nicht doch um eine Erfindung handeln könne. Oder hatten die Vernehmungsbeamten die Details durch ihre Fragen vermittelt?

Die Unsicherheit konnte durch eine weitere Argumentation verringert werden: Die gute inhaltliche Qualität hätte er in einer Phase des »Aufgebens«, in einem Zustand der Reduzierung seiner psychophysischen Kräfte durch Druck oder Entzug oder eben durch Einlullen erfunden haben müssen, nachdem er zunächst über mehrere Monate die Täterschaft standhaft verneint hatte. Eine Erfindung der anschaulichen Details im Geständnis gerade in einer Phase des Aufgebens, der Erschöpfung erschien unwahrscheinlich. Aber auch dieses Argument hinterließ noch einen Rest von Unsicherheit.

Nach wie vor erschien es möglich, dass die Beamten Details in ihren Fragen vorgegeben hatten, was diese allerdings als Zeugen verneinten.

Der Durchbruch, die stringente Lösung, ergab sich schließlich aus einem Sachverhalt, den ich noch nicht erwähnt habe. Ich habe ihn so lange zurückgehalten, weil das dem Ablauf in der Hauptverhandlung und auch dem Ablauf meines damaligen Erkenntnisprozesses entspricht.

In den umfangreichen Akten war irgendwo ein Vermerk mit dem folgenden Inhalt abgeheftet: Am Ostersonntag, dem Tattag, meldete sich spät abends ein Autofahrer bei der Polizei in Münster. Er hatte von dem Holzklotzwurf gerade im Fernsehen gehört und sagte aus, dass er gegen 18 Uhr den späteren Tatort auf der Autobahn passiert habe. Von der Brücke sei ein Ast auf die Autobahn geworfen worden, der sein Fahrzeug knapp verfehlt habe. Er habe nicht angehalten und hätte wohl auch keine Meldung gemacht, wenn er nicht vom Holzklotzwurf an genau der Stelle im Fernsehen gehört hätte. Der Holzklotzwurf erfolgte gegen circa 20 Uhr.

Erinnern Sie sich, was Nikolai H. als Hinweisgeber gesagt hatte? Wie dargestellt, erfolgte seine Wegräumversion als Reaktion auf eine Ankündigung von Massengentests. Diese Ankündigung dürfte sowohl bei einem Wegräumer als auch bei einem Werfer des Holzklotzes zu Stress geführt haben, da in beiden Fällen mit DNA-Spuren zu rechnen war. Bei Kenntnis der Aussage des Münsteraner Autofahrers war der Inhalt der frühen Reaktion von Nikolai H. auf diesen Stress sehr aufschlussreich: Seine Wegräumversion enthielt ja nicht nur den Holzklotz, sondern auch Felge und Ast.

Die Beweisaufnahme in der Hauptverhandlung ergab, dass die Polizeibeamten, die Nikolai H. als Zeugen zu seiner Wegräumversion vernommen hatten, die Münsteraner Anzeige über den Astwurf nicht kannten. Sie wussten auch nicht, dass einige Tage nach dem Holzklotzwurf in einem Gebüsch bei der Brücke eine Fahrradfelge gesichert worden war. Eine Vorgabe dieser beiden Sachverhalte durch die Vernehmungsbeamten war also auszuschließen. Es war keine Erklärung dafür zu erkennen, dass Nikolai H. gerade solche Sachverhalte erfunden haben könnte, die bis zu seinem »Hinweis« noch gar nicht in den Medien publiziert waren und die nicht einmal den vernehmenden Beamten bekannt waren.

Inhaltsanalytisch ist ein Punkt besonders bedeutsam: In der Geständnisversion waren Transport von Holzklotz und Felge auf seinem Fahrrad enthalten, den Ast aus der Wegräumversion erwähnte Nikolai H. im Geständnis nicht mehr. Warum nicht? Nach objektiven Feststellungen lagen Astwurf und Holzklotzwurf zwei Stunden auseinander. Es erscheint also einleuchtend, dass der Ast bei einer erlebnisbasierten Schilderung von Transport und Wurf des Holzklotzes im Geständnis nicht mehr vorkam, die Felge aber doch.

Daraus lässt sich der folgende Ablauf am Ostersonntag 2008 rekonstruieren: Nikolai H. war nach eigenen Angaben den ganzen Tag erfolglos auf der Suche nach einer Möglichkeit zum Drogenkauf. Aus Frust erfolgte dann um circa 18 Uhr der Wurf des Astes von der Brücke auf die Autobahn. Den Ast dürfte er zufällig auf der Brücke gefunden haben. Der Astwurf hatte keine spektakulären Folgen. Danach hat Nikolai H. Holzklotz und Felge zur Brücke transportiert. Nach dem folgenlosen Astwurf sollte es nun anders zur Sache gehen. Nikolai H. warf dann den Holzklotz, mit den bekannten verheerenden Folgen. Nach der Beobachtung des Telefonats durch den Fahrer des getroffenen BMW flüchtete er von der Brücke; die Felge blieb zurück.

Was war der Fehler von Nikolai H. bei seinem ersten Gang zur Polizei als Hinweisgeber, bei seiner ersten Reaktion auf den Stress der polizeilichen Ankündigung? Die Antwort ist schlicht: Seine Wegräumversion war zu umfassend. Erneut erweist sich die einhundert Jahre alte Modellvorstellung von der Lüge als geistiger Leistung als ausschlaggebend für die Beurteilung der Glaubhaftigkeit: Über Felge und Ast hätte Nikolai H. für eine erfolgreiche Lüge kein Wort verlieren dürfen. Eine Lüge entlarvt sich also manchmal nicht durch zu geringe Qualität, sondern durch einen anderen Konstruktionsfehler. Ein Fehler in einer Lüge kann auch darin bestehen, dass der Lügner zu viel sagt. *Si tacuisses!* Lateinisch für: *Wenn du doch geschwiegen hättest!* Durch Geschwätzigkeit soll ja schon fünfhundert Jahre nach Christus ein Möchtegern-Philosoph aufgefallen sein. Das vollständige Zitat lautet: *Si tacuisses, philosophus manisses! Wenn du geschwiegen hättest, wärest du ein Philosoph geblieben!* Oder als Redewendung: Wenn du geschwiegen hättest, hättest du dir keine Blöße gegeben.

Nikolai H. war kein Philosoph. Er war durchsetzungsfähig und belastbar, bei Frust offenbar aggressiv. Er wäre vielleicht davongekommen, wenn er nicht im Stress den Fehler gemacht hätte, zu viel zu sagen. Das Urteil im Mai 2009 lautete auf lebenslange Freiheitsstrafe. Nachdem die Revision verworfen wurde, ist es seit Januar 2010 rechtskräftig.

Suggestion: Ich sehe das, was du nicht siehst

Manche Menschen, die unschuldig verurteilt wurden, sitzen in Gefängnissen, weil andere etwas gesehen haben, was nicht wahr ist und was sie für die Realität hielten. Es kommt sogar vor, dass Menschen das, was sie für die Realität halten, anderen so lange schmackhaft machen, bis diese es auch glauben. Suggestion ist ein faszinierendes Thema, das in jeder menschlichen Begegnung mitspielt. Wenn es um Recht oder Unrecht, Freiheit oder Gefängnis geht, müssen wir sie aufdecken. Besonders, wenn es um Kinder geht, die ihr weitgehend wehrlos ausgeliefert sind – häufig mit entsetzlichen Folgen für sie selbst und ihre Familien.

Lisa ist fünf Jahre alt und hüpft mit großem Vergnügen auf einem Hüpfball durch die Turnhalle. Sie will gar nicht mehr absteigen, klammert sich an die Gummiohren des Balls und will hüpfen, hüpfen, hüpfen.

Maike, die Erzieherin, war erst neulich bei einem Seminar über sexuellen Missbrauch von Kindern. Sie beobachtet Lisa, und ein schrecklicher Verdacht steigt in ihr auf. Schließlich vertraut sie sich einer Kollegin an, und beide sind sich einig: Das ist koitusähnliches Reiten! Ein ganz eindeutiger Hinweis auf sexuellen Missbrauch. Da muss man doch was unternehmen!

Und das tun sie dann auch. Die entscheidende Frage ist: Wie beurteilen wir alle, die Gesellschaft und die Justiz diesen Verdacht, der auf einem Hüpfball heranreitet? Die Vergangenheit hat gezeigt: Unsinn wird nicht als Unsinn erkannt, wenn er für die Begründung benutzt wird, man sei einem sexuellen Missbrauch auf der Spur. Sind wir bereit, auf Realkennzeichen umzusatteln, anstatt die Pferde mit Vorurteilen durchgehen zu lassen?

Koitus im Kindergarten

Wenn es ganz schlimm kommt, kann es sein, dass Lisa ihre Eltern länger nicht mehr sieht. Vielleicht wird sie aus dem Kindergarten abgeholt. Sie wird womöglich in ein Heim gebracht, weit weg von zu Hause, um sie vor ihren Eltern zu beschützen. Die müssen nun erst mal beweisen, dass ein Hüpfball ein Hüpfball ist. Sie sind aber aufgeregt. Vielleicht schreien sie herum. Oder sie können sich nicht richtig ausdrücken, weil ihr Deutsch nicht gut ist. Schnell kommt eins zum anderen, und Lisa bleibt in der Obhut des Jugendamtes. Sie wird immer wieder gefragt, wie sie auf die Idee gekommen ist, mit dem Hüpfball so zu hüpfen, da muss doch etwas Koitusähnliches passiert sein. Irgendwann wird Lisa die Vorgaben übernehmen und Entsprechendes erzählen.

Der Fehler liegt in der Grundannahme der Erzieherin. Es gibt nämlich keine beobachtbaren Verhaltensweisen von Kindern, die direkt auf sexuellen Missbrauch hinweisen. Auch bei Kindern findet sich der zentrale Schlüssel zum Erkennen von sexuellem Missbrauch in ihren Aussagen, selbst wenn diese häufig nur kurz ausfallen.

Kinder lügen nicht

Für sehr junge Kinder gilt, dass sie gar nicht dazu imstande sind, eine Aussage absichtlich zu verfälschen. Es fehlt ihnen schlichtweg die Fähigkeit zur Lüge. Die geistige Leistungsfähigkeit eines Menschen entwickelt sich erst im Laufe der Jahre, und wie wir bereits gesehen haben, erfordert Lügen einiges an geistigen Fähigkeiten.

Wenn wir auf die Welt kommen, haben wir alle zuerst einmal eine egozentrische Perspektive. Das heißt nicht, dass wir als moralische Ungeheuer mit einem ausgeprägten Egoismus zur Welt kommen, sondern beschreibt unsere »egozentrische« Weltsicht: Als Kinder glauben wir, dass das, was wir sehen und erleben, auch im Kopf von anderen stattfindet. Deshalb halten sich kleine Kinder die Augen zu, wenn sie nicht gesehen werden wollen.

Ab einem Alter von ungefähr zwei Jahren ahnen und wissen Kinder, dass in den Köpfen von anderen Leuten etwas anderes drin sein könnte als in ihrem eigenen. Dass es also nichts bringt, sich die Hände vors Gesicht zu schlagen und die Augen fest zuzukneifen. Sie werden trotzdem gesehen, auch wenn sie selbst nichts mehr sehen. Diese Fähigkeit der Wahrnehmung verschiedener Perspektiven muss gegeben sein, um überhaupt lügen zu können. Allerdings können Dreijährige noch nicht erfolgreich lügen, wie beispielsweise Leonie zeigt, die mit verschmiertem Mund ernsthaft versichert, die Schokolade nicht gegessen, ja nicht einmal berührt zu haben. In ihrem Alter kann sie verbotene Handlungen bereits verschweigen, wenn auch nicht so ganz perfekt. Auch beim elfjährigen Christian hapert es noch. Er ruft seine Lehrerin an, gibt sich als sein eigener Vater aus und erklärt ihr, dass Christian heute nicht mehr zur Schule kommen würde, er sei krank.

»Mit wem spreche ich denn bitte?«, fragt die Lehrerin.

»Mit meinem Vater«, antwortet Christian.

Ja, das mit den Perspektiven ist nicht so einfach, und Lügen stellt hohe Anforderungen an Kreativ- und Kontrollprozesse. Daher ist Lügen höchst fehleranfällig. Nicht nur elfjährige Schüler, sondern auch gestandene Politiker stolpern – wie bereits erwähnt – zuweilen über die Konstruktionsfehler in ihren Lügen.

Gerade Juristen hätten beim Thema Kindesmissbrauch gern genaue Altersgrenzen, ab wann Kinder überhaupt in der Lage sind, zu lügen. Dies kann aber nur von Fall zu Fall beantwortet werden, da sich geistige Fähigkeiten individuell entwickeln. Dennoch kann man sagen, dass eine Lüge über sexuellen Missbrauch im Vorschul- und frühen Grundschulalter sehr unwahrscheinlich ist. Denn zu den Fähigkeiten des Verstellens und des Vortäuschens müssen ja auch noch Kenntnisse über Sexualität und soziale Abläufe hinzukommen. Eine Fünfjährige kann noch keinen Plan fassen wie: *Wenn ich behaupte, der Freund von meiner Mama hat dies und jenes gemacht, wird er eingesperrt und Mama spielt wieder öfter mit mir.*

Gutachter, die bei Aussagen von sehr jungen Kindern auf die Frage einer bewussten Lüge fokussieren, verstehen also ihr Handwerk nicht. Allerdings werden Kindern leider manchmal Dinge untergeschoben, vor denen man sie eigentlich beschützen möchte. Solche Suggestionen erfolgen aufgrund von Fehlern in der Deutung von kindlichem Verhalten und von

Fehlern beim Befragen von Kindern. Also ohne böse Absicht, aber mit schlimmen Folgen. So wie bei Lisa: Ihr »koitusähnliches« Reiten reichte dem Jugendamt als Begründung für den Verdacht, dass ihr Vater sie sexuell missbrauche. Es stützte sich dabei auf Gutachten vermeintlicher Missbrauchsexperten. Der Vater wies den Verdacht zurück, die Mutter erklärte, ein sexueller Missbrauch durch den Vater könne unmöglich geschehen sein. Daraus wurde gefolgert, die Mutter könne Lisa nicht ausreichend schützen. Lisa wurde »in Obhut genommen«, sie kam in ein Kinderheim mit Kontaktverbot für die Eltern, denen auch der Aufenthaltsort von Lisa nicht mitgeteilt wurde. Bei einem Termin vor dem Vormundschaftsgericht entdeckten die Eltern zufällig ihre Tochter Lisa, die an dem Tag ebenfalls angehört werden sollte – allerdings getrennt von den Eltern und ohne deren Wissen. Die Eltern wollten ihr Kind an sich nehmen, es kam zu Rangeleien, ja zu körperlichen Auseinandersetzungen mit dem Personal des Jugendamts, das Lisa begleitete. Erst nach zwei Jahren konnte der Verdacht auf sexuellen Missbrauch ausgeräumt werden. Es bedurfte intensiver psychologischer Hilfe, um das entfremdete Kind und die Eltern wieder zusammenzuführen. Zwischenzeitlich war der Vater wegen Körperverletzung im Rahmen der Rangelei verurteilt worden. Aufgrund dieser Verurteilung verlor er seine Arbeitsstelle. Sein Leben lang hatte er seine Familie mit eigener Hände Arbeit ernährt, mittlerweile lebt diese nun von Hartz IV.

Fingerzeige

An einem Vormittag bekam ich eine Akte auf den Tisch, der ich entnahm, dass ein Psychologe die Zeichnung eines fünfjährigen Mädchens als Missbrauchsverarbeitung deutete. Das Mädchen hatte einen Mann mit Spinnenfingern gezeichnet. Die Spinne, so erläuterte der Psychologe, sei ein Symbol für die Vagina. Aus der Zeichnung leitete er ab, das Mädchen sei sexuell missbraucht worden. Am selben Nachmittag bekam ich eine Zeichnung vorgelegt, in der ein gleichaltriges Mädchen einen Mann ohne Hände gezeichnet hatte. Dort kam ein anderer Psychologe zu demselben Schluss: Es sei ein klarer Hinweis auf sexuellen Missbrauch – die Hände wurden ausgelassen, weil sie für das Mädchen nach sexuellen Berührungen tabubesetzt waren.

Wir lernen daraus, dass das Fehlen von Händen als ebensolcher Beweis für sexuellen Missbrauch gewertet werden kann, wie ihre ungewöhnliche Darstellung. Die beiden Psychologen hatten eine bestimmte Erwartungshaltung und sahen diese in den unterschiedlichen Zeichnungen erfüllt. Damit glichen sie der Erzieherin von Lisa mit dem Hüpfball – ihre Deutung erfolgte nur etwas weniger direkt. Die Psychologen dachten sicher »tiefenpsychologisch«, in Wirklichkeit betrieben sie aber keine Tiefen-, sondern Küchenpsychologie.

Wenn diese beiden Psychologen nun die Kinder befragen, kann es passieren, dass sie alle Antworten der Kinder ihren Erwartungen unterordnen: Eine Verneinung, dass sexueller Missbrauch geschehen sei, wird dann zur Bejahung uminterpretiert – man denkt ja, dass Kinder über so etwas nicht berichten. Harmlose Äußerungen wie *Ich saß bei Papa auf dem Schoß* werden zu weiteren Hinweisen, dass der befürchtete sexuelle Missbrauch passiert ist. Fachlich sprechen wir hier vom konfirmatorischen Schlussfolgern, also von einem Bestätigungsdenken. Und dazu scheinen manche Menschen zu neigen, besonders nachdem sie einseitige Fortbildungen zum Thema sexueller Missbrauch besucht haben.

Zum konfirmatorischen Schlussfolgern gibt es wissenschaftliche Studien. Nachfolgend stelle ich Ihnen ein Beispiel vor; die Studie wurde von Prof. Köhnken, dem Mitverfasser unserer Realkennzeichen, durchgeführt.

Erwachsene Menschen aus verschiedenen Berufsgruppen, darunter auch Juristen und Psychologen, sahen einen Film über eine Turnstunde mit Vorschulkindern. Der Turnlehrer gab den Kindern Hilfestellung beim Geräteturnen. Im Anschluss erhielten die Teilnehmer an der Studie die Information, dass gegen den Turnlehrer ein Ermittlungsverfahren wegen sexuellen Missbrauchs anhängig sei. Als sie dann gefragt wurden, ob sie in dem Film sexualbezogene Verhaltensweisen des Lehrers entdeckt hätten, bejahten dies fast zwei Drittel der Befragten im Vergleich zu lediglich zehn Prozent von Menschen in einer Kontrollgruppe, denen man von diesem Verdacht nichts gesagt hatte. Wurden die Beobachter in Gruppen zusammengefasst, in denen ein »Experte« – also ein Teilnehmer, der von sich selbst behauptete, besondere Erfahrungen mit dem Delikt des sexuellen Kindesmissbrauchs zu haben – die Diskussion anführte, wurden Prozentzahlen im Neunzigerbereich erreicht: Nur noch wenige Personen entzogen sich dem Gruppenzwang, und die meisten sahen Dinge, die nicht vorhanden waren. Ein anderes Wort für dieses Phänomen ist Gehirnwäsche. Wie gut sie auch beim Thema »sexueller Missbrauch« funktioniert, haben wir in Deutschland durch die sogenannten Massen-Missbrauchsprozesse erleben müssen, die ich nachfolgend kurz zusammenfasse. Denn hier wird erschreckend deutlich, wohin es führt, wenn Ideologien an die

Stelle von Vernunft treten und rationale Prüfstrategien aus der Wahrheitsfindung ausgeschlossen werden.

Der Montessori-Prozess

Ein in zwei Montessori-Kindergärten tätiger Erzieher aus der Gegend von Münster in Westfalen wurde beschuldigt, über mehrere Jahre eine Vielzahl von Kindern sexuell missbraucht zu haben. Grundlage der Anklage war, dass viele Kinder nach intensiven Befragungen durch Beratungspersonen Angaben gemacht hatten, die auf einen sexuellen Missbrauch schließen ließen. Anlass für die Befragungen war eine eigentlich unverfängliche Äußerung eines Jungen, die von einer Mitarbeiterin einer Kinderschutzorganisation als Hinweis auf sexuellen Missbrauch interpretiert worden war. Die folgende vermeintliche Aufdeckung von massenhaftem Missbrauch schrieben sich Mitarbeiterinnen des Vereins *Zartbitter* auf die Fahne.

Im Nachhinein muss fast von einer Massenhysterie in den beiden Montessori-Kindergärten gesprochen werden. Eltern berichteten irgendwann über Besonderheiten im Verhalten ihrer Kinder. Wer sich davon nicht anstecken ließ, wurde als schlechte Mutter oder schlechter Vater denunziert, sodass immer mehr Eltern von Schlafstörungen ihrer Kinder, Ängsten, Problemen bei den Schularbeiten und anderen Auffälligkeiten berichteten, die ja wohl nur einen Grund haben konnten, wie sie von vermeintlichen Experten erfuhren.

Ein Professor für Kinder- und Jugendpsychiatrie in Münster hatte sogenannte Aufdeckungsarbeit in Gruppen mit Kindern und Erwachsenen organisiert. Durch Aufdeckungsarbeit sollten Kinder, die auf Fragen verneinten, sexuellen Missbrauch erlebt zu haben, dazu gebracht werden, das Gegenteil zu sagen. Da vermeintliche Experten aufgrund der Ausdeutung von Missbrauchssignalen, die eigentlich keine sind, davon überzeugt waren, dass die Kinder aus den Montessori-Kindergärten von dem Erzieher missbraucht worden waren, befragte man die Kinder immer und immer wieder danach. Vor Ende des Prozesses, nämlich im Jahr 1993, berichtete Prof. Dr. Tilman Fürniss in der Fachzeitung *Familiendynamik* über seine Aufdeckungsmethodik unter dem Titel »Kinder und Familien im traumaorganisierten System von Sexringen«. Er meinte also vor dem Urteil schon zu wissen, dass der Erzieher ein Täter sei. In dem Aufsatz kann man die Empfehlung lesen, man möge Gruppensitzungen mit Kindern mit Safttrinken beginnen, dann könne man von der Klebrigkeit des Saftes auf oralen Sex zu sprechen kommen. Den Kindern solle man Buttons anstecken: »Ich bin missbraucht«, das würde ihren Zusammenhalt fördern und sie zum Reden bringen, ebenso wie ein gemeinsames Lied am Schluss der Gruppensitzung zum Thema Missbrauch. Das alles entpuppte sich als Unsinn, aber ein Widerruf des falschen Berichts oder der unsinnigen Empfehlungen durch den Missbrauchsprofessor ist mir nicht bekannt geworden.

Inzwischen ist klar: Missbraucht wurden die Kinder, allerdings durch die Aufdeckungsarbeit – und ihre Eltern parallel dazu ebenfalls. Eltern und Kinder wurden so lange manipuliert, bis selbst ernannte Expertinnen und Experten von ihnen hörten, was sie hören wollten: Der Erzieher war's. Der Prozess vor dem Landgericht Münster dauerte von November 1992 bis Mai 1995, also zweieinhalb Jahre. Es brauchte einhundertzwanzig Prozesstage, um die Unschuld des Erziehers festzustellen. Wie mag er sich in der Zeit gefühlt haben?

Zu Beginn des Montessori-Prozesses war die Problematik der Suggestion nicht erkannt worden. Zwei Gutachterinnen, die vor Anklageerhebung von der Staatsanwaltschaft beauftragt worden waren, hatten ihre Prüfung ausschließlich auf die Fragestellung »Lüge über sexuellen Missbrauch« durch die Kinder abgestellt – bei Vorschulkindern! Durch die Beharrlichkeit der Verteidigung wurde schließlich das Thema Suggestion in den Prozess eingeführt. Drei Professoren für Psychologie, darunter ich, hielten auf Einladung des Gerichts während der Verhandlung wissenschaftliche Vorträge zur Problematik der Suggestion. Dadurch wurde das Gericht überzeugt, dass Suggestion, nicht Lüge, das Problem des Prozesses war. Ein weiterer Gutachter, Prof. Köhnken, wurde beauftragt, während vieler Gerichtssitzungen jedes einzelne Schlechtachten der beiden Kolleginnen zu überprüfen, wobei er zu dem eindeutigen Schluss kam, dass die Aussagen aller Kinder auf suggestiven Befragungen beruhten. Auch die Angaben der Eltern waren nicht zuverlässig, ihre vermeintlichen Beobachtungen waren ja erst in den Gruppensitzungen »entstanden«.

Die Wormser Prozesse

Die Strafprozesse Worms I (111 Verhandlungstage), Worms II (131 Verhandlungstage) und Worms III (83 Verhandlungstage) vor dem Landgericht Mainz gelten als die größten Missbrauchsprozesse der deutschen Rechtsgeschichte. Sie überschnitten sich zeitlich mit dem Münsteraner Montessori-Prozess und dauerten von November 1994 bis Juni 1997. Fünfundzwanzig Personen aus der Gegend um Worms – daher der Name für die Prozesse – waren des massenhaften Kindesmissbrauchs angeklagt worden, unter anderem sollten sie in einem Pornoring aktiv gewesen sein. Wegen der großen Zahl von Angeklagten mussten sie auf drei Parallelverfahren aufgeteilt werden. Die Aussagen von sechzehn Wormser Kindern als Belastungszeugen beinhalteten drastische sexuelle Missbrauchshandlungen mit sadistischen Komponenten, zum Teil als Gruppentaten mit Videoaufnahmen. Drei psychologische Gutachter, zwei Kolleginnen und ein Kollege, hatten im Ermittlungsverfahren im Auftrag der Staatsanwaltschaft sämtliche Kinderaussagen für glaubhaft befunden. Auch sie hatten, wie die Kolleginnen in Münster, keine Anzeichen für Lügen entdecken können.

Doch auch für die Wormser Prozesse gilt: Keines der Kinder im Alter von vier bis sieben Jahren hatte von sich aus Aussagen über sexuellen Missbrauch gemacht. Ihre Aussagen entstanden erst nach wochen- beziehungsweise monatelanger Einflussnahme im Rahmen sogenannter Aufdeckungsarbeit. Zu dieser Zeit war das theoretische Wissen über die Funktionsweise von Suggestion durch den Münsteraner Prozess nicht nur in Fachkreisen bekannt geworden. Doch keines der Schlechtachten, die vor den Prozessen erstellt wurden, berücksichtigte ausreichend die Umstände, unter denen die Aussagen der Kinder entstanden waren. Die Frage, ob die Kinder Opfer suggestiver Einflussnahme geworden sein könnten, wurde durch die Erstgutachter wieder nicht gestellt, sondern erst in den Hauptverhandlungen durch zwei andere Gutachter und mich aufgeworfen. Völlig unabhängig voneinander kamen wir nach Prüfung der Akten und nach Teilnahme an den Befragungen der Kinder in den Hauptverhandlungen zu dem Ergebnis, dass es keinen sexuellen Missbrauch gegeben hatte und dass alle Kinder Opfer von suggestiver Aufdeckungsarbeit geworden waren.

Mancherorts wurden wir der Absprache bezichtigt. Dabei wagten wir wegen des aufgeheizten Klimas im Umfeld der

Prozesse kein Wort miteinander zu wechseln. Es gab auch keine konspirativen Telefongespräche. Selbst wenn wir uns zufällig begegneten, mieden wir Gespräche über die Prozesse. Die gesellschaftliche Stimmung war damals aufgeheizt. Ich wurde nach meinen vielen Gutachten, die ich dort erstellen musste, oft übel beschimpft. Mir wurde auch zugetragen, dass zeitweilig ein Detektiv auf mich angesetzt worden war: Man suchte nach schwarzen Flecken auf meiner Weste. In meinen Gutachten hatte ich Befragungsfehler von professionellen Kinderschützern belegt, die zu Scheinerinnerungen der vermeintlich missbrauchten Kinder geführt hatten. Da man offenbar keine Fehler in meinen Gutachten hatte finden können, suchte man wohl etwas in meinem Privatleben, um meine Glaubwürdigkeit zu untergraben. Doch mein Leben war vorwiegend durch meine interessante Arbeit geprägt – es war für die Fahnder unergiebig.

Was mir passierte, war vergleichsweise harmlos. Die Hysterie ging so weit, dass es zu Beginn der 1990er-Jahre auf einem Kongress sogar zu einem körperlichen Angriff von selbst ernannten Kinderschützerinnen auf die Publizistin Katharina Rutschky kam. Die 2010 verstorbene Autorin wurde als Täterschützerin beschimpft, denn sie hatte in Büchern und Artikeln schon sehr früh darauf hingewiesen, dass die Aufdeckungsversuche keine Aufklärung, sondern Mythen über sexuellen Kindesmissbrauch hervorgebracht hatten. Die falschen Botschaften haben sich trotz kritischer Stimmen nach und nach in den Köpfen vieler Menschen als vermeintliche Tatsachen festgesetzt.

Wie konnte es überhaupt zu den Anschuldigungen in den Wormser Prozessen kommen? Es fing ganz harmlos an. Eine Sozialpädagogin (sie nannte sich Religionspädagogin) bekam vom Jugendamt Worms den Auftrag zur Prüfung, ob Kinder, die nach einem Scheidungsverfahren bei ihrer Großmutter lebten, wieder gut bei der Mutter und ihrem neuen Partner aufgehoben wären, denn diese wollten die Kinder zurückholen.

Die Religionspädagogin machte berufsbegleitend gerade eine Fortbildung über das (ja nur vermeintliche) Erkennen von Signalen für sexuellen Missbrauch und über Aufdeckungsarbeit – Sie ahnen es schon: bei dem missionarisch tätigen Kinder- und Jugendpsychiater Prof. Fürniss, den wir als Berater aus der Vorgeschichte des Montessori-Prozesses kennen. Sie arbeitete bei einer Kinderschutzorganisation, bei *Wildwasser* Worms, und war mit einem Kinderarzt befreundet, der über vermeintliche medizinische Hinweise auf sexuellen Kindesmissbrauch publiziert hatte. Die beiden »Experten« – die Religionspädagogin und der Kinderarzt – veranlassten bei vielen der Wormser Kinder Aufdeckungsarbeit oder führten sie zum Teil selbst durch. Noch einmal: Kein Kind hatte von sich aus irgendeine Andeutung über sexuellen Missbrauch gemacht. Die Begründungen für die wochen-, ja monatelangen Befragungsmarathons mit ihnen bestanden in absurden Interpretationen von Spielverhalten und Zeichnungen durch die Religionspädagogin sowie in vermeintlichen Erkenntnissen des Doktors: Für Scheidenrötungen und Verstopfungen gab es seiner Ansicht nach nur eine einzige Ursache, nämlich sexuellen Missbrauch, an Hygienemängel oder Ernährungsfehler konnte oder wollte der Missbrauchsexperte nicht denken. Im Urteil von Worms III wurde ihm später in deutlicher Sprache fehlerhaftes Vorgehen bescheinigt.

Die Mainzer Staatsanwaltschaft jedoch erkannte die Fehler in den von ihr in Auftrag gegebenen Schlechtachten nicht. Im

Gegenteil: Auch sie führte fehlerhafte Befragungen mit den Kindern durch. Im Verlauf der Prozesse verhielten sich die Sitzungsvertreter der Staatsanwaltschaft nach meinem Eindruck einseitig, manchmal geradezu fanatisch.

Die Prozesse hatten verheerende Wirkungen auf die Kinder und ihre angeklagten Angehörigen: Eine Großmutter starb in der Untersuchungshaft, erkennbar nicht aufgrund ihres Alters, sondern als Folge der falschen Anschuldigung. Andere Angeklagte verbrachten bis zu einundzwanzig Monate in Untersuchungshaft. Alle Angeklagten wurden letztlich freigesprochen. Auch hier mag man sich kaum vorstellen, wie es den Unschuldigen in der langen Zeit vor den Freisprüchen ging. Viele Leben wurden zerstört.

Einige Kinder wuchsen während der Prozesse in Heimen auf. Nicht alle kehrten nach den Freisprüchen zu ihren Eltern zurück, von denen sie sich teils entfremdet hatten, zumal sie ja nach all den Suggestionen glauben mussten, tatsächlich sexuell missbraucht worden zu sein. Die Gehirnwäsche hatte hartnäckige Scheinerinnerungen hinterlassen.

Es kam noch schlimmer. Sechs Kinder wurden, als der Verdacht auf sexuellen Missbrauch entstand, in einem kleinen Heim untergebracht, dem *Spatzennest*. Hier lebten sie unter familienartiger Betreuung durch eine Sozialpädagogin und einen Sozialpädagogen. Und genau dieser Sozialpädagoge wurde im Jahre 2008 wegen sexuellen Missbrauchs von Kindern und Schutzbefohlenen verurteilt. Er hatte als Erzieher während einer Ferienfreizeit bei mehreren Mädchen unter dem Vorwand von medizinischer Fürsorge – er war auch als Krankenpfleger ausgebildet – sexuelle Berührungen vorgenommen. Wie muss es auf die Eltern aus Worms gewirkt haben, dass ihre Kinder, die ihnen wegen eines falschen Verdachts auf sexuellen Missbrauch weggenommen worden waren, gerade in die Hände eines Mannes gegeben wurden, der sich später als Missbraucher entpuppte?

Doch es kam sogar *noch* schlimmer: In einem weiteren Prozess, der 2011 vor dem Landgericht Kaiserslautern stattfand, wurde diesem Mann nachgewiesen, dass er im *Spatzennest* auch einige der Wormser Kinder sexuell missbraucht hatte, als diese ihm wegen der Prozesse vor dem Landgericht Mainz anvertraut waren. Der Sozialpädagoge war im Prozess als engagierter Belastungszeuge aufgetreten. Er berichtete dem Gericht über Beobachtungen bei den Kindern, die er als Anzeichen für sexuellen Missbrauch durch deren Eltern interpretierte. Es muss nun davon ausgegangen werden, dass er während der laufenden Prozesse die Wormser Kinder gezielt beeinflusst und gegen ihre Eltern aufgebracht hatte, um dann zu tun, was den Eltern fälschlich vorgeworfen worden war.

Es ist unvorstellbar, was diese Eltern durchmachen mussten. Aber noch perfider ist, was der Sozialpädagoge mit den Kindern tat: Er »erzog« sie von klein auf in dem Glauben, das, was er mit ihnen machte, sei »normal«. Erst als sie älter wurden, merkten einige, dass sie manipuliert worden waren. Nachdem eine junge Frau, die 1993 im Alter von sechs Monaten ins *Spatzennest* gegeben worden war, im Jahre 2009 ihrer Tante von sexuellen Handlungen des Sozialpädagogen berichtet hatte und nachdem Anzeige erstattet worden war, berichteten auch andere Wormser Kinder, nun fast im Erwachsenenalter, über entsprechende Erlebnisse. Das Landgericht Kaiserslautern hat die Vorwürfe sehr gründlich geprüft. Das Urteil lautet auf fünf Jahre und acht Monate Freiheitsstrafe. Es wurde im Februar 2013 rechtskräftig. Die Mainzer Katastrophe endete aber auch dadurch nicht endgültig. Sie wirkt in den Köpfen der vielfach missbrauchten Menschen sicher weiterhin nach – ganz zu schweigen von dem Schaden für Kinderschutz und Strafjustiz.

Ground Zero der Strafjustiz und ein BGH-Urteil

Nach den Freisprüchen in allen drei Wormser Prozessen vor dem Landgericht Mainz legte die Staatsanwaltschaft Revisionen ein, die sie aber alsbald zurückzog. Letztlich wurde der ideologische Unsinn der Aufdeckungsarbeit wohl selbst von solchen Personen erkannt, die sich zuvor verrannt hatten. Der 11. September 2001 lag noch in der Zukunft, als die Wormser Prozesse beendet waren. 2002 bezeichnete ein führender Strafrechtsexperte sie dann als Ground Zero der Strafjustiz – die Justiz sah nach den Wormser Prozessen aus wie die Explosionsstelle einer Atombombe oder eben das Gelände des zerstörten World Trade Center. Diese Verfahren stellten ja nicht nur die Aufdeckungsarbeit und die fehlerhaften ersten Glaubhaftigkeitsgutachten an den Pranger, sondern sie waren für die Strafjustiz eine Katastrophe. Es verwundert daher nicht, dass sich der Bundesgerichtshof in der Folge mit den Methoden der Glaubhaftigkeitsbegutachtung und mit denen der Aufdeckungsarbeit beschäftigte.

Der 1. Strafsenat des Bundesgerichtshofs wurde damals von Dr. Gerhard Schäfer geleitet. Dieser Vorsitzende besaß offenbar gute psychologische Kenntnisse, Weitsicht und ein Bewusstsein für gesellschaftliche Verantwortung. Er holte zwei wissenschaftliche Expertisen ein. Dann erging am 30. Juli 1999 ein Urteil, in dem Mindestanforderungen an Glaubhaftigkeitsbegutachtungen formuliert wurden. Der BGH betonte die Notwendigkeit einer wissenschaftlich begründeten Vorgehensweise bei der Verdachtsprüfung auf sexuellen Kindesmissbrauch. Damit hat der Senat der aussagepsychologischen Methodik Beweiswert zuerkannt und den damals weitverbreiteten eklektisch-intuitiven, zum Teil absurden Vorgehensweisen der Aufdeckungsarbeit eine klare Absage erteilt. Deutungen von Zeichnungen, von Puppenspiel oder sonstigen Verhaltensweisen haben nach dem BGH-Urteil aus Juli 1999 keinen Stellenwert mehr in forensisch-psychologischen Glaubhaftigkeitsbegutachtungen. Sie sollten als Folge davon auch in der therapeutischen und in der Beratungspraxis kritisch gesehen werden. Auch dort haben sie weder Aussagekraft noch Wert; vielmehr können sie zu falschen Schlüssen führen.

Ich bin stolz darauf, dass ich zusammen mit meiner Kollegin Prof. Dr. Renate Volbert an dieser wichtigen höchstrichterlichen Entscheidung mitwirken konnte. Prof. Dr. Klaus Fiedler und Dr. Jeanette Schmid, beide Universität Heidelberg, bildeten das zweite Expertenteam. Seit diesem Urteil sind nun mehr als anderthalb Jahrzehnte vergangen. Das Urteil hat zu vielen Verbesserungen geführt, aber es hat nicht verhindern können, dass ähnliche Probleme in neuer Verkleidung auftauchten.

Scheinerinnerung: Mangel als Nährboden

Suggestion ist keine Erfindung der Werbebranche. Es gibt sie, seit es Menschen gibt, also sollten wir auch vertraut mit ihr sein beziehungsweise mit ihr rechnen, gerade wenn es um Recht oder Unrecht geht. William Stern, der Vater der Aussagepsychologie, beschrieb bereits zu Anfang des 20. Jahrhunderts suggestive Prozesse als »Verhörsprodukt«, wie er es nannte. Von ihm stammen die Begriffe *passive* und *aktive Suggestion.* Als passive Suggestion bezeichnete er die Bereitschaft, Suggestionen aufzunehmen: die Suggestibilität. Aktive Suggestion ist die Beeinflussung selbst, die Suggestivität. Diese muss gar nicht beabsichtigt sein, sondern kann auch ohne Absicht erfolgen. Zu suggestionsbedingten falschen Vorstellungen, zu Scheinerinnerungen, kommt es besonders dann, wenn aktive und passive Komponenten zusammenwirken.

Für die passive Seite kann auch von kognitiven und emotionalen Mangelzuständen gesprochen werden. In der Aufdeckungsarbeit wurden Kinder in eine Situation gebracht, in der sie ständig gefragt wurden, was mit ihnen geschehen sein könnte. So eine Dauerbefragung führt natürlich zu Unsicherheiten bezüglich der eigenen Erinnerung. Die erwachsenen Bezugs- und Autoritätspersonen fragten nach etwas Bestimmtem, etwas Schlimmem. Also muss da doch etwas gewesen sein! Die Wormser Kinder erinnerten sich zwar nicht, weil nichts geschehen war, wollten aber irgendwann die Erwartungen der Befrager erfüllen. Emotionale Mangelzustände entstanden schon dadurch, dass die Kinder aus ihren Familien herausgenommen wurden. In Verbindung mit den kognitiven Unsicherheiten ergab sich ein perfekter Nährboden für Suggestionen.

Eine Scheinerinnerung entsteht besonders dann, wenn der unsicheren Seite Angebote gemacht werden, die Mängel zu beseitigen, indem die vermeintlichen Erinnerungslücken geschlossen werden. Aufdeckungsarbeit führt nachgewiesenermaßen häufig zur Entstehung von Scheinerinnerungen. Denn das Vorgehen bei der Aufdeckungsarbeit beinhaltet zunächst eine zunehmende Fokussierung des Kindes auf das Thema Sexualität und auf Verbotenes, indem wiederholt sogenannte gute und schlechte Geheimnisse bzw. gute und schlechte Berührungen mit den Kindern besprochen werden. All dies geschieht in explizit sexualisierter Sprache aufseiten des Aufdeckers, wobei naturgemäß auch Vorgaben für Suggestionen enthalten sind. Hinzu kommen direkte Beeinflussungen wie das Vortragen einer Geschichte von einem anderen Kind, das missbraucht wurde: »Ich erzähl dir jetzt mal, was der kleinen Lena passiert ist.« Außerdem wird mit den Kindern in der sogenannten Konjunktiv- oder Als-ob-Methode gesprochen (»Was könnte XY gemacht haben?« oder »Erzähl mal, als ob dir dies und jenes geschehen wäre!«). Unvermittelt wird dann von der Fantasie- auf die Realitätsebene gewechselt. Das sind keine Erinnerungshilfen, sondern schmutzige Tricks, die zur Entstehung von Scheinerinnerungen führen können.

Für kleine Kinder gehört es zu ihren Alltagserfahrungen, dass ihnen Erwachsene über Erlebnisse berichten, an die sie selbst keine Erinnerung haben, und so ist es für sie nicht ungewöhnlich, dass der befragende Erwachsene besser weiß, was passiert ist, als das Kind selbst. Das ist die passive Komponente von Suggestionen, und die aktive besteht im Folgenden: Werden mögliche Handlungen über einen längeren Zeitraum immer wieder thematisiert, können sich im Laufe der Zeit lebhafte Bilder von den möglichen Geschehnissen entwickeln. Zu regelrechten Scheinerinnerungen werden diese Bilder, wenn ein Quellenverwechslungsfehler hinzukommt und die bloße Vorstellung für eine tatsächliche Erinnerung an ein Erlebnis gehalten wird. Dasselbe kennen wir auch bei Erwachsenen, wenn es auch nicht ganz so einfach ist, Erwachsene zu beeinflussen wie ganz junge Kinder.

Der böse Onkel und die Hobbyermittler: Der Fall Laura

Herr und Frau Weber und ihre fünfjährige Tochter Laura aus einer Kleinstadt besuchten Herrn Webers Bruder mit Familie, die in einer Großstadt lebten. Der Bruder betrieb dort einen Kiosk, in dem auch Alkohol verkauft wurde. Und er war selbst einer seiner besten Kunden. Er stritt häufig mit seiner Frau und seinen beiden Söhnen im Alter von sieben und neun Jahren.

Es dauerte nicht lange, bis die Kleinstadt-Webers in die Streitigkeiten ihrer Angehörigen verwickelt waren. Eigentlich hatten sie ihren Verwandten in der Großstadt beim Renovieren der Wohnung und im Kiosk helfen wollen. Durch die Alkoholsucht des Kioskbesitzers geriet nun alles aus den Fugen. Seine Frau, die sich mit ihrer Schwägerin, Lauras Mutter, angefreundet hatte, litt sehr unter ihrem Mann. Eines Abends kam es nach einem heftigen Streit zu einer Prügelei zwischen den beiden Brüdern. Die Auseinandersetzung endete mit einem Polizeieinsatz, und in der Folge zog Frau Weber mit ihren beiden Söhnen weg aus der Großstadt zu ihren Verwandten in die Kleinstadt. Nachdem Frau Weber und ihre Söhne dort acht Wochen mit in der Wohnung der Verwandten gelebt hatten, wurde im selben Haus eine Wohnung frei, in die sie einziehen konnten. Frau Weber beschloss, der Großstadt für immer den Rücken zu kehren und sich nach einem Trennungsjahr scheiden zu lassen. Ihr Mann meldete sich ohnehin nicht bei ihr, nicht einmal, um nach seinen Söhnen zu fragen, was für die Jungs nicht einfach war, obwohl auch sie unter dem cholerischen und alkoholkranken Vater gelitten hatten.

Ein knappes Jahr nach ihrem Wegzug aus der Großstadt ertappte Frau Weber ihren jüngsten Sohn mit seiner Cousine Laura beim Doktorspielen. Dies berichtete sie am selben Abend ihrem Schwager, der sich sehr um sie kümmerte. Nicht nur, dass er ihr die Wohnung besorgt hatte, er vermittelte ihr auch eine Stelle als Bürokraft, und wenn sie mal Hilfe brauchte, war er zur Stelle, bohrte Löcher und reparierte tropfende Wasserhähne. Der Schwager hörte sich ihre Schilderung des Vorfalls mit ernster Miene an und wiederholte: »Du hast gedacht, er sei nicht da, und bist in das Zimmer des Jungen gegangen und hast ihn und die Laura mit heruntergezogenen Hosen gesehen.« – »Genau, so war es«, bestätigte die Schwägerin. »Hm«, machte ihr Schwager. Er beriet sich mit seiner Frau, dann teilte er den beiden Frauen mit, dass dies eine ernste Sache sei. Man müsse da hellhörig und weitsichtig reagieren. Das dürfe man nicht auf sich beruhen lassen. Und er wusste auch schon, was zu tun war.

Kurz darauf saßen die drei Erwachsenen im Wohnzimmer um den Tisch und riefen die drei Kinder nacheinander zu sich, um sie zur Sache zu befragen. Zwei Kinder warteten also jeweils vor der Tür, nacheinander hineingebeten zu werden. Lauras Vater fragte nicht nur nach den Doktorspielen, sondern dehnte seine Befragung auf alles aus, was entfernt mit Sexualität zu tun haben könnte. Die beiden Jungs machten widersprüchliche Angaben.

Der jüngere wollte auf dem Sportplatz einen Mann gesehen haben, der ihm seinen Puller gezeigt habe. Das wollte er mit Laura nachspielen. Der ältere Bruder gab an, nichts von all dem gewusst zu haben, was ihm nicht geglaubt wurde, da er doch ständig mit seinem jüngeren Bruder zusammenhänge. Wer verbarg hier etwas? Lauras Vater setzte eine hochgradig besorgte Miene auf. Er sei sicher, vertraute er seiner Ehefrau und seiner Schwägerin an, dass da noch so einiges im Busch sei. Man dürfe jetzt nicht nachlässig sein, die Wahrheit müsse ans Licht. »Welche Wahrheit?«, wagte die Gattin nachzufragen. »Ob da was gewesen ist«, erwiderte ihr Mann. »Das liest man doch jeden Tag in der Zeitung, überall passiert so was. Ich will mir nicht irgendwann Vorwürfe machen, dass ich da nicht richtig aufgepasst hätte, ich nicht.« Die Frauen nickten.

Die Befragung wurde am nächsten Abend wiederholt. Die Jungs erzählten nun beide vom Sexualkundeunterricht in der Schule. Am dritten und vierten Abend hatte auch der Bruder auf dem Sportplatz den Mann mit dem Puller gesehen.

»Na also«, sagte Lauras Vater zufrieden. Doch es war nur ein Teilsieg, denn natürlich ahnte er, was hinter dem Ganzen steckte. Aber das hatte seine Tochter womöglich vergessen. Und seine Neffen konnten ja nichts dafür, in welcher Umgebung sie aufgewachsen waren. Lauras Vater war sich bald sicher, wer für die Doktorspiele verantwortlich war. Und das erklärte er den beiden Frauen auch und ließ sich dann gebührend für seine unbestechliche Weitsicht bewundern. Alle drei waren sich nun einig, dass sie einem schrecklichen Verbrechen auf der Spur waren: Lauras Onkel, der Vater der beiden Jungs, hatte sich an Laura vergangen. Aber das wusste sie nicht mehr. Oder sie schämte sich und wagte nicht, es zu erzählen. Also musste man Laura helfen, sich zu erinnern. Und auch den Jungs, die das alles womöglich mitbekommen hatten.

Unerbittlich und Abend für Abend suchten die drei Erwachsenen nun unter Federführung von Lauras Vater die Wahrheit. Nach dem Abendessen mussten die Kinder vor der Wohnzimmertür warten, bis sie nacheinander hineingerufen wurden. Wenn ein Kind entlassen wurde, berieten die Erwachsenen kurz über den Wahrheitsgehalt seiner Aussage, dann wurde das nächste Kind hereingerufen. Dass die Kinder sich in der Wartezeit ebenfalls berieten und ihre Geschichten aufeinander abstimmten, entging den Erwachsenen. Sie führten über jede Sitzung Protokoll. Lauras Vater diktierte seiner Schwägerin die Erkenntnisse, zu denen er aufgrund der Vernehmungen gekommen war. Wenn die Schwägerin Zeit hatte, tippte sie diese Diktate im Büro ab und übergab sie ihrem Schwager, der sie nach Datum sortiert in einen Aktenordner heftete, den er Tagebuch nannte.

Diese sorgfältige Archivierung führte letztlich zur Lösung des Falles, wenn auch anders, als die Beteiligten es sich wohl vorgestellt hatten. Sie waren alle drei davon überzeugt, der alkoholkranke Bruder habe Laura sexuell missbraucht, und suggerierten Laura diesen Sachverhalt. In den Protokollen konnte man direkt nachverfolgen, wie die Kinder und hier insbesondere Laura ihre Aussage von Abend zu Abend veränderten, bis eindeutig feststand, dass der böse Onkel hinter allem steckte, auch hinter den Doktorspielen, weil er die Kinder sexualisiert hatte.

Als das Scheidungsverfahren lief und es auch um das Sorgerecht für die beiden Söhne ging, zeigte Lauras Tante ihren Mann wegen des sexuellen Missbrauchs an ihrer Nichte an. Der alkoholkranke Kioskbesitzer wurde von einem Landgericht zu einer Freiheitsstrafe von fünf Jahren verurteilt und kam ins Gefängnis. Seine Verteidigerin ging in Revision. Der Verurteilte hatte Glück, dass sein Fall von einem Senat des Bundesgerichtshofs bearbeitet wurde, der erkannte, dass das Landgericht die gesamte Vorgeschichte ausgeblendet hatte, obwohl das Tagebuch aktenkundig war und in den Prozess eingeführt worden war. Das Urteil wurde aufgehoben; es wurde eine vollkommen neue Verhandlung angeordnet.

Vor der neuen Verhandlung an einer anderen Kammer des Landgerichts wurde ich mit der Analyse und Beurteilung der Kinderaussagen beauftragt. Als ich die »Protokolle« der Befragungen der Kinder im »Tagebuch« las, konnte ich kaum fassen, dass diese beim ersten Urteil keine entscheidende Rolle gespielt hatten. Da stand doch alles, schwarz auf weiß! Die Beschreibungen lasen sich stellenweise wie aus einem Lehrbuch über suggestive Prozesse bei Kindern – die Entwicklung des lieben Onkels, den Laura mochte und von dem sie freundlich sprach, zum bösen Onkel. Für mich wurde nachvollziehbar, dass der BGH das Urteil des Landgerichts massiv kritisiert hatte. Der BGH verwies auf das suggestive Potenzial der vielen Befragungen vor der Erstaussage von Laura. Er erkannte auch, dass das Unterlassen einer frühen Offenbarung durch Laura nicht zu ihrem Alter passte.

Um ein Urteil aufheben zu können, muss der BGH dem erkennenden Gericht einen Verfahrensfehler nachweisen. Der

Aufhänger dafür war hier, dass das erste Gericht trotz der Besonderheiten in der Vorgeschichte der Aussagen von Laura kein Glaubhaftigkeitsgutachten eingeholt hatte. Das hatte die Verteidigerin – zum Glück für den Verurteilten – wiederholt beantragt, ihre Anträge waren aber immer abgelehnt worden. Hätte es diesen Fehler des ersten Gerichts nicht gegeben, dann hätte der fälschlich Verurteilte wohl fünf Jahre absitzen müssen. In der Haft hätte er dann wahrscheinlich weiterhin – wie in der Verhandlung – bestritten, den sexuellen Missbrauch begangen zu haben. Das wird als fehlende Einsicht und Reue ausgelegt, eine vorzeitige Entlassung nach Teilverbüßung einer Strafe ist dann nicht möglich. Der Verurteilte hatte Glück im Unglück, und zusätzlich schaffte er es in der Untersuchungshaft, seine Alkoholsucht zu überwinden. Auch nach seiner Entlassung aus der Haft wurde er nicht rückfällig. Von seiner Verteidigerin hörte ich später, dass es aufgrund dieser Entwicklung zur Aussöhnung der Eheleute Weber gekommen war. Auch die Söhne wollten wieder Kontakt zum Vater haben.

Das alles war Verdienst der Entscheidung des BGH. Was aber unterschied die Richter im BGH-Senat von den Richtern in der Kammer des Landgerichts, die Herrn Weber zu fünf Jahren Gefängnis verurteilt hatten? Nein, nicht ihre berufliche Erfahrung – Richter am Landgericht sind gestandene Persönlichkeiten mit jahrelanger Erfahrung. Es dürfte die emotionale Wucht des Vorwurfs sexueller Missbrauch gewesen sein, der zuweilen das Denken beeinträchtigt, auch das von sonst rationalen Juristen.

Aus Angst, dass dem sexuellen Missbrauch trotz aller Bemühungen der Kinderschutzverbände nicht die nötige Aufmerksamkeit zuteilwird, schieben manche Menschen alle Vernunft zur Seite, wenn das Thema anklingt. Manchmal hört man sogar das Argument, dass man früher den sexuellen Missbrauch häufig übersehen habe. Deswegen müsse man nun in Kauf nehmen, dass er auch mal fälschlich angenommen werde. Ein Zynismus, der nicht nur das Schicksal von fälschlich Beschuldigten vernachlässigt, sondern zusätzlich übersieht, dass durch eine falsche Missbrauchsannahme auch Leben und Seelen von Kindern zerstört werden. Und dann gibt es noch Menschen, die gar nichts mehr von dem Thema hören wollen. Nur schnell verurteilen und zu weniger heiklen Fällen wechseln, mögen manche Richter denken. Es gibt in der Justiz aber auch funktionierende Kontrollen, wie der Fall Laura gezeigt hat. Wir sollten sehr hellhörig sein, wann immer der Verdacht einer Suggestion im Raum steht! Denn Suggestion führt zur Unwahrheit und in der Folge zum Unrecht.

Suggestionsforschung: Finger in der Mausefalle

Es gibt viele wissenschaftliche Untersuchungen zur Erfassung von Suggestionseffekten. Die Fragestellung war jeweils, ob Kindern vermeintliche Erinnerungen an Ereignisse induziert werden können, die sie tatsächlich nicht erlebt haben. In einer Untersuchung wurden fast hundert Kinder im Alter von drei bis sechs Jahren sieben bis zehn Mal ungefähr im wöchentlichen Abstand zu Ereignissen befragt. Zwei Ereignisse hatten sie laut Angaben ihrer Eltern erlebt, zwei Ereignisse nicht. Die fiktiven Ereignisse waren für alle Kinder gleich. Es ging einmal um das Fliegen in einem Heißluftballon zusammen mit anderen Kindern. Das zweite fiktive Ereignis war, dass sie mit einem Finger in eine Mausefalle geraten und in ein Krankenhaus gefahren worden seien, um den Finger wieder herauszubekommen. Zu Beginn der Befragungen wurde den Kindern, jeweils einzeln, die Liste mit den vier Themen vorgelesen. Sie sollten darüber nachdenken, welche Ereignisse sie wirklich erlebt hatten. Sie wurden darauf aufmerksam gemacht, dass sie nicht alle Ereignisse erlebt hätten. In den folgenden Sitzungen wurden die Ereignisse besprochen, und die Kinder wurden immer wieder aufgefordert, nachzudenken, ob sie diese wirklich erlebt hätten. Danach kam ein neuer Interviewer, der die Kinder zu allen vier Ereignissen befragte. Sie sollten die Ereignisse möglichst ausführlich schildern und angeben, ob sie sie erlebt hätten.

Fast alle Kinder benannten und schilderten ihre tatsächlich erlebten Ereignisse zutreffend. Mehr als ein Drittel der Kinder gab aber für mindestens ein fiktives Ereignis fälschlich an, es erlebt zu haben. Mehr noch: Sie schilderten das entsprechende Ereignis anschaulich und mit vielen Details. Bei der Bewertung dieses Ergebnisses ist zu beachten, dass ja nur eine sehr moderate Suggestion erfolgte. Sie bestand eigentlich nur in der Aufforderung zum Nachdenken, und es wurden keine Vorgaben gemacht. Trotz dieser nur sehr schwachen Suggestion und trotz der wiederholten Hinweise, dass sie nicht alle Ereignisse erlebt hätten, kam es zu den vielen anschaulichen Schilderungen über nicht erlebte Ereignisse.

Als diese Untersuchung in den USA durchgeführt wurde, war dort gerade der sogenannte McMartin-Prozess zu Ende gegangen, ein Prozess um massenhaften sexuellen Missbrauch in einer Vorschule in Kalifornien; mehr als dreihundert Kinder waren als Zeuginnen und Zeugen beteiligt. Angeklagt waren zehn Erzieherinnen und Erzieher, der Prozess begann 1980 und dauerte zehn Jahre bis zum Freispruch aller Angeklagten. Der Montessori-Prozess vor dem Landgericht Münster glich dem McMartin-Vorschulprozess im Übrigen in allen Einzelheiten bei den falschen Befragungen und bei den falschen Angaben der Kinder. Häufig kam Missbrauch der Kinder in (unterirdischen) Höhlen oder in anderen Verstecken vor.

Wenn Kinder immer wieder nach verbotenen Ereignissen gefragt werden, aber eigentlich nichts zu erzählen haben, liegt es nahe, dass sie von Dingen erzählen, die sie kennen. Da Kinder gern Verstecken spielen und Höhlen bauen, könnten es gerade diese Themen gewesen sein, auf die die Kinder aus Kalifornien und Münster zurückgriffen, um in den Marathonbefragungen über ihren vermeintlichen Missbrauch irgendwann einmal eine Antwort geben zu können. Diese Erklärung für die identischen Kinderaussagen nach suggestiven Befragungen erscheint mir jedenfalls überzeugender als die Erklärung, die Täter hätten die unterirdischen Höhlen sowohl in Kalifornien als auch in Münster beseitigt. Denn bei Grabungen waren sie jeweils von der Polizei nicht gefunden worden.

Die amerikanische Öffentlichkeit war nach der McMartin-Katastrophe aufgewühlt. Ein Journalist sprach mit einigen Kindern aus der Mausefallen-Studie. Einer der Jungen erzählte seine anschauliche Geschichte sogar im Fernsehen: Die Mausefalle war in einem Holzstapel versteckt, beim Ballspielen war er so gestolpert, dass er versehentlich in den Holzstapel griff. Die Falle schnappte zu, keiner konnte sie lösen. Seine Eltern fuhren ihn in ein Krankenhaus. Dort wurde die Falle gelöst, und sein Finger wurde verbunden. Pflege und Nachbetreuung schilderte der Junge in allen Einzelheiten. Das Problem war: Die Eltern schworen Stein und Bein, dass es so einen Vorfall nie gegeben habe. Als der Journalist den Jungen damit konfrontierte, erklärte er, seine Eltern würden auch sonst viel vergessen. Der Auftritt des Jungen war so überzeugend, dass die Eltern über ihr Erinnerungsvermögen ins Grübeln kamen.

Nach zwei Jahren konnten die Untersucher der Mausefallen-Studie eine Teilgruppe der Kinder erneut befragen. Manche hatten das induzierte fiktive Ereignis vergessen, aber viele hatten das vermeintliche Erlebnis in Erinnerung behalten. Es gab auch einige Kinder, die nun erstmals aussagten, eines der beiden fiktiven Ereignisse selbst erlebt zu haben. Nachforschungen ergaben, dass mit denjenigen Kindern, die nach zwei Jahren noch oder erstmals das fiktive Ereignis »erinnerten«, häufig über ihre Befragungen sowie über die Ereignisse gesprochen worden war.

Wissenschaftliche Untersuchungen wie die Mausefallen-Studie gibt es mittlerweile in großer Zahl. Immer wieder wurde gezeigt, dass Scheinerinnerungen über körpernahe und emotional bedeutsame Ereignisse induziert werden können. Unbelehrbare behaupten trotzdem immer noch, dass Fehlerinnerungen über sexuellen Missbrauch nicht suggeriert werden könnten; dies sei auch in wissenschaftlichen Studien nie nachgewiesen worden. Natürlich wurde in wissenschaftlichen Studien bisher kein sexueller Missbrauch simuliert! Aber es wurde mit Kindern über Erlebnisse bei Arztbesuchen suggestiv gesprochen. Ein Junge berichtete danach beispielsweise, wie die Ärztin ihm einen Stock in den Anus gesteckt habe und welche Schmerzen das bereitet habe. So etwas war in keiner Frage vorgegeben worden. Man kann daran erkennen, wie schnell die Fantasie Feuer fängt. Suggestion besteht nicht nur im Vorgeben von Sachverhalten und im Nachplappern, sondern vor allem in der Anregung der Fantasie der suggestiv Befragten. In der Arzt-Studie kam man dem Thema »sexueller Kindesmissbrauch« sehr nahe; noch direkter kann man in wissenschaftlichen Studien wohl nicht werden. Wer heute noch behauptet, es sei unmöglich, Kindern Fehlerinnerungen über sexuellen Missbrauch zu induzieren, ignoriert wissenschaftliche Befunde und praktische Erfahrungen. Er handelt grob fahrlässig.

Das Verheerende ist: Suggerierte Falschaussagen können eine hohe inhaltliche Qualität aufweisen. Zwischen erlebnisbasierten und suggerierten Aussagen sind keine inhaltlichen Qualitätsunterschiede festzustellen. Eine Unterscheidung zwischen Aussagen, die auf tatsächlichen Erlebnissen basieren, und solchen, die suggeriert sind, ist mit der Qualitätsanalyse, der Realkennzeichenanalyse, nicht möglich. Denn die Bedingungen für Qualitätsmängel, die bei Lügen bestehen, sind bei suggerierten Falschaussagen nicht gegeben: Es muss nichts aktiv erfunden werden, der falsche Vorstellungsinhalt ist im Laufe der Zeit entstanden. Die Aussageperson mit Scheinerinnerungen muss sich auch nicht verstellen, denn sie ist ja überzeugt, die Wahrheit zu sagen.

Für den Umgang mit Kindern bedeutet das: Aufdeckungsarbeit hat immer und ausschließlich negative Konsequenzen. Sie führt bei nicht missbrauchten Kindern zur Entstehung von Scheinerinnerungen. Wendet man sie bei missbrauchten Kindern an, die bisher über den Missbrauch geschwiegen haben, zerstört Aufdeckungsarbeit den Beweiswert der Realkennzeichenanalyse. Dabei ist sie die einzige Methode, mit der überhaupt ein positiver Nachweis geführt werden kann, wenn Aussage gegen Aussage steht.

Das Problem der Suggestion ist seit mehr als einem Jahrhundert bekannt. Es gibt keine andere Erklärung für die Fehler von angeblichen Kinderschützern als ideologische Voreingenommenheit, ja Verblendung und mangelnde Kenntnisse. Wer »aufdeckend« mit Kindern »arbeitet«, riskiert die Induktion von Scheinerinnerungen über sexuellen Missbrauch. Durch das BGH-Urteil aus dem Jahr 1999 kam es in vielen

Beratungsstellen zu innerer Einkehr und zur Korrektur des eigenen Handelns. Doch die falschen Botschaften aus der Aufdeckungsarbeit waren so intensiv vorgetragen und so häufig als vermeintlich richtige Methoden propagiert worden, dass dies keineswegs überall der Fall war. Außerdem war festzustellen, dass auch außerhalb von Institutionen und Beratungsstellen Aufdeckungsarbeit betrieben wurde – so bei Laura und im folgenden Fall, der zumindest zu Anfang ein breites Medienecho fand – jeweils mit fatalen Folgen.

Unvernunft in der Tosa-Klause: Der Fall Pascal

An den Fall Pascal erinnern sich heute noch viele Menschen. Der fünfjährige Junge verschwand am 30. September 2001 in Saarbrücken. Für immer. Bis heute gibt es keine Spur von Pascal. Dreizehn Menschen wurden des sexuellen Missbrauchs und der Tötung Pascals angeklagt. Die Anklage der Staatsanwaltschaft Saarbrücken vom Februar 2004 legte den Angeklagten in unterschiedlichen Anteilen Folgendes zur Last: Pascal wurde am Nachmittag des Tages seines Verschwindens in einer Kammer der Tosa-Klause, einer kleinen Bahnhofsgaststätte, durch mehrere Angeklagte anal vergewaltigt. Der Analverkehr wurde videografiert oder fotografiert durch die Angeklagte Christa W., die Wirtin der Tosa-Klause. Die Tötung Pascals erfolgte entweder bereits bei der »finalen« (Wortlaut der Anklage) analen Vergewaltigung durch einen Vergewaltiger namens R. oder danach durch die Angeklagte Andrea M., die Mutter von Bernhard M., von dem gleich die Rede sein wird. Weiter heißt es in der Anklage: Die Leiche des Kindes Pascal wurde in einem Sack in einem Kleintransporter von der Tosa-Klause in eine Kiesgrube nach Frankreich gebracht und dort verscharrt.

Zur Erinnerung: Die Leiche wurde nie gefunden, bis heute nicht.

Die Anklage beschreibt eine »Theorie«, eine Vorstellung von Polizei und Staatsanwaltschaft, was geschehen sein könnte. Diese Theorie über die Abläufe in der Tosa-Klause, die zur Tötung von Pascal geführt haben sollen, beruht ganz wesentlich auf Aussagen des bereits erwähnten Jungen Bernhard. Dieser wurde im Januar 1995 geboren. Seine damals dreißigjährige Mutter stand ab 1993 wegen geistiger Behinderung unter Betreuung der zehn Jahre älteren Christa W., der Wirtin der Tosa-Klause. Christa W. hatte außerdem die Vormund-Pflegschaft für Bernhard, und zwar bis Januar 2001. Dann wurde Bernhard vom Jugendamt Saarbrücken zunächst übergangsweise in eine Pflegefamilie gegeben. Hintergrund war eine Anzeige des Bruders von Christa W. über Vernachlässigungen und Misshandlungen (nicht über sexuellen Missbrauch) von Bernhard in seinem familiären Umfeld.

Laut Anklageschrift soll Bernhard im Alter von vier bis sechs Jahren, also von Ende 1998 bis Januar 2001, an verschiedenen Orten sexuell missbraucht worden sein, u.a. auch in der Tosa-Klause. Der seit September 2001 verschwundene Pascal soll sozusagen das Nachfolgekind für Bernhard in der Tosa-Klause gewesen sein; beide Kinder sollen vor Bernhards Herausnahme auch gemeinsam sexuell missbraucht worden sein.

Für die aussagepsychologische Beurteilung von Bernhards späteren Aussagen über sexuellen Missbrauch in der Tosa-Klause ist Folgendes wichtig: In seiner ersten Pflegefamilie hat Bernhard keine Angaben über sexuellen Missbrauch gemacht. Im Dezember 2001 kam er in eine zweite Pflegefamilie. Nach Angaben der zweiten Pflegemutter entwickelte diese etwa ab

Mai 2002 den Verdacht, Bernhard sei sexuell missbraucht worden: Bernhard hatte nach ihrer Meinung sexualisiertes Verhalten gezeigt. Sie hatte ihn bei heißem Wetter nach Abkühlen im Planschbecken in Badehose auf seiner gleichaltrigen Pflegeschwester auf dem Rasen »liegen« sehen. Ob er gefallen war oder was sonst geschehen sein könnte, weiß niemand. Die Pflegemutter fand es »sexualisiert« und ließ sich für ihren Umgang mit Bernhard beraten. Das führte in der Folgezeit, d.h. ab August/September 2002 dazu, dass sie zahlreiche missbrauchsbezogene Gespräche mit Bernhard führte. Allabendlich sprach sie mit ihm: psychologisch einfühlsam, »aufdeckend«. Sie erzählte ihm, er sei in ein Knäuel Garn verwickelt und dies gelte es Stück für Stück abzuwickeln, um an die Wahrheit zu kommen.

Das Verschwinden von Pascal war damals ein allgegenwärtiges Medienthema. Auch eine Verbindung zur Tosa-Klause war schon hergestellt. Der Pflegemutter war die Herkunft des Bernhard aus dieser Kneipe natürlich bekannt. In Bernhards Befragungen kam es über das Essen von alten Bananen auch irgendwann zu vagen Angaben über sexuelle Handlungen. Es blieb unklar, ob er welche bei seiner Mutter beobachtet hatte oder ob sie an ihm vorgenommen worden waren. Pascal tauchte in den Erzählungen von Bernhard zunächst gar nicht auf. Bernhard konnte Pascal auch zwei Mal auf Fotos nicht erkennen. Es ist nach heutigen Erkenntnissen davon auszugehen, dass die beiden Jungen sich gar nicht kannten. In der mehrmonatigen Befragung Bernhards durch die Pflegemutter kam es dann zu immer neuen Angaben mit immer mehr Tätern und immer drastischeren Missbrauchsschilderungen, auch solchen in der Tosa-Klause.

Über den Inhalt ihrer Befragungen berichtete die Pflegemutter per E-Mail an die Kriminalpolizei. Die Kriminalpolizei befragte Bernhard wiederholt auf der Grundlage dieser Informationen. Die polizeilichen Befragungen wurden videodokumentiert, ich konnte sie später analysieren. Das Ergebnis war mit Händen zu greifen: Bernhard hatte Fragen und Vorgaben der Pflegemutter wiederholt und immer neue Geschichten erzählt, die ihm die allabendliche Aufmerksamkeit und Zuwendung sicherten. Auch hier war es enorm wichtig, die Entstehungsgeschichte der Aussagen zu betrachten. Gemäß Zeugenaussage der ersten Pflegemutter hat Bernhard dieser gegenüber ein Jahr lang keine Angaben über sexuellen Missbrauch gemacht, obwohl er in dieser Zeit über seine Mutter Andrea und über Tante Christa geredet hatte, die laut Anklage beide zum Täterkreis gehörten.

Bernhard wurde in seiner Entwicklung als erheblich zurückgeblieben beschrieben. Dieser zurückgebliebene Junge müsste über massiven Missbrauch gut anderthalb Jahre geschwiegen und darüber auch auf Fragen erst nach und nach berichtet haben. Um Mutter und Tante zu schützen, die ihn gequält haben sollen? Aus sachverständiger Sicht waren Bernhards Aussagen gegenüber der Pflegemutter und gegenüber der Polizei mit sehr hoher Wahrscheinlichkeit reine Suggestionsprodukte, die durch die aufdeckenden Bemühungen der Pflegemutter entstanden und durch die nachfolgenden Befragungen der Polizei verfestigt wurden.

Die suggerierten Aussagen des Bernhard über sexuellen Missbrauch an ihm und an Pascal waren aber – wie gesagt – von zentraler Bedeutung für die Theorienbildung der Polizei über die Abläufe in der Tosa-Klause. Ich war Anfang März 2003 von der Kriminalpolizei in Saarbrücken zu dem Fall hinzugezogen worden. Das geschah explizit unter Bezug auf die Wormser Prozesse; man wollte ein neuerliches Fiasko vermeiden. In einer Besprechung mit der Sonderkommission bewertete ich den Wahrheitsgehalt der Aussagen von Bernhard als negativ. Ferner problematisierte ich die Zuverlässigkeit einiger damals bereits vorliegender Geständnisse von Beschuldigten. Doch ich war mir nicht sicher, ob man mich richtig verstanden hatte – oder verstehen wollte. Deswegen fasste ich meine aussagepsychologischen Bewertungen im März 2003 in einem Brief an die Kriminalpolizei Saarbrücken zusammen. Darin schrieb ich: »Damit weisen die fallrelevanten Aussagen von Bernhard hinsichtlich Vorgeschichte und Aussageentwicklung solche Merkmale auf, die für suggerierte Falschaussagen typisch sind, also für Aussagen von Kindern, die subjektiv als wahr erlebt werden, aber dennoch fremdinduzierte Pseudoerinnerungen beinhalten.«

»Damit« bezog sich auf die unspezifische Begründung eines Verdachts auf sexuellen Missbrauch und die aufdeckenden Gespräche durch die zweite Pflegemutter, auf die gegenüber dem fraglichen Tatzeitraum stark verzögerte Erstbekundung und die weitere Aussageentwicklung mit Nennung von immer neuen und immer schlimmeren Handlungen in den Befragungen von Bernhard.

Ich hatte damals auch Einsicht in die Protokolle der elf Vernehmungen von Andrea M. – Bernhards Mutter – im Februar 2003. Sie hatte – allerdings nicht sofort und in verschiedenen sich widersprechenden Versionen – die Tötung von Pascal und den vielfältigen sexuellen Missbrauch von Pascal und Bernhard durch diverse Personen in der Tosa-Klause und an anderen Orten gestanden. In meiner Stellungnahme für die Kriminalpolizei Saarbrücken schrieb ich, ich hielte es aufgrund der Analyse der Geständnisse für möglich, dass diese falsch seien. Da schon vier Personen gestanden hatten, fügte ich hinzu, meiner Ansicht nach sei selbst dieser unwahrscheinliche Fall hier möglicherweise eingetreten. Als ich das schrieb, waren die Geständnisse noch nicht widerrufen. Das geschah aber später. Ich hielt meine Beurteilung vom März 2003 für deutlich, ja drastisch. Doch die Saarbrücker Polizei gab ihre Theorienbildung dadurch nicht auf.

Für mich überraschend wurde ich nach der Beratung der Kriminalpolizei auch noch von der Staatsanwaltschaft Saarbrücken mit aussagepsychologischen Gutachten über die Aussagen von Bernhard beauftragt. Ich wies bei der telefonischen Voranfrage darauf hin, dass in einem solchen Gutachten nichts anderes stehen könne als in der Stellungnahme für die Kriminalpolizei; allenfalls könne eine ausführlichere Begründung erfolgen. Ein halbes Jahr später erhielt ich dennoch den schriftlichen Auftrag zur Gutachtenerstellung. Ein negatives Gutachten über Bernhards Aussagen lag einen Monat vor Anklageerhebung vor. Ich nahm in dem Gutachten auf meine Bewertungen in der Stellungnahme für die Kriminalpolizei Bezug und begründete diese ausführlich mit der Entstehungsgeschichte der Aussagen bei Bernhard. In einem weiteren Gutachten betonte ich, dass eine suggestionsbedingte Entstehung natürlich besonders für die relativ spät aufgekommenen Schilderungen von Bernhard anzunehmen sei. Genau das waren seine Angaben über gemeinsames Missbrauchserleben mit Pascal in der Tosa-Klause.

Es kam dennoch zur Anklage durch die Staatsanwaltschaft. Dabei hätten die Saarbrücker Polizei und Staatsanwaltschaft sensibel für das Thema »falsche Zeugenaussagen/falsche Geständnisse« sein können: Kurze Zeit nach dem Verschwinden von Pascal gestanden nämlich zwei Stiefschwestern, ihn mit einer Eisenstange erschlagen zu haben; eine vierzehnjährige Freundin bestätigte, dies beobachtet zu haben. Diese Geständnisse wurden später von der Polizei als falsch eingestuft.

In der Anklageschrift der Staatsanwaltschaft Saarbrücken im Verfahren gegen dreizehn Angeklagte wegen Mordes und wegen sexuellen Missbrauchs von Pascal wurde die Bedeutung der Aussage von Bernhard für die Verdachtsbildung betont. Diese Aussage hatte ich – wie berichtet – im Auftrag von Polizei und Staatsanwaltschaft negativ begutachtet, ich wurde in der Anklageschrift allerdings nicht wie sonst üblich als Sachverständiger genannt. Auch in der Hauptverhandlung wurde ich nicht gehört. Dieses Vorgehen ist ungewöhnlich. Ich habe nur selten erlebt, dass ich nach einer Gutachtenerstattung nicht zur Verhandlung geladen wurde.

Wie auch immer: Die Verhandlung geriet genau zu jenem Fiasko, das man durch das Gutachten hatte vermeiden wollen. Am Ende, nach einhundertsiebenundvierzig Verhandlungstagen und zweihundertvierundneunzig Zeugenaussagen, wurden die Angeklagten freigesprochen. In der Öffentlichkeit wurde das Urteil heftig kritisiert – auch der damalige SPD-Landesvorsitzende und heutige Bundesminister der Justiz Heiko Maas fand starke Worte dafür. Die Staatsanwaltschaft Saarbrücken legte Revision ein, doch der BGH bestätigte die Freisprüche. Von Pascals Leiche – und von seinen Mördern – fehlt bis heute jede Spur.

Das Fiasko wäre vermeidbar gewesen, wenn man rechtzeitig begriffen hätte, auf wie tönernen Füßen eine Anklageschrift stand, die sich auf die Aussagen des Jungen Bernhard stützte. Darauf war schließlich rechtzeitig hingewiesen worden. Es steht Staatsanwaltschaften und Gerichten natürlich frei, sich ihre Sachverständigen zu wählen. Die Annahme, hier sei auf einen Sachverständigen, den man zunächst beauftragt hatte, verzichtet worden, weil dessen Ergebnis nicht passte, ist so unangemessen für einen Rechtsstaat, dass ich diesen Gedanken gar nicht fassen will.

Auch über den Vorsitzenden Richter eines anderen Landgerichts will ich so nicht denken. Er hatte mich auf Drängen des Verteidigers mit einem Glaubhaftigkeitsgutachten über eine fast achtzehnjährige Zeugin beauftragt. Sie bezichtigte den Lebensgefährten ihrer Mutter, sie im Alter von fünfzehn Jahren vergewaltigt zu haben. Ich kam zu dem Ergebnis, dass es sich wahrscheinlich um eine bewusste Falschaussage handelte. Ich wurde nie zu einer Verhandlung geladen und habe auch nie wieder etwas von dem Fall erfahren. Ich will nicht glauben, dass Folgendes der Grund dafür sein könnte: In der hinteren Umschlagklappe der Gerichtsakte befand sich ein Urteil mit Freiheitsstrafe für den Angeklagten. Ich hielt das zunächst für ein Urteil, das zu einem anderen Verfahren gehörte, denn in dem Fall, für den ich mein Gutachten erstattete, war ja noch gar nicht verhandelt worden. Aber nein, das Urteil bezog sich auf das laufende Verfahren. Und in diesem Urteil wurde die Konstanz der Aussage der Belastungszeugin in der Hauptverhandlung festgestellt und für eine positive Glaubhaftigkeitsbeurteilung benutzt, obwohl die Verhandlung noch gar nicht stattgefunden hatte. Das »Urteil« war offenbar ein Entwurf, sozusagen ein Vor-Urteil. So viel Fleiß im Vorfeld einer Verhandlung ist angesichts der Überlastung unserer Gerichte eigentlich lobenswert. Da ich nicht als Sachverständiger geladen wurde, weiß ich aber nicht, ob das »Vor-Urteil« jemals revidiert wurde.

Da auch das Saarbrücker Landgericht mir die Teilnahme an der dreijährigen Hauptverhandlung im Pascal-Prozess erspart hat, kann ich aus eigener Anschauung von dieser gar nichts berichten. Es gibt aber ein Buch der bekannten SPIEGEL-Gerichtsreporterin Gisela Friedrichsen aus dem Jahr 2008 mit dem Titel: *Im Zweifel gegen die Angeklagten: Der Fall Pascal –*

die Geschichte eines Skandals. Ich kann bestätigen: Es war ein Skandal, eine weitere Justizkatastrophe. Und der Verlag, in dem das Buch erschien, musste lange um das Recht zu seiner Veröffentlichung kämpfen.

Vom richtigen und falschen Denken: Ideologien und ihre Gegenmittel

Menschen haben einfach gern recht. Wer einer Ideologie verfallen ist, biegt sich alles so hin, dass es in sein Weltbild passt. Wer dem nicht zustimmt, wird zum Feind erklärt. Ein Dialog ist nicht mehr möglich. Und das kennt, wenn wir ehrlich sind, doch jeder, auch wenn er oder sie gar keiner Ideologie anhängt. Es genügt die Vorstufe, auf der Vorurteile angesiedelt sind. Da fängt ein neuer Mitarbeiter in der Firma an, und aus irgendeinem Grund finden wir ihn arrogant. Alles, was er tut, sehen wir durch diese Brille. Wie er den Deckel vom Kopierer zuklappt. Wie er geht. Wie er spricht. Und der Gipfel: Er grüßt einen nicht mal. Wie sollte er auch? Er ist kurzsichtig und hat nicht wahrgenommen, wer da vor dem Lift steht.

Man geht von falschen Voraussetzungen aus, richtet alles danach aus – und dann stürzt das Kartenhaus ein. Es gibt Menschen, die können damit umgehen und lernen daraus. Andere können das nicht. Die versuchen dann, das Kartenhaus irgendwie zusammenzukleben. Wenn sie es auf dem eigenen Wohnzimmertisch tun, mag das noch in Ordnung sein. Wenn andere deshalb vor Gericht stehen, ist es das nicht mehr.

Ein beliebtes Beispiel für die Wirkung von Vorurteilen ist Eifersucht. Sie zeigt, wie wir uns selbst auf den Leim gehen, wenn wir einmal eine gedankliche Richtung eingeschlagen haben. Ein eifersüchtiger Ehemann sieht rund um die Uhr Anlässe zur Eifersucht. In allem, was seine Frau sagt, tut, wie sie sich benimmt, was sie wann anzieht und so weiter, wittert er einen Nebenbuhler. Ist die Frau besonders nett zu ihm, bestätigt sie seine Befürchtung ebenso, wie wenn sie sich abweisend verhält. Es ist egal, was sie tut, er weiß immer, warum sie das tut, denn er sieht alles nur durch die Brille seiner Eifersucht. Ein anderer Mann, der mit derselben Frau mit exakt demselben Verhalten zusammen, aber nicht eifersüchtig wäre, würde die vermeintlichen Verdachtsmomente gar nicht bemerken. Und was die Sache besonders heikel macht, ist die sich selbst erfüllende Prophezeiung: Nicht wenige eifersüchtige Menschen treiben ihre im Grunde genommen treuen Partner erst durch ihre Eifersucht zum Seitensprung.

Was hat das aber nun mit unserem Thema zu tun? Ich komme zurück zum Urteil des BGH im Juli 1999 über Standards von Glaubhaftigkeitsbegutachtungen. Darin wird gefordert, dass Glaubhaftigkeitsgutachten bei der Prüfung eines Missbrauchsverdachts von der sogenannten Nullhypothese ausgehen.

Die Nullhypothese

Der Text im BGH-Urteil lautet: »Das methodische Grundprinzip (der Glaubhaftigkeitsbegutachtung) besteht darin, einen zu überprüfenden Sachverhalt (hier: Glaubhaftigkeit der spezifischen Aussage) so lange zu negieren, bis diese Negation mit den gesammelten Fakten nicht mehr vereinbar ist. Der Sachverständige nimmt daher bei der Begutachtung zunächst an, die Aussage sei unwahr (sogenannte Nullhypothese).«

Diese Forderung war 1999 ein Aufreger. Was denn nun? Die Kinderschutzverbände hatten doch so viel erreicht für ihre Sache. Wollte man jetzt alles zurückdrehen? Sollte Kindern gar nicht mehr geglaubt werden? Nein: Die Nullhypothese bedeutet in der Wissenschaft nichts anderes als die Unschuldsvermutung im Recht – oder vernünftiges Denken im Alltag. Der Mann am Kopierer ist nicht arrogant, bis man ihm das Gegenteil nachgewiesen hat, und die Frau ist nicht untreu, bis man ihr das Gegenteil nachgewiesen hat.

Die Nullhypothese beinhaltet ein anerkanntes wissenschaftliches Denkprinzip, das auch als Falsifikationsstrategie bezeichnet wird. Wenn ein Wissenschaftler zum Beispiel untersuchen will, ob Rauchen Krebserkrankungen verursacht, dann geht er von dem Grundgedanken aus, dass Rauchen und Krebs zwei völlig voneinander unabhängige Phänomene sind (das ist die Nullhypothese), bis er durch wissenschaftliche Befunde zeigen kann, dass es einen engen Zusammenhang zwischen Rauchen und Krebserkrankungen gibt.

Wenn eine Staatsanwaltschaft oder ein Gericht Glaubhaftigkeitsprüfungen für eine belastende Aussage in Auftrag gibt, so kann das nicht bedeuten, dass Sachverständige nur nach Bestätigungen für die Anschuldigungen suchen. Im Gegenteil: Der Auftrag beinhaltet die Überprüfung der Beschuldigung, also muss der Gutachter annehmen, dass die Beschuldigung falsch ist (Nullhypothese – es ist nichts passiert), bis er Gründe dafür findet, sie für richtig zu halten.

Das wissenschaftliche Denkprinzip, einen Sachverhalt zunächst zu verneinen, bis man ihn belegen kann, bedeutet keine übergroße Skepsis gegenüber Zeugenaussagen, auch kein generelles Misstrauen gegenüber den Aussagen von Opfer-Zeugen. Wenn ein Sachverständiger in seinem Gutachten alle möglichen Gegenhypothesen zur Wahrheitsannahme systematisch überprüft und sie dadurch ausschließen kann, so führt das zu einem höheren Überzeugungsgehalt seiner Beurteilung »glaubhaft« (erlebnisbegründet), als wenn im Gutachten keine systematische Überprüfung der Fakten vorgenommen wurde. Gutachten, die das Falsifikationsprinzip beachten, sind also im Interesse von tatsächlichen Opfern; zugleich versetzen sie ein Gericht in die Lage, falsche Aussagen von nur vermeintlichen Opfern zu erkennen.

Es ist nur durch die hohe Emotionalität bei Sexualdelikten, zumal bei solchen an Kindern, und die ideologischen Übertreibungen zu erklären, dass an Selbstverständlichkeiten des wissenschaftlichen Denkens und an die Unschuldsvermutung erinnert werden musste. Das habe ich seinerzeit in meinem Gutachten für den BGH getan und dabei die Veranschaulichung mit der »Nullhypothese« benutzt. Nicht dieses Wort ist wichtig, sondern die Orientierung an Grundgedanken des Rechtsstaats: Unschuldsvermutung und Beweislast.

Das Postulat der Nullhypothese hat die Quote positiver Glaubhaftigkeitsbegutachtungen nicht vermindert, aber die Quote von fehlerhaften Gutachten wurde reduziert. Und das war ja der Sinn der Sache. Damalige Schlagzeilen, dass Sachverständige sexuell missbrauchten Kindern nun nicht mehr glauben sollten, lagen neben der Sache. Es ging und geht darum, dass erst gedacht und geprüft und dann geurteilt wird. Nicht nur Juristen und Sachverständige, sondern wir alle sollten uns bei einer Beschuldigung fragen: Könnte das, was behauptet wird, auch anders oder gar nicht passiert sein?

Böse und gute Fehler?

Eng verbunden mit dem Gedanken der Nullhypothese ist es, dass wir bei der Feststellung eines Sachverhaltes in der Regel zwei Arten von Fehlern machen können. Wir können eine Straftat fälschlich übersehen. Oder wir können eine Straftat fälschlich annehmen, obwohl sie nicht stattgefunden hat.

Als Beispiel zur Verdeutlichung der Fehlertypen erwähne ich das Mammografie-Screening, die Versuche zur Früherkennung von Brustkrebs bei Frauen. Natürlich ist es ein erheblicher Fehler, der fatale Folgen haben kann, wenn ein Brustkrebs nicht oder zu spät erkannt wird. Wenn aber aufgrund ungenauer Anzeichen eine Diagnose gestellt und mitgeteilt wird, die letztlich falsch ist, kann auch das verheerende Folgen haben – bis hin zu unnötigen Operationen oder gar zum Suizid. Das Beispiel zeigt: Jede Art von Fehlern kann schlimme Folgen haben.

Übertragen auf den sexuellen Missbrauch heißt das: Ja, wir müssen alles tun, um das Dunkelfeld aufzuhellen. Gleichzeitig dürfen wir nicht Gefahr laufen, sexuellen Missbrauch dort zu sehen, wo er gar nicht stattgefunden hat.

Die Forderung, beide Fehlerarten zu vermeiden und das jeweils Richtige zu entscheiden, ist trivial, jeder wird ihr zustimmen. Es lässt sich aber nicht sinnvoll feststellen, welcher Fehler schlimmer ist. Es ist nämlich keineswegs so, wie es im Übereifer manchmal klingt, dass der Fehler einer fälschlichen Annahme, sexueller Missbrauch sei passiert, »geringer«, »weniger bedeutsam« bzw. »mit weniger schädlichen Konsequenzen verbunden« sei als der gegenteilige Fehler. Ich meine, dass eine solche Fragestellung insgesamt einen verfehlten Denkansatz darstellt und keine vernünftige Beantwortung ermöglicht. Gleichwohl wird mit Pathos und vermeintlich ethischem Anspruch vorgetragen, dass man früher ja so häufig sexuellen Missbrauch nicht erkannt habe; nun müsse halt der gegenteilige Fehler im Interesse von mehr Aufdeckung in Kauf genommen werden. Das ist blanker Zynismus. Es ist kein geringfügiger Fehler, ohne sichere Grundlage »parteiisch« – so nannten Kinderschutzgruppen wie *Wildwasser* und andere ihre Tätigkeit – von einem sexuellen Missbrauch auszugehen. Der Denkansatz, den der BGH mit dem Konzept der Nullhypothese verdeutlicht hat, sollte daher nicht nur für das Strafrecht gelten. Auch Berater und Behandler, Jugendhilfe oder Familiengerichte dürfen ihre Entscheidungen nicht auf irrationale Annahmen stützen.

Verklemmte Männer

Sven ist Yogalehrer. Eine Kollegin bittet ihn wegen einer Knieoperation, für vier Wochen ihre Kinderyogastunden zu übernehmen. Sven lässt sich erklären, was bei Yoga mit Kindern zu berücksichtigen ist, und bereitet sich gut auf den Unterricht vor. Als er der fünfjährigen Ricarda Hilfestellung gibt und sie am Becken berührt, wird ihm plötzlich heiß. Er merkt, dass sein Gesicht knallrot leuchtet. Die Kinder merken das auch. Plötzlich ist die Stimmung komisch.

Sven hat nicht das geringste sexuelle Empfinden. Er würde nicht mal im Traum auf die Idee kommen, ein Kind zu begehren. Aber plötzlich schießt ihm der letzte Fernseh-Tatort durch den Kopf. Da war einem völlig unschuldigen Mann genau so etwas unterstellt worden. Sven denkt, dass andere glauben könnten, er habe die kleine Ricarda unsittlich berührt. Da er seine Kollegin nicht im Stich lassen will, hält er den Unterricht wie vereinbart ab. Doch er ist befangen, er berührt die Kinder nicht mehr, der Unterricht ist schlecht, wie er selbst feststellt. Würde man ihn dabei filmen, entstünde der Eindruck, dieser Yogalehrer habe etwas zu verbergen.

Niclas lebt getrennt von seiner Frau. Alle zwei Wochen besucht ihn seine Tochter Miriam, manchmal fahren sie zusammen in Urlaub. Sie ist nun schon zwölf Jahre alt und unsterblich verliebt in einen Popstar. Aber die Haare will sie sich nicht waschen. Überhaupt hat sie es nicht so mit der Körperhygiene. Nach vier Tagen ohne Duschen setzt Niclas sich durch. »Runter mit den Klamotten«, ruft er im Bad. Miriam will nicht. Spontan zieht er ihr den Pullover aus. Sie wehrt sich. In diesem Augenblick wird Niclas flau. Was tut er da? Darf er das? Wenn das jemand von außen sehen würde! Niclas sagt zu sich selbst: Sie ist meine Tochter. Dann steckt er die nur noch zum Schein protestierende Miriam in die Badewanne, wo sie sich in eine Dreijährige verwandelt und Delfin spielt.

Peter hat sich in eine Frau verliebt, die eine achtjährige Tochter hat. Er hält sich von dem Kind fern, als hätte es eine ansteckende Krankheit. Einmal will das Mädchen Hoppe, hoppe Reiter mit ihm spielen. Er schubst es von seinem Schoß.

»Spinnst du?«, fragt die Mutter des Mädchens und sagt ihm dann, dass sie nicht mit einem Mann leben kann, der ihr Kind nicht mag. Aber Peter mag die kleine Nadine. Sehr sogar. Er weiß nur nicht, wie er mit der körperlichen Nähe zu diesem Kind, dessen Vater er ja nicht ist, umgehen soll. Bloß keinen Fehler machen. Man liest so viel. Gerade von Stiefvätern. Da muss man doch aufpassen, dass andere nicht auf dumme Gedanken kommen.

Solche Geschichten gibt es unzählige – und nicht nur bei uns. Kürzlich erzählte mir ein Kollege, in Amerika würde sich kaum mehr ein Vater trauen, mit seinem einjährigen Kind in die Badewanne zu steigen. Das kann ich nicht beurteilen, doch ich habe selbst einmal ein Erlebnis gehabt, das mich sehr nachdenklich stimmte. Es geschah zu der Zeit, als ich Sachverständiger in dem Prozess Worms III in Mainz war. Wie berichtet, war ich dort bald von Staatsanwaltschaft und Nebenklage zum Feind erklärt worden, und man hatte mir zugetragen, dass mein Privatleben durchleuchtet würde. Vielleicht hat mich auch die ständige Beschäftigung mit sexuellem Missbrauch und mit falschen Bezichtigungen zu der folgenden Groteske geführt.

Ich war joggen, nachmittags an Heiligabend kurz vor der Bescherungszeit auf menschenleeren Straßen. Ich lief an Mietshäusern vorbei, die an einem Park standen. Es war schon dunkel. Da hörte ich von Weitem ein Summen, das sich in unregelmäßigen Abständen wiederholte. Was war denn das? Ich folgte dem Geräusch und sah dann ein drei- oder vierjähriges Mädchen mit einem Roller. Die Kleine war wohl vor der Bescherung draußen »geparkt« worden und wollte ins Haus. Zum Klingeln stellte sie sich auf die Zehenspitzen, der Türsummer ertönte, während sie sich zu ihrem Roller bückte, ihn aufhob und an die Tür drückte. Doch bis sie so weit war, war der Summer verstummt, und das Spiel begann von vorn, viele Male. Mein spontaner Impuls war, ihr zu helfen. Ich bog also in den Weg mit den niedrigen Hecken zwischen den Vorgärten ein. Dann stoppte mich eine innere Stimme. Ich sah die Situation von außen: Ein älterer Mann mit einem kleinen Kind im Dunkeln, keine Zeugen bis auf den auf mich angesetzten Privatdetektiv, von dem ich nun zu fantasieren begann. Ich sah schon den Blitz aus dem Fotoapparat, der gleich die Szene hell erleuchten würde. Und ich half dem Mädchen nicht. Im Weg- und Weiterlaufen hörte ich den Summer noch lange. Und er summte wohl hartnäckig in mir weiter, bis er nun sogar die Tür zu diesem Buch geöffnet hat.

Trauma: Weil ich mich an nichts erinnern kann, muss da was gewesen sein

Vor rund zehn Jahren wurde ich eingeladen, einen Vortrag über die Praxis von Glaubhaftigkeitsgutachten zu halten. Ich sollte darüber sprechen, was sich durch das BGH-Urteil aus dem Jahr 1999 geändert hatte. Eine Mitarbeiterin kam auf die Idee, die Datenbanken des BGH zu durchforsten. Als Suchbegriffe gaben wir *sexueller Kindesmissbrauch, Aussagepsychologie* und *Glaubhaftigkeitsbegutachtung* ein. Und dann staunten wir nicht schlecht. Denn das elektronische Archiv des BGH warf nur drei Fälle aus, bei denen Kinder ausgesagt hatten, bei denen Kinder also die Belastungszeugen waren. Obwohl wir als Suchbegriff *sexueller Kindesmissbrauch* eingegeben hatten, handelte es sich bei über dreißig Fällen in der Zeit von Ende 1999 bis Anfang 2004 um erwachsene Frauen, die Anzeige wegen sexuellen Kindesmissbrauchs erstattet hatten. Was steckte dahinter? Hatte die Suchfunktion im Archiv versagt? Nein, die erwachsenen Zeuginnen hatten wegen lange zurückliegender Geschehnisse, die ihnen in ihrer Kindheit widerfahren sein sollten, Strafanzeigen gestellt. Deshalb fielen ihre Verfahren unter den Suchbegriff *sexueller Kindesmissbrauch.*

Nun landen beim BGH bekanntermaßen nur jene Fälle, für die Revision beantragt wurde, die also rechtlich kontrovers behandelt wurden. Das, wonach wir ursprünglich gesucht hatten, nämlich die Situation in Prozessen mit Kindern als Zeugen, schien sich nach dem BGH-Urteil deutlich verbessert zu haben – denn die Anzahl der Fälle mit Kindern als Opfer-Zeugen, die in Revision gegangen waren, war ja sehr gering. Worms und Montessori hatten wohl endlich auch eine positive Wirkung gezeigt.

Eine Umfrage im Kollegenkreis erhärtete den Befund. Kolleginnen und Kollegen aus allen Bundesländern bestätigten, dass sie vermehrt Aufträge in Fällen erhalten würden, in denen erwachsene Personen sich an sexuellen Missbrauch aus ihrer Kindheit erinnerten. Diese Hinweise bestärkten mich darin, mich genauer mit dieser neuen Entwicklung zu befassen.

Eine neue Welle

Die Revisionsfälle hatten alle ein bestimmtes Muster. Die Anzeigepersonen litten unter psychischen Problemen, die meisten mit der Diagnose einer posttraumatischen Belastungsstörung (PTBS). Die späte Anzeige wurde regelmäßig damit begründet, dass sexueller Kindesmissbrauch ein so einschneidendes Trauma im Leben darstelle, dass es nicht gut erinnert werden könne. Opfern wäre es erst nach Jahren, ja nach Jahrzehnten und nach psychotherapeutischer Hilfe möglich, ihre Missbrauchserfahrungen ins Gedächtnis zu rufen und zu schildern. Das erinnerte mich in fataler Weise an die Argumente für Aufdeckungsarbeit mit Kindern.

Neben der Diagnose einer PTBS wurde häufig über Persönlichkeitsstörungen bei den Anzeigenden berichtet. Sehr oft kam die Diagnose einer Borderline-Störung vor, die fachlich richtig »emotional instabile Persönlichkeitsstörung« heißt. Von dieser Störung gibt es zwei Untergruppen: impulsiver Typ und Borderline-Typ. Manchmal wurde auch die Diagnose »histrionische Persönlichkeitsstörung« gestellt.

Ich fasse die Gemeinsamkeiten der Revisionsfälle noch einmal zusammen: Die Opfer-Zeuginnen litten vor Anzeigeerstattung unter psychischen Störungen, diese wurden zum Teil in ambulanten Psychotherapien, zum Teil bei stationären Aufenthalten in psychiatrischen oder psychosomatischen Kliniken behandelt. Nach langer Zeit, zum Teil nach Jahrzehnten, machten die Patientinnen dann Aussagen darüber, dass sie in ihrer Kindheit sexuell missbraucht worden seien, und erstatteten Anzeige.

Vergessen, aber nicht verjährt

Strafanzeige nach Jahrzehnten? Es gibt doch Verjährungsfristen! Ja, die gibt es. Sie beginnen bei dem Delikt des sexuellen Kindesmissbrauchs aber nicht, wie sonst üblich, mit Beendigung der Tat, sondern seit entsprechenden Gesetzesänderungen läuft die Verjährungsfrist erst ab dem Zeitpunkt, da das Opfer achtzehn bzw. einundzwanzig Jahre alt wird. Verjährungsfristen richten sich nach der Schwere einer Tat bzw. nach der Höhe der Strafandrohung im Gesetz. Beim sexuellen Kindesmissbrauch beträgt sie zehn, bei Vergewaltigung zwanzig Jahre. Daher fanden wir in den Revisionsfällen Erwachsene, die über Geschehnisse aussagten, die vor vielen Jahren stattgefunden haben sollten.

Bei einigen Fällen sagten die Zeuginnen aus, dass sie das angezeigte Delikt über viele Jahre »verdrängt« hätten. Häufig wurde nicht ganz klar, was damit gemeint war. Polizei und Gerichte gaben sich mit dieser unklaren Formulierung zufrieden. Bedeutete »Verdrängen«, dass diese Personen nicht fortwährend an den sexuellen Missbrauch gedacht hatten, ihn aber doch erinnert hatten? Oder wollten sie sagen, dass sie über Jahre die Erinnerungen an den sexuellen Missbrauch verloren hatten und diese Erinnerungen dann – eventuell mithilfe von Psychotherapie – wiedergefunden hatten? Fachlich hieße das Letzte, sie hätten eine Amnesie, eine jahrelange Gedächtnislücke, für den sexuellen Missbrauch gehabt.

Bereits 1996 besuchte ich zu dem Thema *Recollection of Trauma* (d. h. Erinnerungen an traumatische Ereignisse) eine interessante Tagung in Frankreich. Sie wurde von amerikanischen Kollegen organisiert, und anwesend war gerade mal eine Handvoll deutscher Kollegen. Unter den Teilnehmern kam es zu geradezu erbitterten Streitigkeiten bis hin zu persönlichen Anfeindungen zwischen zwei Lagern von Vortragenden und jeweiligen Anhängern. Die einen bezeichneten es als typisch für traumatische Ereignisse, dass die Erinnerungen »verdrängt« *(repressed)* und nach langer Zeit mit therapeutischer Hilfe »wiedererinnert« *(recovered)* werden. Die anderen waren skeptisch: Sie bezogen sich auf gedächtnispsychologische Forschungen und zweifelten an der Gültigkeit der Verdrängungshypothese: Sexuellen Missbrauch vergisst man nicht! Sie verwiesen auf eine hohe Wahrscheinlichkeit dafür, dass »wiedererlangte« Erinnerungen keine getreuen Abbildungen einer längst vergangenen Realität sein würden; vielmehr müsse mit erheblichen Veränderungen oder gar mit vollständig fiktiven Vorstellungen gerechnet werden, die wie Erinnerungen wirkten – also Scheinerinnerungen.

In den USA hatte sich damals schon eine Vereinigung gegründet, die *False Memory Foundation* (Vereinigung für falsche Erinnerungen). In ihr hatten sich Personen zusammengeschlossen, die entweder selbst oder als Familienmitglieder von einem Vorwurf des sexuellen Kindesmissbrauchs betroffen waren, der erst nach Jahren bzw. Jahrzehnten erhoben worden war. Nach wiedererlangter Erinnerung – oder wie die Vereinigung meint: nach falscher Erinnerung. Die Zahlen, die aus den USA berichtet wurden, ließen nicht auf Einzelfälle schließen, sondern fast auf eine Epidemie.

Ich fuhr 1996 von dieser Tagung mit der Überzeugung nach Hause, dass wir in Deutschland rationale Prüfmethoden besitzen und dass uns diese Welle nicht zu uns herüberschwappen würde. Aber als ich im Jahr 2004 die Revisionsfälle sichtete, wurde mir klar, dass uns die Welle nun doch erreicht hatte. Ich hatte mich gründlich geirrt: Das Problem, sicher kein Tsunami, aber hohe Brandung, war längst bei uns angekommen. Die forensische Aussagepsychologie stand vor einer neuen Herausforderung. Es ging um die Beurteilung von zeitlich stark verzögerten Beschuldigungen durch Personen mit psychischen Störungen. Vielleicht wäre es nicht zu den »amerikanischen« Auswüchsen bei uns gekommen, die wir aktuell feststellen müssen, wenn es nicht die psychotraumatologische Erweckungsbewegung gegeben hätte.

Psychotraumatologie als Mission

Der Umgang mit dem Begriff Trauma im allgemeinen Sprachgebrauch, aber auch in der Wissenschaft ist zum Teil verwirrend. Als Trauma wird einerseits das traumatische Ereignis selbst bezeichnet, zum Beispiel ein schwerer Verkehrsunfall, eine schwere Krankheit, das Miterleben des Sterbens eines Angehörigen oder das Erleben eines sexuellen Missbrauchs, einer Vergewaltigung oder eines Überfalls. Andererseits werden aber auch die psychischen Auswirkungen eines solchen Erlebnisses als Trauma bezeichnet. In der internationalen Klassifikation psychischer Störungen (ICD-10), die von der Weltgesundheitsorganisation herausgegeben wurde, wird der Sprachgebrauch geregelt: Ein Trauma wird als das Erleben eines Ereignisses mit Todesgefahr oder das Miterleben solcher Ereignisse bei anderen definiert. Dieses Erleben oder Miterleben, so beschreibt es die Psychotraumatologie, hat bestimmte psychische Folgen wie beispielsweise permanentes ungewolltes Wiedererleben der traumatischen Situation. Es kommt zu einschießenden Gedanken (*Flashbacks*), denen man sich nicht entziehen kann. Gefühle von Gleichgültigkeit und Stumpfheit gegenüber anderen Menschen, aber auch Übererregtheit und Panik können auftreten. Veranschaulicht werden die Symptome in der Regel durch Erlebnisse von Kriegsveteranen, früher aus Vietnam, heute vor allem aus dem Irak.

Im Rahmen der gesellschaftlichen Aufklärung über den sexuellen Kindesmissbrauch wurde auch dieser zunehmend als Trauma bezeichnet. Es ist daher nicht verwunderlich, dass die Psychotraumatologie den sexuellen Missbrauch für sich entdeckte. Sie erhob den Anspruch, bei der Beurteilung von Aussagen über sexuellen Missbrauch eine markante Rolle spielen zu können. Ein führender Psychotraumatologe, Prof. Dr. Gottfried Fischer aus Köln, schrieb 2002 mit einer Diplomandin, Sabine von Hinckeldey, als Erstautorin ein Buch über *Psychotraumatologie der Gedächtnisleistung.* Sie kritisierten, dass die Aussagepsychologie es versäumt habe, Erkenntnisse der Gedächtnispsychologie zu berücksichtigen. Dabei steht Gedächtnispsychologie eigentlich im Zentrum von aussagepsychologischer Forschung und Praxis. Psychotraumatologen sprechen veranschaulichend von einem heißen und einem kühlen Gedächtnis. Im kühlen Gedächtnis speichern wir unser angelerntes Wissen, beispielsweise erlernte Vokabeln oder auch neutrale Erlebnisse. Im heißen Gedächtnis, so wurde es bildhaft beschrieben, werden traumatische Ereignisse abgelegt, aber nicht als Ganzes, sondern lediglich in Fragmenten, Bruchstücken. Manche davon vielleicht als Geruch, andere als Geräusch und losgelöst von dem eigentlichen Ganzen. Doch die Beschreibung von Erinnerungen an Traumata als zusammenhanglose Bruchstücke steht im Gegensatz zu wissenschaftlichen Befunden aus der Gedächtnispsychologie, wie meine Kollegin Prof. Renate Volbert 2004 in ihrem Buch über die *Beurteilung von Aussagen über Traumata* beschrieb und ausführlich begründete. Bruchstückhaft und losgelöst von der eigenen Biografie kommen eher Albträume daher. Diese sind aber keine Erinnerungen, sondern Fiktion.

Wissenschaftlicher Streit ist nichts Unübliches und kann zu wichtigen Erkenntnissen führen. Das Problem bestand darin, dass viele Kollegen aus der Psychotraumatologie nicht diskutierten, sondern mit missionarischem Eifer auftraten. Ihre falschen Botschaften über die Aussagepsychologie wurden unkritisch auch von vielen Psychotherapeutinnen und Psychotherapeuten aufgegriffen und weiterverbreitet. Man immunisierte sich gegen Einflüsse von außen und gegen Kritik. Die Psychotraumatologie wurde zu einer Art Ideologie.

Wenn es zutreffend wäre, dass sich ein traumatisierter Mensch nur an zusammenhanglose Fragmente seines Traumas erinnert, könnte aus der Erinnerung von Fragmenten in den meisten Fällen auf keine »Tat« geschlossen werden, die für Verurteilungen ausreichen würde. Denn um etwas strafrechtlich zu verfolgen, braucht man Tat und Täter, keine Fragmente.

Würde man die Behauptungen aus der Psychotraumatologie ernst nehmen, dann bedeutete dies, dass alle traumatisierten Menschen aus juristischer Sicht aussageuntüchtig sind. Sie könnten wegen der Fragmentierung ihrer Erinnerungen grundsätzlich keine gerichtsverwertbaren Aussagen machen. Das ist aber falsch: Gerade negative Erlebnisse prägen sich ein. Das beschreibt die Traumatologie ja selbst. Man wird die Erinnerungen nicht los, es kommt zu Intrusionen und Flashbacks, zu bedrängenden Erinnerungen.

Aus der Psychotraumatologie wurde unter anderem vorgeschlagen, die aussagepsychologischen Realkennzeichen ins Gegenteil zu verkehren. Mit anderen Worten: Je weniger anschaulich eine Aussage sei, je mehr Mängel in Details und je mehr Widersprüche sie aufweise, desto klarer würde sie belegen, dass jemand über ein traumatisches Erlebnis berichte. Inhaltliche Mängel, nicht die Realkennzeichen, seien Anzeichen dafür, dass jemand über ein erlebtes Trauma spreche. Diese Vorschläge waren absurd. Die wissenschaftliche Wahrheit sieht anders aus. Traumatisierte Menschen wissen in der Regel, wodurch sie traumatisiert wurden. Und wenn man eine geeignete Gesprächssituation schafft, können sie darüber auch sprechen.

Durch einige Publikationen aus der Psychotraumatologie wurden Zirkelschlüsse in Fälle des Strafrechts eingeführt. Eigentlich müsste der Zirkelschluss bei dem folgenden Satz leicht erkannt werden: *Die Person hat ein Trauma erlebt, weil sie eine posttraumatische Belastungsstörung hat.* Die ICD-10 schreibt vor, dass die Diagnose PTBS nur gestellt werden kann, wenn psychische Störungssymptome einer Person auf ein Trauma zurückgeführt werden können. In der Praxis wurde das aber häufig anders gehandhabt. Die PTBS-Diagnose wurde bereits aus Symptomen abgeleitet, ohne dass ein Trauma objektiv feststellbar war. Wenn dann ein wiedererinnertes Trauma nachgeschoben wurde, wurde dies als Bestätigung der Diagnose angesehen. Dabei hätten dieselben Störungssymptome ohne objektiviertes Trauma zu einer ganz anderen Diagnose zusammengefasst werden müssen. So gibt es eine teilweise Symptomgleichheit der posttraumatischen Belastungsstörung mit der Borderline-Persönlichkeitsstörung.

Das führt uns zu den Persönlichkeitsstörungen überhaupt. In den Revisionsfällen nach dem Urteil aus 1999, in denen um sexuellen Kindesmissbrauch gestritten wurde, war dieser ja erst nach vielen Jahren von Personen vorgebracht worden, die unter psychischen Störungen litten, und dabei handelte es sich meistens um sogenannte Persönlichkeitsstörungen. Diese werfen bei der Suche nach der Wahrheit besondere Probleme auf, was auch von Fachleuten nicht immer erkannt wird.

Persönlichkeitsstörungen

Als Persönlichkeitsstörung bezeichnen wir psychische Besonderheiten, die in extremen Ausprägungen von Eigenschaften bestehen, wie sie eigentlich jeder Mensch hat. Eine Psychose, zum Beispiel eine Schizophrenie, gehört nicht zu den Persönlichkeitsstörungen, sondern zu den psychischen Erkrankungen. Ein Psychotiker leidet an Wahrnehmungs- und Denkstörungen, er hat Halluzinationen und Wahnerleben, sieht und hört Dinge, die nicht existieren. Er glaubt eventuell, jemand anders zu sein, als er ist, vielleicht Cäsar, Jesus oder Elvis. Solche Vorstellungen hat nicht jeder Mensch, und solche psychischen Erkrankungen sind strikt von den Persönlichkeitsstörungen abzugrenzen.

Denn Menschen mit einer Persönlichkeitsstörung haben keine Wahnvorstellungen. Sie haben Eigenschaften wie alle anderen Menschen, nur eben in extremer Ausprägung. Wenn eine Eigenschaft, zum Beispiel der Wunsch zu gefallen, übermächtig wird und das Denken und Handeln bestimmt, egal worum es sich handelt und egal, in welcher Situation sich jemand befindet, so sprechen wir von einer Persönlichkeitsstörung.

Persönlichkeitsstörungen können erst bei Erwachsenen diagnostiziert werden, denn sie setzen voraus, dass das besondere Verhalten nicht durch ein Übergangsstadium wie die Pubertät bedingt ist, sondern dass die Störung chronisch, für die Person typisch ist. Vor dem Erwachsenenalter spricht man nicht von Persönlichkeitsstörungen, sondern von Entwicklungsstörungen.

Man unterscheidet drei Gruppen von Persönlichkeitsstörungen. Die erste umfasst Menschen, die soziale Zurückhaltung in extremer Form aufweisen. Sie sind Einzelgänger und werden auch als Exzentriker oder Sonderlinge bezeichnet. Die zweite Gruppe betrifft Menschen, die sehr unsicher und ängstlich sind, zwanghaft veranlagt oder abhängig von anderen Personen. Diese beiden Gruppen spielen für aussagepsychologische Begutachtungen keine große Rolle, was daran liegen mag, dass sie aufgrund ihrer Störungen keine oder wenige soziale Kontakte pflegen.

Ganz anders ist das bei der dritten Gruppe, deren Störungen vor allem im Kontakt mit anderen Menschen sichtbar werden. Diese Menschen brauchen den Kontakt zu anderen

Menschen, erleben und bewerten ihn aber zuweilen in absonderlicher Weise.

Die Borderline-Persönlichkeitsstörung

»Borderline-Typ« beschreibt eine von zwei Untergruppen der emotional instabilen Persönlichkeitsstörung. Personen mit emotional instabiler Störung haben eine Tendenz, sehr impulsiv zu handeln, »ohne Rücksicht auf Verluste«. Das heißt, sie berücksichtigen dabei nicht die möglichen Konsequenzen ihres Handelns. Sie haben sehr wechselnde Stimmungen, wobei es für den Wechsel keinen Anlass braucht: »Himmelhoch jauchzend, zu Tode betrübt« in schneller Folge.

Bei der Untergruppe vom impulsiven Typ sind Ausbrüche und bedrohliches Verhalten häufig und kennzeichnend. Beim Borderline-Typ kommt zu der emotionalen Instabilität hinzu, dass diese Personen ein völlig unklares Selbstbild haben. Das Gefühl von Wertlosigkeit und innerer Leere kann Anlass für emotionale Krisen sein; Suizidversuche können auch ohne äußeren Anlass vorkommen. Häufig sind Selbstverletzungen wie Schneiden und Ritzen der Haut, aber auch Verbrennungen mit Zigaretten.

Die Instabilität bezieht sich auch und besonders auf persönliche Beziehungen, nicht zuletzt auf sexuelle Partnerschaften. Sexuelle Kontakte erfolgen häufig ebenso schnell wechselnd wie intensiv. Auch außerhalb von sexuellen Beziehungen kommt es schnell zu Um- und Neubewertungen von Personen: Der heute noch geschätzte, ja verehrte Psychotherapeut wird morgen als Gegner, als Feind erlebt, der wie alle anderen nur Böses im Schilde führt. Auf ihre Umgebung wirken Menschen mit emotional instabiler Persönlichkeitsstörung oft sehr anziehend, geradezu charismatisch durch ihre Lebendigkeit, die sie mit ihrer hohen Emotionalität ausstrahlen. Viele Borderline-Persönlichkeiten verfügen über eine hohe manipulative Kompetenz. Schlagwortartig spricht man von der »stabilen Instabilität« der Borderline-Gestörten.

Die Besonderheiten bei Persönlichkeitsstörungen müssen natürlich bei der Glaubhaftigkeitsbegutachtung berücksichtigt werden. Das beginnt mit der Bildung der Gegenhypothesen zur Wahrheitsannahme, den Nullhypothesen. Während normalerweise eine Schutz- oder Schädigungsmotivation vorliegt, wenn jemand einen anderen fälschlich bezichtigt, so reicht es bei Personen mit emotional instabiler Persönlichkeitsstörung, dass sie allgemeine und unspezifische, aber intensive Wut- oder Rachegefühle verspüren. Auf die Wechselhaftigkeit in der Bewertung persönlicher Beziehungen habe ich schon hingewiesen. Auch extreme Zuwendungsbedürfnisse und Verlustängste sowie Versuche, eigene Minderwertigkeitsgefühle nach außen zu verlagern, sind zu berücksichtigen. Durch ihr unsicheres Selbstbild und aufgrund ihrer Instabilität in zwischenmenschlichen Beziehungen haben Borderline-Gestörte auch eine hohe Anfälligkeit für autosuggestive Prozesse und für fremdsuggestive Einflüsse. So kann es vorkommen, dass einvernehmliche sexuelle Kontakte im Nachhinein als unfreiwillig umgedeutet werden.

Ich erinnere an Annkathrin – das kurze Glück von Ben ganz am Anfang dieses Buchs. In ihrer Exploration beantwortete sie meine Fragen nach vorangegangenen Beratungen oder Psychotherapien damit, dass ein Arzt bei ihr eine Borderline-Persönlichkeitsstörung diagnostiziert habe und dass sie deshalb gerade eine Psychotherapie begonnen habe. Bei ihr war es ja durch den Einfluss der Mutter zu einer sehr schnellen Neubewertung ihrer gerade begonnenen Beziehung gekommen. So etwas ist bei Borderline-Gestörten nicht selten.

Annkathrin hatte keine Scheinerinnerung ausgebildet, nur sozusagen eine »neue Sicht der Dinge«. Wir müssen bei dieser Störung aber auch damit rechnen, dass es zu kompletten »Erfindungen« von Erinnerungen an ein lange zurückliegendes Geschehen kommen kann, dass also sexueller Missbrauch in der Kindheit »erinnert« wird. Wenn völlig falsche Kindheitserinnerungen konstruiert werden, so sind zunächst vielleicht autosuggestive Prozesse im Spiel, Grübeleien, gegebenenfalls verstärkt durch Recherchen im Internet. An der Entstehung von komplexen autobiografischen Scheinerinnerungen sind aber meistens fremdsuggestive Anregungen oder Verstärkungen durch Dritte beteiligt, häufig also von Beratern oder Psychotherapeuten. Deutungsangebote in Psychotherapien können eine suggestive Anregung für Borderline-Gestörte darstellen. Auch absurde Deutungsangebote können bei hilfsbedürftigen Personen auf fruchtbaren Boden fallen. Denken Sie an die Interpretation der Sehnenscheidenentzündung bei einer Sekretärin als Hinweis auf Masturbationshandlungen vor fast vier Jahrzehnten.

Für die Glaubhaftigkeitsbegutachtung bei Fällen mit persönlichkeitsgestörten Zeuginnen und Zeugen ist daher in der Regel die Analyse der Aussagegeschichte von hoher Bedeutung. Es ist zu eruieren, welche Einflüsse in der Vorgeschichte einer Erstaussage stattgefunden haben können. Wichtig ist es aber auch, überhaupt zu erkennen, dass der zu begutachtende Zeuge oder die zu begutachtende Zeugin eine Persönlichkeitsstörung aufweist. Das ist im äußeren Verhalten möglicherweise nicht sichtbar, sondern setzt voraus, dass der Gutachter nach entsprechenden Diagnosen fragt oder sich durch eine sorgfältige Persönlichkeitsanalyse ein eigenes Bild macht.

Die Kenntnis der Diagnose einer Persönlichkeitsstörung hat auch Auswirkungen auf die inhaltliche Qualitätsanalyse. Aussagepsychologen haben ja über Jahrzehnte die Hinwendung zur Analyse des *Inhalts* einer Aussage und die Abwendung von einer Bewertung der *Persönlichkeit* betont. Sie haben aber nicht nur die Bewertung der Aussagequalität als Königsweg zum Erkennen der Wahrheit beschrieben, sondern immer darauf hingewiesen, dass die Persönlichkeitsanalyse ein wichtiger Bezugspunkt für Ergebnisse der Qualitätsanalyse ist. Einleitend habe ich die Kompetenzanalyse, die Analyse der intellektuellen Fähigkeiten zum Lügen, betont. Persönlichkeitsgestörte weisen Besonderheiten auf, die einen starken Einfluss auf das Zusammenspiel von Persönlichkeits- und Aussageanalyse haben. Anschauliche oder gar dramatische Beschreibungen der eigenen Befindlichkeit sind natürlich bei solchen Personen, die immer und völlig unabhängig von der Situation heftige Gefühle erleben, von geringem oder sogar von völlig fehlendem Hinweischarakter auf bestimmte Ereignisse. Gefühlsbeschreibungen können bei ihnen also nicht als Realkennzeichen interpretiert werden. Bei Borderline-Gestörten könnten eher sachlich und moderat klingende Beschreibungen von hinweisender Bedeutung für ein tatsächliches Erleben sein. Ich erinnere daran: Es geht bei der Inhaltsanalyse nicht um die bloße Feststellung, ob Realkennzeichen vorhanden sind; vielmehr geht es um ihre Bewertung vor dem Hintergrund des Inhalts, der auch bei einer Lüge erwartet werden kann. Bei Persönlichkeitsgestörten muss eine ganz andere Messlatte angelegt werden als bei Personen ohne Störung: Detailreichtum und inhaltliche Besonderheiten in der Schilderung eigener Erfahrungen verlieren ihren Hinweiswert für tatsächliches Erleben bei solchen Personen, bei denen entsprechende Schilderungen auch ohne Erlebnisgrundlage erwartet werden können.

Die histrionische Persönlichkeitsstörung

In der ICD-10 wird die histrionische Persönlichkeitsstörung direkt im Anschluss an die emotional instabile Persönlichkeitsstörung beschrieben. Das unterstreicht die Ähnlichkeit der beiden Störungsbilder. »Histrio« oder »Histrione« waren im Rom der Antike Bezeichnungen für Schauspieler. Damit kommen wir dem Inhalt der Persönlichkeitsstörung schon sehr nahe. Die ICD-10 nennt als Merkmale: Dramatisierung bezüglich der eigenen Person, theatralisches Verhalten, übertriebener Ausdruck von Gefühlen, aber auch leichte Beeinflussbarkeit durch andere Personen, Suggestibilität also. Der Affekt von Histrionikern ist oberflächlich. Sie verlangen andauernd nach Aufregung, Anerkennung und wollen im Mittelpunkt stehen. Sie legen übermäßigen Wert auf ihr Äußeres und sind verführerisch, manipulativ im Umgang mit anderen. Mit Sprüchen wie *Viel Wind um nichts* oder *Sturm im Wasserglas* ist eine histrionische Persönlichkeit treffend beschrieben.

Früher nannte man Personen mit solchen Eigenschaften auch Hysteriker. Auch dieser Begriff steht für Egozentrismus, Geltungsbedürfnis und theatralisches Verhalten. Der Begriff »Hysterie« für Verhalten, das auf starken Gemütserregungen beruht, stammt von dem griechischen Wort für Gebärmutter. Wegen der damit verbundenen sexistischen Komponente wird der Begriff »hysterisch« heute nicht mehr gern verwendet. Schließlich gibt es auch nicht wenige hysterische Männer!

Hysterisch hatte noch eine zweite Bedeutung, nämlich »eingebildete« körperliche Krankheiten, zum Beispiel hysterische Lähmungen. Körperliche Erkrankungen, für die keine körperlichen Ursachen zu finden sind, nennen wir heute psychogen, also psychisch bedingt. Psychogene körperliche Störungen werden auch Konversionsstörungen genannt. Der Blick in den

Fremdwörter-Duden hilft weiter: Hier wurde etwas konvertiert, nicht katholisch in evangelisch, nicht Rubel in Dollar und auch nicht elektrische Spannungsfrequenzen, nein: Psychisches in Körperliches. Vielleicht ein unbewältigtes Erlebnis, ein Trauma, in ein körperliches Symptom? War die Sehnenscheidenentzündung der Sekretärin also doch eine Spätfolge von sexuellem Missbrauch? Eher nein: Die Natur ist nicht so eindimensional wie die deutende Psychotherapeutin, die Natur würde eher Umwege, Verwandlungen, eben Konversionen nutzen.

Zur aussagepsychologischen Bedeutung der histrionischen Persönlichkeitsstörung gilt all das, was ich bereits über die Borderline-Störung gesagt habe, sogar in noch stärkerem Maße. Es besteht eine hohe Gefahr für die Ausbildung von Scheinerinnerungen. Die Hürde für bewusst falsche Belastungen ist bei Histrionikern ebenso niedrig wie bei Borderlinern: Impulsives Handeln mit der Devise *ohne Rücksicht auf Verluste.*

Ich habe Personen mit der Diagnose »histrionische Persönlichkeitsstörung« viel seltener zur Begutachtung bekommen als Personen mit der Diagnose »emotional instabile Persönlichkeitsstörung vom Borderline-Typ«. Ich glaube, Psychotherapeuten und Ärzte meiden diese Diagnose. Sie hat einen negativen Beigeschmack. Als Psychotherapeut und Arzt will man helfen, nicht diffamieren. Die Diagnose »emotional instabile Störung« klingt doch noch vergleichsweise freundlicher als histrionisch, sprich: hysterisch. Wegen der vielen Gemeinsamkeiten beider Störungen wird man im Einzelfall eher auf die Diagnose einer emotionalen Instabilität zurückgreifen. Das ändert aber nichts daran, dass es Personen mit histrionischen Persönlichkeitsstörungen gibt und dass besondere Wachsamkeit angezeigt ist, wenn sie andere Menschen beschuldigen. Fiktion oder Non-Fiktion, Theater oder Wirklichkeit heißt dann die Frage.

Nachtdienst im Hühnerstall

Viele psychiatrische Kliniken besitzen eine besondere Station für Patienten mit Borderline-Persönlichkeitsstörungen. Mehrere Patientinnen einer solchen Station einer Universitätsklinik beschuldigten einen Pfleger, an ihnen während seiner Nachtdienste sexuelle Handlungen vorgenommen zu haben. Einige Patientinnen hatten sich einer Krankenschwester und einer Ärztin anvertraut. Es kam zur Anzeige, zu umfangreichen Ermittlungen und zur Anklage. Vom Landgericht bekam ich den Auftrag, vier Belastungszeuginnen zu begutachten, zwei lehnten die Begutachtung ab. Im Ermittlungsverfahren hatten weitere Frauen bei der Polizei davon gesprochen, mit dem Pfleger sexuelle Kontakte gehabt zu haben, diese seien aber einvernehmlich erfolgt. Sie wollten ihn nicht belasten, schon gar nicht anzeigen.

Auch die fünfundzwanzigjährige Belastungszeugin Anne-Marie Drüssel hatte von sich aus keine Anzeige gemacht, sondern war von der Polizei als ehemalige Patientin der Station befragt worden. Sie hatte keinen Kontakt zu anderen Patientinnen, die den Pfleger belasteten, ein Komplott war also auszuschließen. Es war auch keine Motivation zu erkennen, aus der heraus Frau Drüssel etwas Falsches aussagen sollte. Dann stellte sich heraus, dass sie einer Freundin unmittelbar nach ihrer Entlassung über den sexuellen Übergriff durch den Pfleger erzählt hatte: Sie habe sich eines Nachts wegen Schlaftabletten an ihn gewandt und habe sich mit ihm in seinem Stationszimmer über ihre Probleme unterhalten. Er sei sehr zugewandt und hilfsbereit gewesen. Dann sei er ihr in ihr Krankenzimmer gefolgt, habe dies von innen abgeschlossen und versucht, sie von hinten vaginal zu penetrieren, als sie am Waschbecken ihre Schlaftabletten eingenommen habe. Er habe dazu ihren Bademantel und ihr Nachthemd hochgehoben. Als sie gedroht habe zu schreien, habe er das Zimmer verlassen. In der Folgezeit habe sie mit ihm nicht über den Vorfall gesprochen, auch nicht mit anderen Personen in der Klinik. Ihre Entlassung sei auch schon zwei Tage danach erfolgt. Dann habe sie den Vorfall der Freundin erzählt, eine Anzeige hätte sie von sich aus nie gemacht.

Die Aussage von Frau Drüssel enthielt viele Realkennzeichen, und auch die Entstehungsgeschichte der Aussage sprach deutlich gegen eine Falschaussage. Da war nur die Borderline-Störung, die zu denken gab. Ich schrieb in meinem Gutachten, dass es keine automatische Koppelung von Borderline-Störung und Falschaussage gibt. Ich schätzte die Aussage von Frau Drüssel als glaubhaft ein.

Bei der zweiten Zeugin kam ich zu demselben Ergebnis. Hier wurde die aussagepsychologische Analyse auch dadurch gestützt, dass die Zeugin einen sexuellen Übergriff des Pflegers in der Personaldusche beschrieb. Diese konnte man nur über einen Fahrstuhl erreichen, für den man einen speziellen Schlüssel benötigte. Die Zeugin erzählte, dass sie freiwillig dem Angebot des Pflegers gefolgt sei, dort ungestört zu duschen, dass er dort aber sexuelle Handlungen gegen ihren Willen vorgenommen habe. Sie konnte die Dusche und den Weg dorthin in allen Einzelheiten beschreiben.

Bei der Gerichtsverhandlung bestritt der Pfleger vehement und unter Tränen die ihm zur Last gelegten Taten und verwies auf die Borderline-Störungen der Zeuginnen. Es sei ja bekannt, dass solche Personen zu Fantastereien neigen. Ich erwähnte eingangs, dass ich stets dankbar bin, wenn ich einen Fall erhalte, der zur Korrektur von Vorurteilen beiträgt, die gerade beginnen, sich einzuschleichen. Hier hatten Borderline-Persönlichkeitsgestörte eindeutig die Wahrheit gesagt.

Die Beweisaufnahme neigte sich dem Ende zu, viele ehemalige Patientinnen waren als Zeuginnen gehört worden. Die beiden Zeuginnen, die nicht zur Begutachtung gekommen waren, hatten unter dem Druck des Wahrheitsgebots vor Gericht Aussagen gemacht. Sie blieben bei ihren Beschuldigungen, die sie bereits bei der Polizei vorgetragen hatten. Ich blieb bei meiner positiven Beurteilung der Glaubhaftigkeit der beiden von mir begutachteten Zeuginnen. Es sah nicht gut aus für den Angeklagten. Dann geschah das Unerwartete: Wieder unter Tränen gestand der Pfleger sexuelle Übergriffe ein. Er wurde wegen Missbrauchs von Kranken in Einrichtungen unter Ausnutzung eines Betreuungsverhältnisses zu zwei Jahren Freiheitsstrafe verurteilt; sein spätes Geständnis führte wohl dazu, dass die Freiheitsstrafe zur Bewährung ausgesetzt wurde. Er musste außerdem Schmerzensgeld an die Patientinnen zahlen.

Im Prozess war auch eine Schauspielerin als Zeugin gehört worden. Sie hatte in einer Lebenskrise einen Suizidversuch unternommen. Sie war zwar Schauspielerin, aber keine Histrionikerin. Und sie hatte auch keine Borderline-Persönlichkeitsstörung, sondern war irrtümlich auf der entsprechenden Station gelandet. Zum Zeitpunkt der Gerichtsverhandlung hatte sie sich deutlich stabilisiert. Sie beschrieb anschaulich die Atmosphäre auf der Station: Viele aufgeregte junge Frauen, die untereinander um die Gunst und um die Aufmerksamkeit der Ärzte und des sonstigen Personals konkurrierten. Es platzte aus ihr heraus: »Die Station war wie ein Hühnerhaufen.« Sie sprach aus, was ich dachte: Wie konnte eine Pflegeleitung einen jungen Mann zum Nachtdienst auf einer Borderline-Station einteilen? Er war stundenlang nachts allein auf der Station. Dort waren junge Frauen untergebracht, deren Störungen in Problemen mit Nähe und Distanz im Kontaktverhalten, in Selbstunsicherheit und in extremen Bedürfnissen nach Zuwendung bestanden. Innerlich zollte ich den Borderline-Patientinnen Respekt, die ausgesagt hatten, dass sexuelle Kontakte mit dem Pfleger von ihnen ausgegangen waren. Auch diese hätte er aufgrund seiner beruflichen Stellung natürlich zurückweisen müssen.

Der Pfleger wurde psychiatrisch im Hinblick auf seine Schuldfähigkeit begutachtet. Die Psychiaterin konnte keine Störung bei ihm feststellen. Sie beschrieb ihn als ehrgeizigen Mann, der im Alter von dreißig Jahren nach anderen Berufen in den Pflegeberuf gewechselt war, um dann noch Medizin zu studieren. Sie berichtete, dass er sich selbst als zuweilen zu selbstsicher und teilweise arrogant beschrieb. Er legte großen Wert darauf, dass er sich aus einfachen Verhältnissen hochgearbeitet hatte. Im Äußeren war er gepflegt, er war sportlich und von durchtrainierter Figur. Dem Pfleger war wohl seine von ihm selbst beschriebene Arroganz zum Verhängnis geworden: Nach sexuellen Kontakten, die ihm angeboten, ja aufgedrängt worden waren, nahm er sich weitere gegen den Willen der Betroffenen. Die Psychiaterin hatte ihm zwar keine Störung attestiert, sie hatte ihn aber als »narzisstisch akzentuiert« bezeichnet. Narziss, ein Jüngling aus der griechischen Mythologie, war selbstverliebt, eitel und arrogant. Aus Stolz auf seine Schönheit wies er alle Verehrerinnen zurück. Eine seine Verehrerinnen, Echo, nahm sich deswegen das Leben und flehte zuvor die Götter an, sie zu rächen. Die Strafe der Götter für Narziss bestand in unstillbarer Selbstliebe. So verliebte er sich in sein eigenes Spiegelbild im Wasser einer Quelle und kam bei dem Versuch zu Tode, sich seinem geliebten Selbst körperlich zu nähern. So gesehen, ist der Pfleger noch glimpflich davongekommen.

Im Namen des Volkes: Wir glauben dir alles!

Nicole Wolf hörte dem Mitarbeiter einer Beratungsstelle gespannt zu, der in der Berufsschule einen Vortrag über sexuellen Missbrauch hielt. Sie war zwanzig Jahre alt und machte eine Ausbildung zur Friseurin. Nach dem Vortrag wandte sich Nicole an ihre Lehrerin. Sie erzählte ihr von ihrem Interesse: Sie wolle herausfinden, was wohl im Kopf eines Vergewaltigers vorgehe. Die Lehrerin hatte den Eindruck, dass Nicole mehr erzählen wollte, und bot ihr weitere Gespräche an. Sie selbst hatte schon einmal an einer Fortbildung über sexuelle Delikte in Friseurgeschäften teilgenommen. Hin und wieder beklagten sich bei ihr auch Auszubildende wegen übergriffiger Kunden und Chefs. Lehrerin und Nicole sprachen jetzt häufig miteinander. Nach einiger Zeit machte Nicole Andeutungen, dass ihr auch »so etwas« passiert sei. Die Lehrerin dachte, bald würde sich Nicole ein Herz fassen und berichten, was sie bedrückte. Sie vermittelte Nicole an eine Psychologin, mit der Nicole in der Folgezeit einige Gespräche führte. Doch letztlich vertraute Nicole sich nicht der Lehrerin und auch nicht der Psychologin an, sondern ihrer Hausärztin. Ihr schrieb sie einen Brief, in dem sie eine brutale Vergewaltigung durch ihren Vater in jüngster Vergangenheit schilderte. Die

Hausärztin riet zur Anzeige. Auch die Lehrerin bestärkte Nicole, als sie von der Vergewaltigung erfuhr.

Kurz vor ihrem einundzwanzigsten Geburtstag erstattete Nicole Anzeige. Sie kontaktierte eine Anwältin, die sich sehr um sie kümmerte. Ihre polizeilichen Zeugenvernehmungen fanden in der Kanzlei der Anwältin statt. Nicole schilderte drei Vergewaltigungen durch ihren Vater, die im Sommer des Jahres stattgefunden hätten. Der Vater wurde in Untersuchungshaft genommen. Es kam zur Anklage und zur Gerichtsverhandlung vor einem Landgericht. Dreieinhalb Jahre nach der Anzeige wurde der vierundsechzigjährige Vater Herbert Wolf wegen Vergewaltigung in drei Fällen jeweils in Tateinheit mit Beischlaf zwischen Verwandten (Inzest) zu einer zehnjährigen Freiheitsstrafe verurteilt. Zwei Vergewaltigungen soll er, so seine Tochter, in ihrer Wohnung durchgeführt haben, die sie eben erst bezogen hatte. Ohne ihr Wissen habe er bei einem ihrer Brüder den Ersatzschlüssel entwendet, sei in die Wohnung eingedrungen und habe dort auf sie gewartet. Einmal habe er sie nicht nur vergewaltigt, sondern auch brennende Zigaretten auf ihren Armen und der Brust ausgedrückt und sie in die Brüste gebissen. Die erste Vergewaltigung habe auf einer Wiese auf dem Weg zu ihrer Wohnung stattgefunden, der Vater habe ihr regelrecht aufgelauert.

Die Revision gegen dieses Urteil wurde vom BGH zurückgewiesen. Das Urteil wurde rechtskräftig. Der Vater verblieb in Haft.

Von der Vergewaltigung zum Mord

Schon während des laufenden Prozesses gegen ihren Vater hatte Nicole ausgesagt, dass sie von ihm auch in der Kindheit sexuell missbraucht worden sei. Sie deutete auch sexuelle Übergriffe von einigen ihrer Brüder an. Es wurde ein neues Ermittlungsverfahren eröffnet. Nicole war inzwischen dreiundzwanzig Jahre alt, sie wurde über zweieinhalb Jahre in mehrwöchigen Abständen als Zeugin gehört. Ihr Vater saß derweil im Gefängnis. Die Ermittlungen dauerten auch deshalb so lange, weil Nicole sich zwischenzeitlich immer wieder stationär in psychiatrischer Behandlung befand, sodass zwischen zwei Vernehmungsterminen durchaus acht bis zehn Wochen liegen konnten. Insgesamt gab es ein Dutzend polizeiliche Vernehmungen von Nicole, da sie immer neue Fälle schilderte, meistens pro Termin einen. In den Polizeiprotokollen war zu lesen, dass Nicole während einiger Vernehmungen Anfälle erlitt, zusammenbrach und an allen Gliedmaßen zuckend auf dem Boden lag. Natürlich wurde dann abgebrochen und erst nach einer Pause von oft vielen Tagen weitergemacht.

Nicole schilderte nicht nur sexuelle Übergriffe des Vaters und ihrer Brüder in ihrer Kindheit. Sie sagte auch aus, dass ihr Vater sie als Kind fremden Männern zur Verfügung gestellt habe. Diese seien in das Haus der Familie gekommen oder der Vater habe sie in fremde Wohnungen gebracht, wo die Männer sexuelle Handlungen an ihr vorgenommen hätten.

Zudem gab Nicole zu Protokoll, von zwei Polizeibeamten sexuell missbraucht und vergewaltigt worden zu sein. Von einem der beiden, im Folgenden A genannt, habe sie erst später erfahren, dass er Polizist sei. Nicole hatte einen Hund und gab diesen gelegentlich einer Bekannten zur Betreuung. Der Polizist A war der Lebensgefährte dieser Bekannten. Der zweite

Polizist, wir nennen ihn B, sei ihr seit Langem bekannt, sagte sie. Er habe sie bereits als Kind sexuell missbraucht und sei bei den Treffen mit vielen fremden Männern, an die ihr Vater sie vermietet habe, einmal in Uniform erschienen.

Auch das Folgende sagte Nicole bei der Polizei aus: An einem Tag im Januar, als die Vernehmungen und Ermittlungen zu ihrer zweiten Anzeige bereits ein Jahr lang liefen, habe der Lebensgefährte ihrer Hundebetreuerin, der Polizist A, ihren Hund zurückgebracht, weil Nicoles Bekannte zum Zahnarzt gemusst habe. Nicole und A hätten telefonisch einen Treffpunkt für die Übergabe des Hundes verabredet. Zu ihrem Entsetzen habe sie festgestellt, dass im Auto von A auch ihr Peiniger B von früher gesessen habe. Am liebsten wäre sie weggelaufen, doch die beiden hatten ja ihren Hund im Auto. Und den wollten sie nur rausrücken, wenn sie zu ihnen in den Wagen stiege, so erzählte Nicole. Sie habe keine andere Chance gesehen, ihren Hund zurückzubekommen, und sei eingestiegen. Die beiden Polizisten seien an eine einsame Stelle in der Stadt gefahren, es sei dunkel gewesen. Nicole gab zu Protokoll, die beiden Polizisten hätten sie an dem Tag nacheinander brutal vergewaltigt. Sie sei in Ohnmacht gefallen. Als sie aufgewacht sei, seien die Männer verschwunden gewesen.

Aber Nicole Wolf war noch lange nicht fertig mit ihren Aussagen. Sie beschrieb Vorfälle, an die sie sich nach und nach erinnert habe. So sei sie als kleines Kind nicht nur mehrfach von erwachsenen Männern vergewaltigt worden, sie habe auch mit ansehen müssen, wie andere Kinder auf das Brutalste vergewaltigt worden seien. Einmal sei dabei sogar ein Kind getötet worden. Und genau das habe man auch von ihr verlangt: die Tötung eines Kindes. Man habe ihr freigestellt, wen sie töten wolle, ein fremdes Kind oder einen ihrer Brüder. Nach langem Ringen mit sich selbst und grauenhafter Seelenqual habe sie sich damals entschieden, das fremde Kind zu töten und den Bruder zu verschonen. Deshalb mache sie sich heute noch Vorwürfe. Wie habe sie ein unschuldiges Kind töten können? Aber sie sei doch gezwungen worden!

So hatte die Polizei neuen Stoff für ihre Ermittlungen. Und sie ermittelte und ermittelte und ermittelte. Es war kein Kind zur angegebenen Zeit in der angegebenen Gegend vermisst worden. Eine Kinderleiche hatte man auch nicht gefunden. Überhaupt gab es keinen einzigen Beweis für die Schilderungen von Frau Wolf. Und diese erzählte weiter und weiter, und die Polizei ermittelte weiter und weiter.

Vielleicht lag es daran, dass nun zwei Polizeibeamte beschuldigt wurden, vielleicht lag es aber auch an den vielen Unterbrechungen der Vernehmungen durch die Aufenthalte in der Psychiatrie und an den Anfällen – jedenfalls wurde ich in diesem Ermittlungsverfahren von einer Staatsanwältin als Gutachter beauftragt. Im Folgenden nenne ich es das Verfahren Wolf II, im Unterschied zu Wolf I, dem Verfahren mit den Vergewaltigungen durch den Vater, der ja noch immer im Gefängnis saß.

Nicole Wolf folgte meiner Einbestellung zur Begutachtung und reiste circa die 150 Kilometer nach Berlin mit dem Zug an. Zu allen vier Terminen wurde sie von ihrer Anwältin begleitet, obwohl die nunmehr Fünfundzwanzigjährige erkennbar keine Begleitung benötigt hätte und auch von eigenständigen Reisen erzählte. Diese Begleitung durch eine Anwältin war ungewöhnlich. In meiner jahrzehntelangen Tätigkeit habe ich es nur in diesem Fall erlebt, dass eine Anwältin bei mehrstündigen Begutachtungen wartend vor der Tür saß. Sie wusste, dass sie bei den Explorationen nicht anwesend sein durfte, und verlangte dies auch nicht.

Die Gespräche mit Nicole gestalteten sich schleppend. Sie sprach nicht besonders langsam, aber sehr überlegt, sie erzählte sogar viel, aber ausweichend, als wollte sie um den heißen Brei herumreden. Sie redete weitschweifig, kam von Hölzchen auf Stöckchen. Pro Sitzung bei mir schilderte sie immer nur einen der vielen Vorfälle, genau wie bei der Polizei. Und sie wollte entscheiden, welcher Sachverhalt jeweils von uns besprochen wurde. Nachdem wir drei Termine in dieser Weise verbracht hatten und auch in der vierten Sitzung abzusehen war, dass es so weitergehen würde, erklärte ich ihr freundlich, aber bestimmt, es sei nun an der Zeit, auf meine konkreten Fragen konkret zu antworten. Danach machten wir erst einmal eine Pause, in der Nicole mit ihrer Anwältin das Institut verließ und in ein Café ging.

Ich beriet mich in der Zeit wegen der Krankengeschichte von Frau Wolf mit einem psychiatrischen Kollegen. Durch die geschlossene Tür vernahmen wir plötzlich lautes aufgeregtes Rufen. Wir begaben uns in den Wartebereich: Die Anwältin rief verzweifelt Nicoles Namen, während Nicole auf dem Fußboden lag und mit Füßen und Kopf wiederholt und heftig auf den Boden schlug. Es gelang meinem ärztlichen Kollegen erst nach etwa zwanzig Minuten, sie dazu zu bewegen, sich auf einen Sessel zu setzen, obwohl der Anfall schon lange abgeklungen war. Wenn es denn einer gewesen war; mein Kollege hatte da seine Zweifel. Nicole Wolf war ansprechbar und lehnte die Hinzuziehung anderer Ärzte außerhalb des Instituts ab. Wir veranlassten dennoch ihren Abtransport mit einem Krankenwagen ins Universitätsklinikum. Dort wurde sie nach kurzer ambulanter Untersuchung ohne medizinischen Befund entlassen.

Ich teilte der Staatsanwältin mit, dass ich die Begutachtung abbrechen wolle. Aufgrund der bisherigen Aussagen von Frau Wolf sei keine positive Glaubhaftigkeitsbeurteilung möglich und auch bei Fortsetzung der Begutachtung nicht zu erwarten. Vielmehr bestünden erhebliche Zweifel an einem Erlebnishintergrund für ihre Aussagen. Daraufhin wurde ich gebeten, ein schriftliches Gutachten zu erstellen.

Die Krankenakten

Bereits zu Beginn der Begutachtung hatte ich die Staatsanwältin gefragt, ob eine Krankenvorgeschichte der Zeugin ermittelt worden sei – Frau Wolf war ja immerhin mehrfach bei der Polizei zusammengebrochen und einige Male in stationärer psychiatrischer Behandlung gewesen. Die Staatsanwältin verneinte dies, holte aber über die Nebenanklageanwältin die Einwilligung von Nicole Wolf ein, dass Arztberichte ausgewertet werden dürften. Diese wurden mir zur Verfügung gestellt. Sie umfassten den Zeitraum kurz vor der Anzeige im Fall Wolf I bis zur Gegenwart.

Aus den Arztberichten ergab sich, dass bei Nicole Wolf schon vor ihren Anzeigen im Verfahren Wolf I eine Borderline-Störung diagnostiziert worden war. Auch der Verdacht auf eine histrionische Störung war geäußert worden. Nachdem sie ihren Vater angezeigt hatte, diagnostizierten die Ärzte mit Hinweis auf die Vergewaltigungen eine posttraumatische Belastungsstörung. In den Krankenberichten las ich von Selbstverletzungen der Patientin seit frühester Kindheit. Auch das Anfallsgeschehen mit unklarer Herkunft wurde beschrieben, Epilepsie wurde überprüft, aber medizinisch ausgeschlossen. Ein Psychiater bezeichnete die Anfälle später als »hysterisch«.

Ein folgenloses Gutachten und mehrere Zufälle

Der bisherige Bericht macht deutlich: Bei Nicole Wolf war aufgrund ihrer Persönlichkeitsstörungen von einer erhöhten Wahrscheinlichkeit für absichtliche oder suggestionsbedingte Falschaussagen auszugehen. Das beweist noch nicht, dass ihre Aussagen tatsächlich falsch waren. Die Aussageentwicklung unterstrich aber, dass es sich wahrscheinlich um falsche Aussagen handelte. Nach ihren Berichten über Vergewaltigungen durch ihren Vater hatte Nicole Wolf extrem viel Zuwendung durch verschiedene Personen erhalten: Lehrerin, Psychologin, Hausärztin und Anwältin. Während des Ermittlungsverfahrens Wolf II begab sie sich aus Angst vor Bedrohungen durch die Tätergruppe, wie sie sagte, in ein Frauenhaus. Die dortigen Betreuerinnen hielten weiter engen Kontakt zu ihr, nachdem sie zurück in ihre Wohnung gezogen war. Auch eine Psychiaterin von einem ihrer Aufenthalte in Kliniken betreute Nicole Wolf noch nach dem Klinikaufenthalt.

Inhaltlich war auffällig, wie schablonenhaft die Aussagen waren. Realkennzeichen fehlten. Auffällig war auch: Gleich nach der zweifachen brutalen Vergewaltigung durch die Polizeibeamten sei sie mit einer Freundin im Auto in einen Wochenendaufenthalt gefahren, berichtete Nicole Wolf. Der Freundin habe sie nichts von den Vergewaltigungen erzählt. Verletzungen habe diese bei ihr auch nicht bemerkt. Ich erwähnte es bereits: Für die Erzählung über die Tötung eines Kindes hatte die Polizei keine stützende Vermisstenanzeige finden können. Es gab weitere Ungereimtheiten in den Aussagen von Nicole Wolf; so hatte eine Nachbarin nie Autos vor dem Haus der Wolfs in dörflicher Umgebung parken sehen. Nicole Wolf erzählte aber von Prominenten, die mit schwarzen Limousinen vorgefahren seien. Der Polizist B sei häufig mit seinem Polizeiwagen gekommen. Das wäre der Nachbarin sicher aufgefallen, die ihre Zeit gern mit einem Kissen unter den Ellbogen am Fenster verbrachte.

Ich schrieb in meinem Gutachten im Ermittlungsverfahren Wolf II, dass die Aussagen von Nicole Wolf bei der Polizei und bei mir mit hoher Wahrscheinlichkeit nicht auf tatsächlichen Erlebnissen beruhten, sondern falsch waren. Die Aussagevorgeschichte, das ausweichende Aussageverhalten und die bizarren Aussageninhalte bei den neuen polizeilichen Ermittlungen und bei mir begründeten erhebliche Zweifel am Realitätsgehalt der Angaben von Frau Wolf. Dies galt aber nicht nur im neuen Ermittlungsverfahren Wolf II, sondern auch rückwirkend für das Verfahren Wolf I. Das machte ich in meinem Gutachten sehr deutlich. Dazu muss man wissen, dass ein Sachverständiger sich eigentlich nur zu der ihm gestellten Frage zu äußern hat, und die bezog sich auf das Verfahren Wolf II, nicht auf Wolf I. Nach reiflicher Überlegung überschritt ich aber diese Grenze. Ich wählte dabei absichtlich Formulierungen, die Juristen aufmerksam machen müssten. Ich betonte, dass die Informationen aus den Arztberichten absolute Neuigkeiten darstellten, die dem ersten Gericht nicht vorlagen. Ich hoffte, dass die Staatsanwältin, die mich beauftragt hatte, aufgrund meines Gutachtens von Amts wegen eine Wiederaufnahme des Verfahrens Wolf I betreiben würde. Für ein Wiederaufnahmeverfahren braucht man nämlich »Nova«, d.h. neue Befunde, neue Tatsachen. Die Störungsdiagnose »Borderline« war ein eindeutiges Novum, da sie dem verurteilenden Gericht in dem Vergewaltigungsverfahren gegen den Vater nicht bekannt gewesen war. Doch die Staatsanwaltschaft stellte nur die Ermittlungen in Wolf II ein, sonst reagierte sie nicht.

Herbert Wolf saß nun schon einige Jahre in Haft. Viele, viele Tage und Nächte, unzählige Stunden, Minuten, Sekunden saß er im Gefängnis, während seine Tochter mittlerweile in einem anderen Bundesland lebte. Nicole Wolf war schon vor meiner Begutachtung in ein Zeugenschutzprogramm aufgenommen worden, da sie bei der Polizei angegeben hatte, ständig wegen ihrer Aussagen von Unbekannten telefonisch und in SMS bedroht zu werden. Eine Akte war mit den Protokollen ihrer Telefonüberwachung gefüllt – ohne Ergebnis. Immer wieder hatte sie neue Telefone oder neue Telefonnummern erhalten, aber die Bedrohungen gingen weiter. Aus Versehen habe sie die Droh-SMS meistens gelöscht, sagte sie. Einmal durchsuchte die Polizei sogar ihr Krankenzimmer, als sie gerade stationär behandelt wurde. Im Schrank lag eine Plastiktüte mit vielen inaktiven Mobiltelefonen, in der Toilette, halb runtergespült, entdeckte die Polizei einige SIM-Karten, nicht mehr auslesbar. Der Verdacht kam auf, dass Nicole Wolf sich die Droh-SMS selbst schrieb oder darüber log. Dennoch zog man keine Konsequenzen, sondern glaubte, dass die Vergewaltiger, die beiden Polizeibeamten A und B, sich immer wieder die eigentlich geheimen Telefonnummern besorgt hätten – manchmal hätte das wenige Minuten nach der Zuteilung einer neuen Nummer erfolgt sein müssen.

Dann geschah ein Zufall. Frau Wolf zeigte erneut einen Mann wegen zweier Vergewaltigungen an, und zwar in dem Ort, in dem sie im Zeugenschutz lebte, weit weg von ihrer Heimatstadt und weit weg von Berlin. Eine Kollegin, die für diesen Fall mit einer Glaubhaftigkeitsbegutachtung von Frau Wolf beauftragt worden war, sprach mich auf einer wissenschaftlichen Tagung an. Eine Probandin habe ihr erzählt, sie sei schon einmal für eine Glaubhaftigkeitsbegutachtung bei einem Gutachter gewesen. Der Professor namens Steller habe mit der Faust auf den Tisch geschlagen und ihr ins Gesicht geschrien, dass sie lüge. Die Kollegin hatte bei mir Vorträge gehört, sie konnte sich das nicht vorstellen und wollte mit mir darüber sprechen. Natürlich war es falsch. Die Kollegin nannte keinen Namen, aber nach wenigen Erzählungen war mir klar: Frau Wolf macht weiter!

Dann geschah noch ein Zufall: Ein Rechtsanwalt, der sich auf die Wiederaufnahme von Fällen mit falschen Urteilen bei Sexualdelikten spezialisiert hat, erfuhr von der Sache. Obwohl er gerade im Prozess gegen den Wettermoderator Kachelmann tätig war, besuchte er Herbert Wolf in der Haft. Der hanseatische Rechtsanwalt wurde nicht erst durch den Wettermann-Prozess bekannt. Sie können über ihn in einem Buch von Sabine Rückert lesen: *Unrecht im Namen des Volkes.* Die Autorin schildert dort den Fall einer Zeugin mit Borderline-Störung, die mit falschen Aussagen zwei Menschen ins Unglück stürzte. Die Recherchen der Autorin und der juristische Sachverstand von Rechtsanwalt Johann Schwenn aus Hamburg führten zur Wiederaufnahme der Verfahren gegen die beiden Männer und zu eindeutigen Freisprüchen.

Rechtsanwalt Schwenn traf auf einen gebrochenen Mann. Zunächst konnte Herr Wolf kaum glauben, dass sich ein neuer Anwalt um ihn kümmern würde. Dann erteilte er ihm das Mandat, ihn von nun an zu vertreten. Der Wiederaufnahmeantrag des Retters war so überzeugend formuliert, dass Herbert Wolf von einem Tag auf den anderen aus dem Gefängnis entlassen wurde. Da hatte er allerdings schon fast sieben Jahre Haft hinter sich. Niemand hatte ihn auf seine Entlassung vorbereitet. Auf einmal stand der Siebzigjährige vor der Tür seiner Familie – wie ein Kriegsheimkehrer, den man für tot gehalten hatte. Die Wolfs waren einfache Leute, die nicht verstanden, was ihnen widerfuhr. War das Ganze nur ein grausamer Trick? Monatelang hatten sie ständig Angst, es könnte jemand kommen und Herbert Wolf wieder mitnehmen. Sie hatten ja schon beim ersten Mal nicht verstanden, warum er abgeholt worden war. Sie fühlten sich ohnmächtig, einer Willkür ausgesetzt, die sie nicht benennen konnten.

Die Wiederaufnahme

Trotz der schnellen Entlassung von Herbert Wolf aus der Haft bedurfte es einer Verhandlung vor einem neuen Gericht. Es musste noch förmlich entschieden werden, ob das Urteil im Verfahren Wolf I zu Recht oder zu Unrecht ergangen war. Zu der Wiederaufnahmeverhandlung im Verfahren Wolf I wurde ich wegen meines Gutachtens im Ermittlungsverfahren Wolf II geladen. Ich beobachtete, dass zwei Söhne ihren Vater mit dem Pkw zum Landgericht fuhren. Sie begleiteten ihn aber nur bis zur Außentür des Gerichts. Später fragte ich sie danach: Sie hatten beim ersten Prozess gemerkt, dass man ihren entlastenden Aussagen über die eingeschränkten Fähigkeiten ihres Vaters nicht geglaubt hatte, da sie auch dort den Vater begleitet hatten. Sie hatten ausgesagt, dass er weder Rad fahren noch einen Busfahrplan lesen könne, Auto fahren schon gar nicht. Er habe den neuen Wohnort der Tochter gar nicht gekannt, und hätte er ihn gekannt, dann hätte er ihn nicht aufsuchen können, da er ihn nie gefunden hätte. Der Schlüssel der Wohnung der Schwester habe auch nie gefehlt. Es wurde klar – und das wusste auch das erste Gericht: Herbert Wolf war Analphabet. Er hatte sein Leben lang in Hilfsarbeiterjobs schwer gearbeitet und mit seiner Frau, die ebenfalls schwer arbeitete, acht Kinder großgezogen, sechs Jungen und zwei Mädchen. Im ersten Verfahren hatte Herbert Wolf nach dem Urteil, aus dem er wohl nur verstanden hatte: zehn Jahre Gefängnis, immer wieder gerufen: »Ich war's nicht!« Das war als Aggressivität ausgelegt worden, die das Urteil im Nachhinein bestätigte.

Im Wiederaufnahmeverfahren war Nicole Wolf nicht anwesend. Das war rechtlich möglich, sie wurde durch einen Anwalt vertreten, nicht mehr durch ihre Anwältin aus dem ursprünglichen Verfahren. Eine Aussage von ihr gab es also nicht. Die Lehrerin, die Hausärztin und die Psychologin wurden als Zeuginnen gehört, um zu erfahren, was Nicole ihnen seinerzeit über die Vergewaltigungen durch den Vater gesagt habe. Ärztin und Psychologin sollten auch erklären, ob sie während der Zeit des ersten Prozesses etwas über die Persönlichkeitsstörung von Nicole gewusst hätten. Sie hatten darüber das erste Gericht ja nicht informiert. Ob sie sich wohl gedacht haben: Wenn ich das sage, glaubt man meiner Patientin nicht? Durchaus möglich. Im Wiederaufnahmeverfahren antworteten sie ausweichend. Sie konnten sich angeblich nicht so recht erinnern. Ich hatte den Eindruck, dass sie logen, da ihnen klar wurde, an was sie beteiligt waren. Angesichts der vielen Unterstützer hatte Nicole Wolf wahrscheinlich keine Chance gesehen, von ihren Beschuldigungen abzurücken. Aus Angst vor dem Verlust von Zuwendung und aus Geltungssucht musste sie wohl immer weitermachen. Wenn es ruhig um sie wurde, erfand sie halt eine neue Vergewaltigung oder mindestens eine Bedrohung. Beides hatte es nie gegeben.

Nicole Wolf war nie gynäkologisch untersucht worden, das hatte sie immer verweigert. Ihre Betreuerinnen konnten auch das erklären: Wegen der Vergewaltigungen wäre eine gynäkologische Untersuchung erneut traumatisierend, also unterließ man sie, obwohl Nicole von schweren Verletzungen erzählt hatte, die gynäkologisch wohl überprüfbar gewesen wären.

Die Psychiaterin, die während der stationären Behandlungen von Nicole Wolf ihre Therapeutin war, wurde ebenfalls als Zeugin zum Wiederaufnahmeverfahren geladen. Sie hatte offenkundig nicht verstanden, worum es im jetzigen Verfahren ging. Beredt schilderte sie ihr vermeintlich besonderes Wissen, das Laien eben nicht hätten: Vergewaltigungen, also Traumata, würden regelmäßig erst nach und nach erinnert. Sie merkte offenbar gar nicht, dass Nicole Wolf die Vergewaltigungen durch die beiden Polizeibeamten sehr zeitnah ausgesagt hatte, sie sollten ja während der Zeit der laufenden Vernehmungen geschehen sein. Auch die angeblichen Vergewaltigungen durch ihren Vater lagen nicht lange zurück, als Nicole Wolf sie schilderte. Die Psychiaterin berichtete außerdem, sie habe nach ersten Gesprächen mit Nicole Wolf sofort gewusst, dass es sich nicht um Einzeltäter und auch nicht nur um Täter aus ihrer Familie und deren Umfeld handeln könne. Es müsse organisierte Kriminalität im Spiel sein. Daher habe sie Nicole Wolf sofort danach gefragt. Eine Prüfung der zeitlichen Abfolge ergab: Just nach dieser Befragung begann Frau Wolf über fremde Täter zu sprechen, denen sie vom Vater zugeführt worden war. Noch etwas später kam die Erzählung von dem Mord an einem Kind.

Noch eine Person, die als Zeuge im Wiederaufnahmeverfahren gehört wurde, hinterließ bei mir einen bleibenden Eindruck: der Vorsitzende Richter aus dem Verfahren Wolf I. Er kam unvorbereitet zum Wiederaufnahmetermin und gab lässig wirkend an, sich nicht an die Verhandlung Wolf I zu erinnern. Diese Verhandlung war tatsächlich lange Zeit her, aber alltägliche Routine war sie für diesen Richter sicher auch nicht gewesen. Auch Landgerichte verhandeln nicht täglich über brutale Vergewaltigungen von Vätern an ihren Töchtern, und die Verhängung einer Freiheitsstrafe von zehn Jahren ist ebenfalls keine alltägliche Routine. Auf Nachfragen blieb der Richter dabei: keine Erinnerung! Dabei wirkte er nicht mehr lässig, eher trotzig, fast aggressiv. Er wurde als Zeuge entlassen – mit Zeugengebühr, denn er war ja aus einer anderen Stadt angereist, da das Wiederaufnahmeverfahren in einer Nachbarstadt des ersten Gerichts stattfand. Als er den Gerichtssaal verließ, wirkte er nicht angeschlagen, eher unberührt. So, als hätte er in seinem Leben als Richter immer alles richtig gemacht.

Anstelle des Superrichters entschuldigte sich die Vorsitzende Richterin bei der Verkündung des Freispruchs nach dem Wiederaufnahmeverfahren bei Herbert Wolf. Sie beklagte Fehler im ersten Verfahren. Sie sagte auch, dass man spätestens nach Vorliegen meines Gutachtens die Notbremse hätte ziehen sollen. Doch genau das war nicht geschehen.

Mit dem Freispruch nach sieben langen Jahren mit ungerechtfertigter Haft war die Sache noch nicht beendet. Herbert Wolfs Anwalt stellte Strafantrag gegen die ermittelnde Staatsanwältin wegen Rechtsbeugung. Die Staatsanwältin hatte auch die Anklage in Wolf I vertreten. Nach meinem Gutachten in Wolf II hatte sie die dortige Einstellung verfügt. Sie hatte aber keine Wiederaufnahme von Wolf I veranlasst. Sie hatte auch Herbert Wolf nie über die neuen Ermittlungen gegen ihn informiert. Das musste sie auch nicht; sie musste aber davon ausgehen, dass er so nie etwas über die Krankengeschichte seiner Tochter und über das Ergebnis meiner Begutachtung in Wolf II erfahren würde. So behielt die Staatsanwältin neue Tatsachen für sich, die das Urteil im Verfahren Wolf I in einem veränderten Licht erscheinen ließen. Man kann durchaus den Verdacht haben, dass sie darauf spekulierte, der Analphabet würde nichts mehr gegen seine Verurteilung unternehmen können. Und tatsächlich hätte er das allein auch nicht gekonnt. Es hat ihm geholfen, dass seine Tochter ihre falschen

Beschuldigungen fortsetzte und dass es einen Rechtsanwalt gab, den so etwas nicht kaltlässt. Das Ergebnis des Ermittlungsverfahrens gegen die Staatsanwältin entzieht sich meiner Kenntnis.

Es gab aber noch ein Strafverfahren: Nicole Wolf wurde wegen falscher Verdächtigung angeklagt, von Amts wegen, allerdings nicht wegen der Anzeige gegen ihren Vater und die Polizisten, sondern wegen der falschen Anzeige über zwei Vergewaltigungen, die sie in dem anderen Bundesland erstattet hatte. Nun war sie Angeklagte. Als solche konnte sie zur Sache schweigen. Sie wurde nun nicht hinsichtlich der Glaubhaftigkeit ihrer Aussagen, sondern mit Blick auf ihre Schuldfähigkeit von einem Psychiater begutachtet. Das Amtsgericht stellte eindeutig fest, dass Frau Wolf eine falsche Aussage gemacht hatte, ging aber davon aus, dass die Angeklagte dabei nicht schuldfähig gewesen sei. Es sei nicht auszuschließen, dass sie nicht bewusst gelogen habe. In seinem Urteil bezog sich das Gericht auf das psychiatrische Schuldfähigkeitsgutachten, in dem Frau Wolf (erneut) eine emotional instabile Persönlichkeitsstörung vom Borderline-Typ bescheinigt wurde. Die Kosten des Verfahrens fielen der Staatskasse zur Last.

Allmählich stehen einem die Haare zu Berge. Da reist jemand auf Staatskosten im Zeugenschutz durch die Lande und beschuldigt wahllos Menschen, schwerste Straftaten begangen zu haben – mit verheerenden Folgen für diese Menschen und ohne jede negative Konsequenz für sich selbst.

Der Freispruch von Nicole Wolf ist aber dann berechtigt, wenn man von einer Scheinerinnerung ausgeht. Denn bei einer Scheinerinnerung weiß man nicht, dass man etwas Falsches sagt. Doch ist das im Fall von Frau Wolf die ganze Wahrheit? Die Beurteilung, ob eine Scheinerinnerung vorliegt oder ob der Person doch irgendwie klar ist, dass sie etwas Falsches sagt, also dass sie lügt, ist sehr schwierig. Wahrscheinlich ist es so, dass bei Personen mit psychischen Störungen, speziell bei Borderline-Störungen, Grauzonen, Übergänge oder wechselnde Bewusstseinszustände zu verschiedenen Zeitpunkten bestehen, Grauzonen zwischen bewusst und unbewusst. Mal wissen sie, dass sie lügen, mal wissen sie es nicht. Der Umgang von Frau Wolf mit den Mobiltelefonen und den SIM-Karten verwies darauf, dass ihr die Lügen bewusst waren. Ihre unklaren und weitschweifigen Angaben bei meiner Begutachtung könnten bedeuten, dass sie konkrete Angaben bewusst vermied, weil sie sich diese im Augenblick noch nicht zurechtgelegt hatte. Vielleicht wollte sie immer nur ein Thema ansprechen, weil sie sich auf dieses vorbereitet hatte. Wenn es eng wurde, entzog sie sich weiteren Fragen durch einen »Anfall«. Aber man muss bedenken: Auch bei einer echten Scheinerinnerung kann es zu bewussten Lügen kommen.

Echte Scheinerinnerung klingt irgendwie absurd: entweder echt oder Schein. Hier ist es aber eine ernst gemeinte Wortkombination. Wenn jemand fälschlich von etwas überzeugt ist, kann er auch lügen, um diese Überzeugung durchzusetzen, zumal wenn es um schlimme eigene »Erlebnisse« geht.

Nicole Wolf kam in den Genuss der Unschuldsvermutung. Sie wurde freigesprochen. Der Freispruch vom Vorwurf der bewussten Falschaussage erging also genau wegen jener Unschuldsvermutung – Nullhypothese –, die in vielen Verfahren mit Sexualdelikten so leicht vergessen wird.

Vernehmungen als Ersatz für Psychotherapie

Es ist viel darüber geschrieben worden, wie belastend polizeiliche Vernehmungen für Opfer von Sexualdelikten sein können. Es bestehe die Gefahr der erneuten Traumatisierung. Vielerorts wird ein behutsamer Umgang mit Opfern gefordert. Zur Erinnerung: Bei den polizeilichen Vernehmungen nach einer Anzeige sind Opfer-Zeugen vor allem Zeugen, Belastungszeugen nämlich. Ich plädiere auch für einen humanen Umgang mit ihnen, er muss aber zugleich effektiv sein: Effektiv für die Strafverfolgung bei tatsächlichen Opfern und effektiv für die Aufdeckung von falschen Beschuldigungen. Nicole Wolf wurde von der Polizei in der Kanzlei ihrer Anwältin vernommen. Die Anwältin begleitete die erwachsene Zeugin zur Glaubhaftigkeitsbegutachtung. Sollte Frau Wolf jemals daran gedacht haben, von ihrem Weg der ausufernden Falschaussagen abzuweichen, hatte sie dafür subjektiv keine Chance. »Overprotection«, Überbehütung, nennt man so ein Verhalten bei Eltern, das zur Unselbstständigkeit ihrer Kinder führt.

Ich hatte in den letzten Jahren mehrere Fälle, in denen es bis zu vierzig polizeiliche Vernehmungen von Opfer-Zeuginnen gab. Immer stellte sich in der Begutachtung heraus, dass die Zeuginnen die Diagnose einer Borderline-Störung hatten. Polizei und Staatsanwaltschaft hatten – wie bei Nicole Wolf – nicht danach gefragt. Dabei hätte es bei Nicole Wolf doch nahegelegen.

Unter bestimmten Voraussetzungen, zum Beispiel bei auffälligen Aussagen oder wenn Zeugen von Wiedererinnerungen in Therapie berichten, sollten Zeugen bereits von der Polizei nach dem möglichen Vorliegen von psychologisch-psychiatrischen Diagnosen gefragt werden. Es gibt ein Urteil des BGH, in dem es als unzulässig bezeichnet wird, eine Opfer-Zeugin extensiv über Dinge zu befragen, die nicht relevant für den angeklagten Sachverhalt sind. Diese Rechtsprechung soll ausuferndes Ausforschen des Lebens von Belastungszeugen verhindern. Da Persönlichkeitsstörungen aber eine erhebliche Bedeutung für die Glaubhaftigkeitsbeurteilung haben, sollte die Kenntnis darüber schon in frühen Ermittlungsstadien erlangt werden. Entsprechende Fragen müssen ja nicht routinemäßig und auch nicht gleich in einer ersten Vernehmung, sondern nur bei konkreten Anhaltspunkten gestellt werden. Das wiederum setzt psychologische Kenntnisse bei den Vernehmungspersonen voraus. Nach meinen Beobachtungen ist es aber häufig so, dass Vernehmungsbeamte bei Polizei und Staatsanwaltschaft der hohen manipulativen Kompetenz von persönlichkeitsgestörten Zeuginnen und Zeugen aufsitzen. Sie unterschätzen deren Fähigkeiten zur Selbstinszenierung und Dramatisierung. Einfühlsame Vernehmungsbeamte können für Persönlichkeitsgestörte attraktive Gesprächspartner sein. Schiebt eine Zeugin in gewissen Abständen immer neue Taten und neue Täter nach, so kann sich eine Kontaktfrequenz zwischen Vernehmungsperson und Zeugin ergeben, die derjenigen in Psychotherapien gleicht. Ressourcen von Polizei und Justiz können dadurch langfristig und intensiv gebunden, ja vergeudet werden. Wenn noch gar nicht feststeht, ob Opferschutz angebracht ist bzw. wer eigentlich Opfer und wer Täter ist, kann übertriebene Rücksicht dazu führen, dass Ermittler sich festbeißen oder so weit verrennen, dass sie nicht mehr wagen umzukehren. Sie könnten ja sonst ihr Gesicht verlieren, denken sie vielleicht. Oder sie denken eben nicht. Wie im Fall Pascal. Dort verlor dann nicht nur die Polizei ihr Gesicht, sondern auch Staatsanwaltschaft und Gericht.

Das Opferentschädigungsgesetz: Wenn der Vater missbraucht und der Staat zahlt

Ich erwähnte schon: Wir haben in Deutschland die vorbildliche Einrichtung eines Opferentschädigungsgesetzes, OEG. Es geht zurück auf die Versorgung von Kriegsopfern, gilt heute aber für alle Fälle, in denen eine Person Opfer einer Straftat wird, zum Beispiel eines Raubüberfalls. Dann erfolgt eine Entschädigung des Opfers durch den Staat. Voraussetzungen für *Entschädigung*szahlungen sind also eine körperliche oder psychische *Schädigung* und die beweiskräftige Feststellung einer *Tat*, die zu der Schädigung geführt hat. Die Beweislast liegt beim Antragsteller. Die Bearbeitung der Anträge erfolgt durch die Versorgungsämter.

Wenn ein Opfer körperliche Verletzungen erlitten hat, ist es in der Regel nicht nötig, den Wahrheitsgehalt seiner Tatschilderungen zu begutachten, wenn diese zu den Verletzungen passen. Solche Fälle bekomme ich nicht zur Begutachtung. Doch wenn das Opfer unter seelischen Verletzungen leidet und wenn die Tat lange zurückliegt, beauftragen Versorgungsämter Aussagepsychologen mit der Begutachtung des Wahrheitsgehalts der Aussage über die Tat. Damit gleicht die Aufgabe für den Sachverständigen derjenigen bei Aufträgen von Strafgerichten. Auch das Thema ist meistens identisch: Die Antragstellerinnen und Antragsteller beschreiben häufig lange zurückliegende sexuelle oder körperliche Übergriffe. Lange zurückliegend bedeutet tatsächlich zwei oder mehr Jahrzehnte. Anzeige wurde seinerzeit nicht erstattet. Die Fälle sind strafrechtlich meistens verjährt, das OEG kennt keine Verjährungsfristen. Häufig sind die Beschuldigten verstorben, Zeugen können nicht benannt werden. Es gibt nur die Aussagen der Antragstellerinnen und Antragsteller, meistens in schriftlicher Form. Wir haben dann nicht die Konstellation Aussage gegen Aussage, aber die Konstellation Aussage gegen die Notwendigkeit, von Amts wegen zu prüfen, bevor öffentliche Gelder ausgegeben werden.

Die psychischen Schäden, die von den Antragstellerinnen und Antragsteller vorgetragen werden, lauten sehr häufig posttraumatische Belastungsstörung, aber auch Borderline-Störungen, Angststörungen und psychosomatische Beschwerden. Diese werden durch umfangreiche Arzt- und Psychotherapieberichte belegt. Oft decken diese Berichte einen langen Zeitraum ab, zum Teil Jahrzehnte.

Gegenstand ärztlicher Begutachtungen in Verfahren nach dem Opferentschädigungsrecht ist die sogenannte Kausalität, also die Frage, ob die Tat, die im Antrag angegeben wurde, die Ursache für das psychische Leiden ist, oder ob dieses eine andere Ursache hat. Im letzteren Fall würde keine Entschädigung nach dem OEG gezahlt. Die Bearbeitung der Kausalitätsfrage ist aber nur dann sinnvoll, wenn das Amt sicher davon ausgehen kann, dass es die benannte Tat überhaupt gegeben hat. Deshalb erhoffen sich die Versorgungsämter von einer aussagepsychologischen Begutachtung eine Hilfe für die Entscheidung, ob es sich bei dem Antragsteller um ein echtes

Opfer handelt, oder ob die Behauptung, Opfer geworden zu sein, möglicherweise falsch ist – ob nun aufgrund einer Scheinerinnerung oder aufgrund einer Lüge. Die Überlegung, ob es sich um eine Lüge handeln könnte, muss schon deshalb einbezogen werden, da sich ein vermeintliches Opfer einen finanziellen Vorteil verschaffen könnte – nach dem Motto: Ich bin vierzig, Vati ist tot und Mutti hat Alzheimer, da schaue ich doch mal, was ich rausschlagen kann, wenn ich sage, Vati hat mich vergewaltigt, als ich fünf Jahre alt war. Das klingt ungeheuerlich, aber solche Fälle gibt es tatsächlich, wenn auch eher selten. In den vielen OEG-Fällen, die ich in den letzten Jahren begutachtet habe, spielte die Lüge als Ursache für eine Falschaussage eine extrem untergeordnete Rolle. In einer Vielzahl von Fällen musste ich allerdings feststellen, dass die Angaben über das Erleben von weit zurückliegenden Sexualdelikten auf Scheinerinnerungen beruhten.

In einer amerikanischen wissenschaftlichen Untersuchung wurden viele Fälle mit sogenannter wiedererlangter Erinnerung von sexuellem Missbrauch untersucht. Alle Erinnerungen waren in Psychotherapien entstanden. In keinem einzigen Fall kam es zu einer Verbesserung der Situation der betroffenen Personen, ganz im Gegenteil. Familien zerbrachen, Menschen gerieten ins Elend, auch finanziell. In einigen Fällen ist es nach vermeintlich wiedererlangter Erinnerung dazu gekommen, dass falsche Opfer im Nachhinein die Wahrheit erkannt haben: Sie waren tatsächlich Opfer, aber nicht Opfer ihrer Väter oder anderer Missbraucher, sondern Opfer von Behandlungen, die wie Gehirnwäschen bei ihnen dazu geführt hatten, dass sie Scheinerinnerungen entwickelten. In den USA sind Schadenersatzklagen gegen Therapeutinnen und Therapeuten wegen der Induktion von falschen Erinnerungen keine Seltenheit mehr. Dabei geht es immer um sehr hohe Summen. In Deutschland sind wir noch am Anfang, eine Arbeitsgemeinschaft falsche Missbrauchserinnerungen gibt es aber schon. Der Verein »False Memory Deutschland e. V.« schreibt auf jeder Seite seiner Homepage, hervorgehoben durch rote Schrift, dass der Verein keine Straftäter schütze. Diese Beteuerung habe ich auch in diesem Buch abgelegt. Sind wir so weit, dass man so eine Selbstverständlichkeit betonen muss, wenn man vor falschen Anschuldigungen warnen und bewahren will?

Aufdeckung im neuen Gewand: Die Verschleierung der Wahrheit durch Erinnerungsarbeit

In der Psychotherapie von Erwachsenen suchen verunsicherte Personen bei Experten, den Psychotherapeutinnen und Psychotherapeuten, Hilfe und Rat. Es besteht also, wie auch in der Konstellation Kind/Erwachsener, ein Autoritäts- und vermeintliches Wissensgefälle. Mit anderen Worten: Der psychisch labile Hilfesuchende ist in erhöhter Gefahr, Angebote eines Experten unkritisch und vorschnell anzunehmen und dabei auch ungewollten Einflüssen zu unterliegen. Nun wird mit Erwachsenen in einer Psychotherapie sicherlich nicht im eigentlichen Sinne »gespielt«, wie es bei Kindern, die einen vermeintlichen sexuellen Missbrauch erfahren hatten, in der sogenannten Aufdeckungsarbeit getan wurde – und zuweilen noch oder wieder getan wird. Erwachsene bekommen in Psychotherapien in der Regel keine Puppen, Aufklärungs-DVDs oder Buntstifte, um zu malen. Aber wenn man sich vergegenwärtigt, dass viele Methoden aus der Erwachsenentherapie Kreativität und Fantasie der Patienten anregen, dann verwundert es nicht, wenn am Ende ein sexueller Missbrauch in der Vergangenheit als vermeintliche Erinnerung steht.

Sogenannte Familienaufstellungen sind seit vielen Jahren beliebt und werden nicht nur von ausgebildeten Therapeuten, sondern auch von selbst ernannten Wald-und-Wiesen-Heilern durchgeführt. Bei einer Familienaufstellung werden den »Mitspielern« Rollen aus der Familie desjenigen zugewiesen, der seine Familie aufstellt. So soll ein Bild entstehen, das über die Probleme und Konflikte in einer Familie Aufschluss gibt und demjenigen, der aufstellt, auch seine eigene, bislang verborgene Rolle offenbart. Teilnehmer an solchen Veranstaltungen sind oft begeistert. Sie haben so viel erfahren, erlebt, gefühlt! Und das wird wiederum als Beweis dafür gewertet, dass diese Sache kein Humbug sei. Ist sie auch nicht, wenn sie verantwortlich und sachgerecht durchgeführt wird. Es ist aber sehr naiv, anzunehmen, dass bei der Familienaufstellung lediglich tatsächliches Geschehen abgebildet wird. Warum vergisst man so leichtfertig, dass Wünsche oder Ängste zum Ausdruck gebracht werden können und dass vielleicht kreative Metaphern gebildet werden?

Noch deutlicher wird das, wenn man Psychotherapien heranzieht, in denen sogenannte Rückführungsversuche gemacht werden, also die Patienten aufgefordert werden, sich in frühere Lebensalter zurückzuversetzen. Auch hierbei werden nicht allein Impulse für das Auftauchen tatsächlicher Erinnerungen gesetzt, sondern es werden kreative Prozesse angestoßen. Ich kenne nicht wenige Fälle, in denen solche Spiele der Erwachsenen vor Gericht endeten, nachdem die Patienten Scheinerinnerungen ausbildeten.

Vor einiger Zeit begutachtete ich eine Frau, die sich wegen eines Burn-outs zur Reha in einer psychosomatischen Klinik aufhielt und dort an einer solchen Rückführung teilnahm. Sie berichtete, dass sie dabei ein schreckliches Angstgefühl überfallen habe, und zwar, als sie in der Rückführung im Alter von drei Jahren angekommen sei. Da habe sie plötzlich gewusst, dass ihr in diesem Alter etwas Schlimmes zugestoßen sein müsse. Das habe sie auch der Therapeutin mitgeteilt, und diese habe in vielen Einzelstunden mit ihr an diesem Angstgefühl gearbeitet … bis wieder einmal klar war: Vati war's. Auf meine Frage sagte sie, die Therapeutin habe nicht erwähnt, dass die meisten Erwachsenen sich gar nicht an Ereignisse aus dem Alter von drei Jahren erinnern können. Nein, Vati war es eben nicht, wie meine Begutachtung mit hoher Wahrscheinlichkeit erbrachte. Es war eine Scheinerinnerung.

Ich frage mich manchmal, was geschehen würde, wenn Therapeutinnen und Therapeuten die diffusen Gefühle ihrer Patientinnen und Patienten nicht immer gleich mit der Lupe und dem Hörrohr verstärken würden, sondern einfach mal sagen würden: »Ist es nicht interessant, wie vielfältig die Emotionen von Menschen sind?« Oder irgendetwas anderes. Einfach mal stehen lassen, und nicht aus jeder Mücke einen Elefanten machen. Natürlich muss ein Verdacht auf sexuellen Missbrauch verfolgt werden. Aber wenn der Verdacht erst über Wochen aufgebaut wird, ehe er vage am Horizont auftaucht, darf das keine automatische Begründung dafür sein, dass da erst recht etwas war, was man nämlich verdrängt hatte.

Nichtwissen als Beweis für das Vorhandensein – wir kennen das ja schon aus der Psychotraumatologie. Wenn ein Therapeut zu seinem Patienten sagt: »Wir wissen, dass viele Patienten mit Ihren Symptomen in der Kindheit einen sexuellen Missbrauch erlebt haben«, dann fängt der Patient doch an zu suchen. War da was? Und mithilfe seines Therapeuten begibt er sich auf eine Fährte, die es genau genommen nie gegeben hat, bis das Zipfelchen eines Verdachts auftaucht, an dem so lange gezogen wird, bis man es endlich genau weiß.

Genauso hat man es in der sogenannten Aufdeckungsarbeit mit Kindern in den 1980er- und 1990er-Jahren gehalten, vor dem Urteil des BGH über Standards von Glaubhaftigkeitsgutachten, das suggestive Techniken aus der Wahrheitsfindung verbannte. Wer geschickt genug bohrt, findet häufig etwas. Natürlich gibt es in der Erwachsenentherapie keine solchen Tricks, wie sie bei Kindern angewendet wurden – nach dem Motto: Ich erzähle dir jetzt mal, was der kleinen Lena passiert ist, damit du mir erzählst, was dir passiert ist. In Gruppentherapien von Erwachsenen gibt es andere, ebenso problematische Mechanismen. Jemand erzählt seine Geschichte, sie ist vielleicht tragisch, alle wenden sich ihm zu, er bekommt Zuspruch und Anerkennung für den Mut, so offen über den sexuellen Missbrauch gesprochen zu haben. Aber das dauert ja nur kurz. Nach der Reha ist er wieder allein mit den bohrenden Fragen, den Zweifeln und Ängsten. Vielleicht tauchen immer neue, schreckliche Vorstellungen auf. Das sind aber keine Einbildungen, das sind Erinnerungen, so hat er es in der Therapie gelernt. Solche Erinnerungen muss man ernst nehmen. Und plötzlich dreht sich sein ganzes Leben nur noch um den Missbrauch. Zu den bereits vorhandenen Symptomen kommen weitere, vielleicht auch körperliche Schmerzen. Der suchende Mensch – denn das ist er ja, einer, der Antworten auf Fragen möchte, die er selbst aus eigenem Antrieb nicht gestellt hätte – kontaktiert weitere Experten. Diese raten, es würde ihm helfen, wenn er die Verbindungen zu seiner Familie kappen würde. Er solle den Vater wegen sexuellen Missbrauchs anzeigen. Das tut er und erfährt dann, dass nicht ermittelt werden wird: Die Taten sind verjährt. Mutter und Geschwister haben natürlich von der Anzeige gehört. Sie sind entsetzt und werfen ihm vor, er würde lügen und die Familie zerstören. Sie seien doch da gewesen, ein sexueller Missbrauch könne gar nicht passiert sein. Nicht nur ein Leben liegt nun in Scherben.

Steht ein Verdacht im Raum, wird er durch sogenannte Signale erhärtet, oder die Signale führen zum Verdacht. Ich habe das bei Kindern bereits mit dem »koitusähnlichen« Reiten verdeutlicht – oder mit der Ausdeutung von Zeichnungen. Aber auch das Halten einer Tafelkreide in Richtung Scheide vor dem Kritzeln an einer Tafel bei einer Vierjährigen, breitbeiniges Sitzen auf Stofftieren bei einer Achtjährigen, Konzentrationsschwierigkeiten bei den Hausarbeiten bei einem Zehnjährigen, für die Witterung zu leichte Kleidung bei einer Zwölfjährigen oder bei einer anderen Zwölfjährigen Minirock, Goldjacke, schwarzes Top und Stiefeletten galten in Berichten von Beratungsstellen als Signale für Missbrauch. Sie waren nicht selten der Beginn von Aufdeckungsarbeit, die dann dazu führte, dass die Kinder vom Jugendamt aus ihren Familien genommen wurden.

Bei Erwachsenen wird ebenso gedeutet, da sind die Signale oft psychosomatischer Natur. Ob Schlafstörungen oder Beziehungsprobleme, ob berufliche Überforderung oder Rückenschmerzen: Fast alles lässt sich mit einem verdrängten sexuellen Missbrauch erklären. Hauptsache, man findet eine Ursache. Irgendwann sind viele Jahre Psychotherapie vergangen, aber man ist keinen Millimeter weitergekommen in einer selbstverwirklichenden Gestaltung seines Lebens. Stattdessen hat man in der Vergangenheit gewühlt, dort wild fantasiert und die Fantasien dann auf die Realität übertragen. Im Strudel der Erinnerungsarbeit sind viele Patienten nicht mehr in der Lage, an die Folgen zu denken oder ihre Kausalketten logisch zu überprüfen. Ihre Verwirrung wird zuweilen durch vermeintliche

Fachleute bewirkt und bestärkt. Leider ist es bittere Realität, dass selbst Albträume eins zu eins ausgedeutet werden als Abbilder tatsächlichen Erlebens. Wie kann man auf die Idee kommen, dass sich im Traum nur Wirklichkeit abbildet? Natürlich kann Wirklichkeit im Traum vorkommen, doch das Wesen des Traumes liegt doch darin, dass diese Wirklichkeit in Symbolen und Methapern, also verändert, vielleicht verschlüsselt auftaucht. Daher ja auch der Begriff Traum-Deutung.

Eine spezifische Methode aus der Traumatherapie verdient besondere Erwähnung: die sogenannte EMDR-Methode: *Eye Movement Desensitization and Reprocessing.* Durch das Verfolgen von Fingerbewegungen mit den Augen wird ein Patient in einen entspannten Zustand versetzt, eine Art Trance. In diesem Zustand sollen die fragmentierten Bestandteile traumatischer Erlebnisse ins Bewusstsein gelangen und zu einem stimmigen Ganzen zusammengefügt werden können, um dann vom Wachbewusstsein heilend bearbeitet zu werden. Ein erfahrener forensischer Psychiater verglich den Zustand bei EMDR-Sitzungen mit dem Zustand bei Hypnose. Und er wies auf den Grundirrtum hin, der in der Annahme besteht, dass unter Hypnose lediglich Tatsächliches aus dem Unbewussten aufsteigt. Unter Hypnose kommt aber nicht immer tatsächliches Erleben zum Vorschein, das bisher der Erinnerung nicht zugänglich war. Es steigen eher Fantasien, Wünsche, Metaphern und Ängste auf, wie im Traum.

Ich sage hier nicht, dass die genannten Techniken immer und in jedem Fall schädlich sind. Aber wenn sie dazu dienen, unschuldige Menschen eines Verbrechens zu bezichtigen, dann sind sie es. Psychotherapie ist für viele Menschen nötig und hilfreich. Als forensischer Psychologe geht es mir um die Kollateralschäden von Psychotherapie, meine Kritik richtet sich nicht gegen die Psychotherapie an sich, sondern gegen den schlampigen Umgang mit wissenschaftlichen Erkenntnissen. Psychotherapeutinnen und Psychotherapeuten müssten wissen, dass eine Erinnerung, die im Alter von vierzig Jahren an das zweite oder dritte Lebensjahr aufsteigt, nicht als sicher interpretiert werden kann! Wenn solche vermeintlichen Erinnerungen über viele Sitzungen hinweg immer wieder besprochen werden, muss die Gefahr erkannt werden, dass damit womöglich eine »Erinnerung« erarbeitet wird, die in Wirklichkeit gar keine ist. Ein fiktives Vorstellungsgebilde wird erschaffen, das durch stetiges Wiederholen immer wahrer zu werden scheint.

Und manchmal ist es ja noch absurder: Da wird eine multiple Persönlichkeitsstörung diagnostiziert. Aber jedes Wort, das die Primärpersönlichkeit – oder sprechen gerade die anderen Personen, die Innenpersonen? – äußert, wird für bare Münze, für erlebnisbegründet, also für wahr gehalten. Dabei kann man in der ICD-10 lesen: Bei Konversionsstörungen ist die »normale Integration von Erinnerungen an die eigene Biografie ins Gedächtnis gestört«. Wie sollte es auch anders sein? Wenn ich nicht einmal mehr weiß, dass ich ich bin, wie soll ich dann wissen, was ich erlebt habe?

Therapie vom Wühltisch

Die geradezu inflationäre Benutzung des Begriffes Therapie tut ein Übriges. Mal eben ein Healing-Seminar gebucht, und schon ist man Therapeut. Ständig sprießen neue Methoden aus dem Boden. Selbst ernannte Therapeuten pendeln, massieren und machen Energiearbeit, sprechen mit Geistern und Toten, atmen bewusst und decken vermeintlich Unbewusstes auf. Wo gehobelt wird, da fallen Späne. Wieder geht es mir nicht um diejenigen, denen die Teilnahme an Gruppentreffen auf See- oder Waldgrundstücken zur Selbstfindung und zur Lebenszufriedenheit verhilft; wenn es ihnen dabei gut geht, sei es ihnen von Herzen gegönnt. Es geht um die Kollateralschäden. Da wabert bei Auraberatungen und Reinkarnationsriten oder ähnlichem Humbug ein Verdacht auf sexuellen Missbrauch durch den Raum. Manchmal werden sogar Engel bemüht, die Klienten etwas zuflüstern.

Wenn jemand danach sachgerechte fachliche Hilfe sucht, glaubt er vielleicht bereits an den sexuellen Missbrauch in der Vergangenheit. Er benennt dann bei einem tatsächlichen Psychotherapeuten einen sexuellen Missbrauch als Grund für seine Probleme. Hier zeigt sich noch einmal, wie wichtig die Analyse der Entstehung einer Aussage ist! Nicht nur für Gerichtsgutachter, auch für Psychotherapeutinnen und Psychotherapeuten. Es reicht nicht, zu hören, dass ein Patient von einem sexuellen Missbrauch berichtet. Ob der ursprünglich ausgependelt wurde oder in den Sternen stand – das ist wichtig.

Das Dunkelfeld: Wer lange in alle Ecken leuchtet, sieht irgendwann Gespenster

Natürlich wollten die Aufdecker Gutes tun, und natürlich wollen Psychotherapeutinnen und Psychotherapeuten helfen. Ich habe ja schon über Denkfehler gesprochen, wenn es um die Verdachtsbildung und die Verdachtsprüfung von sexuellem

Missbrauch geht. Hier will ich noch einmal auf die Dunkelziffer für dieses Delikt eingehen. Die gibt es, sie wird aber auch häufig missverstanden. Eine Dunkelziffer sieht man ja nicht, weil sie im Dunkeln liegt. Und dort kann sie sogar missbraucht werden.

Woher wissen wir etwas über die Häufigkeit von Verbrechen? Aus Anzeigestatistiken, die die Polizei über einzelne Delikte führt. Diese Zahlen nennen wir das Hellfeld. Dann gibt es natürlich viele Delikte, die nie angezeigt werden, sie bilden das erwähnte Dunkelfeld. Und das Dunkelfeld ist bei Sexualdelikten, vor allem beim sexuellen Kindesmissbrauch, besonders groß. Von verschiedenen Seiten her wird versucht, das Dunkelfeld zu erhellen. Das geschieht u.a. durch Schätzungen auf der Grundlage von Umfragen. Da man nicht alle Menschen befragen kann, muss man sich mit Stichproben begnügen.

Stellen wir uns eine Umfrage am Telefon vor. Der Anrufer möchte unter der zufällig gewählten Nummer eine erwachsene Frau sprechen. Er erklärt den wichtigen Anlass seiner Umfrage, er erhält die Bereitschaft zur Mitarbeit und fragt einige Daten ab, wie Alter und Beruf. Dann stellt er seine Fragen. »Ist es Ihnen in Ihrem Leben schon einmal passiert, dass jemand übergriffig wurde?«, könnte so eine Frage lauten. Und die Antworten könnten so aussehen: »Ja, bei meiner Kommunion, als Onkel Konrad mir einen Bussi gab und ich das nicht wollte.« Oder: »Tante Adele, die dauernd an meinen Klamotten rumzupft.« Und so weiter. Bei der Frage: »Ist es Ihnen schon einmal passiert, dass Ihr Körper berührt wurde, obwohl Sie das nicht wollten?«, bekommt man natürlich andere Zahlen, als wenn man konkret fragt: »Hat ein fremder Mensch schon einmal Ihre Genitalien berührt, ohne dass Sie dies wollten?«

Wir halten als Erstes fest: Die extrem hohen Zahlen, die bei solchen Umfragen erreicht werden, hängen maßgeblich vom Inhalt der Fragen ab. Wenn also aus solchen Umfragen berichtet wird, dass jede vierte Frau in ihrem Leben eine ungewollte Körperberührung erlebt hat, so ist diese Zahl eventuell nicht falsch, sie bedeutet aber nicht, dass jede vierte Frau ein Sexualdelikt erlebt hat, und schon gar nicht, dass jedes vierte Kind einen sexuellen Missbrauch erlebt hat.

In genau dieser Weise werden die Zahlen aber häufig falsch interpretiert, und das nicht nur in den Medien. Wenn man nun aber zu wissen meint, dass sexuelle Übergriffe so häufig passieren, dann wird leicht übersehen, dass ein Verdacht unsinnig begründet wird oder dass eine Beschuldigung absurde Elemente enthält. Es wird schon etwas dran sein, denkt man, denn es geschieht ja andauernd. Ein seriöser Umgang mit Zahlen über das Hell- und Dunkelfeld von sexuellen Übergriffen sieht anders aus.

Weite Verbreitung und häufiges Auftreten sind nicht dasselbe

Wenn man viele Personen nach dem Vorkommen eines Ereignisses über einen langen Zeitraum, also über das gesamte bisherige Leben, fragt, erhält man Statistiken über Prävalenzen. Der Begriff kommt aus der Medizin: Eine Prävalenzrate enthält die Zahl der Fälle mit einer bestimmten Krankheit bei allen untersuchten Personen. Sie sagt uns etwas über die Verbreitung einer Krankheit in einer bestimmten Gruppe, zum Beispiel über die Verbreitung von Aids bei erwachsenen Männern in einem bestimmten Land.

Medizin und polizeiliche Anzeigestatistiken kennen noch eine andere wichtige statistische Zahl: die Inzidenzzahl. Sie beschreibt das neue Auftauchen eines Ereignisses, also einer Krankheit oder einer Straftat *in einem definierten Zeitraum,* meistens in einem bestimmten Jahr.

Prävalenz- und Inzidenzzahlen enthalten also ganz unterschiedliche Informationen. Ich will den Unterschied an einem einfachen Beispiel verdeutlichen. Wenn viele erwachsene Frauen berichten, sie hätten schon einmal im Leben ihr Mobiltelefon verloren, würde wohl keiner denken, dass diese Frauen jedes Jahr ihr Handy verlieren. Aber wenn Menschen hören, dass jede vierte erwachsene Frau schon einmal eine ungewollte körperliche Berührung erlebt hat, dann wird das häufig so »übersetzt«, dass das auch für Kinder gilt. Die hatten aber eine viel kürzere Zeit als erwachsene Frauen, so etwas zu erleben. Und wenn die weitere »Übersetzung« einer Prävalenzzahl dann lautet: Jedes vierte Kind aus einer Gruppe im Kindergarten oder in der Schule ist wahrscheinlich missbraucht worden, dann wird der Fehler doch sehr deutlich. Die kumulative (angehäufte) Prävalenzzahl wird fälschlich zur Ereigniszahl, zur Inzidenzzahl.

Für die Ideologie der Aufdeckungsarbeit spielte der Fehler im Umgang mit statistischen Zahlen eine große Rolle. Die Schreckensbotschaft über die hohe Zahl von Missbrauchsfällen war der eine Teil der Aufdeckungsideologie. Der andere Teil bestand daraus, dass Kinder nicht über sexuellen Missbrauch sprechen, also galt es Signale zu erkennen, von denen wir nun wissen, dass es sie in Wirklichkeit gar nicht gibt. Wenn eine Erzieherin davon ausgeht, dass jedes vierte Kind, mit dem sie zu tun hat, sexuell missbraucht wurde, so findet sie auch bald eine Auffälligkeit.

Pickel in der Statistik

In der Polizeilichen Kriminalstatistik des Bundes (PKS) wurde über viele Jahre hinweg für das Delikt des sexuellen Kindesmissbrauchs (§§176, 176a,b StGB) eine Anzahl von circa fünfzehntausend Anzeigen verzeichnet. Es wurde auf ein hohes Dunkelfeld verwiesen. Wenn man das Verhältnis von Hell- zu Dunkelfeld als 1:10 ansieht, wären das circa 150 000 sexuell missbrauchte Kinder pro Jahr. Wir haben in Deutschland pro Jahr knapp 700 000 Lebendgeborene (so heißt das in der Bevölkerungsstatistik). Schon könnte man rechnen: 150 000 von 700 000 Kindern werden jährlich missbraucht, also ungefähr jedes vierte Kind.

Sie haben es gemerkt: Das war eine Milchmädchenrechnung. Man muss natürlich mehrere Altersstufen addieren. Eine Statistik für Altersstufen für eine Volkszählung im Jahre 2011 zeigt Zahlen zwischen circa 650 000 und 790 000 pro Altersstufe bis zum Alter von vierzehn Jahren. Früher wurden mehr Kinder geboren, also gibt es heute mehr Vierzehnjährige als Einjährige. Demnach müsste es in jedem Jahr aus der Gegenwart, für das eine Kriminalstatistik erstellt wird, knapp zehn Millionen Kinder bis zum Alter von vierzehn Jahren geben. Ich rechne sehr grob und abrundend, aber dieses Mal hoffentlich ohne Denkfehler. Für das Hellfeld bedeutet das, dass ungefähr jedes sechshundertste Kind von sexuellem Missbrauch betroffen ist. Das ist schlimm genug, finde ich. Noch schlimmer sieht die Schätzung für das Dunkelfeld aus, da wäre es nämlich etwa jedes sechzigste Kind. Aber es handelt sich eben nicht um jedes vierte Kind!

Ich habe große Vorbehalte gegen Zahlenspiele mit dem sexuellen Missbrauch. In den 1990er-Jahren war von der Ubiquität des sexuellen Missbrauchs die Rede. Nur Gott ist bekanntlich ubiquitär, so sagt man, also überall zur gleichen Zeit. Nimmt man Aufrufe zur erhöhten Wachsamkeit bei Lehrerinnen und Lehrern und anderen Betreuerinnen und Betreuern von Kindern hinzu, so befürchte ich, dass eine Rolle rückwärts eingeleitet werden könnte. Wir könnten wieder dort landen, wo wir zwanzig Jahre nach den Massen-Missbrauchsprozessen nicht mehr sein wollen: bei der Ausdeutung unspezifischer Signale und falschen Missbrauchsdiagnosen in großer Zahl.

Wenn ein Elfjähriger morgens in der ersten Schulstunde einen verstörten Blick hat, kann es sein, dass er vorhin auf der Schultoilette seinen ersten Pickel entdeckt hat. Nun wird uns aber suggeriert, er wolle mit seinem verstörten Blick anzeigen, dass er in der Nacht zuvor sexuell missbraucht wurde. Eine gute Lehrkraft merkt so etwas! Und eine gute Lehrkraft veranlasst dann Maßnahmen zur Aufdeckung des Verborgenen! Ich habe über die Folgen von fehlgeleitetem Aufdeckungseifer in Beratungsstellen und im privaten Bereich berichtet. Offenbar ist ideologisch begründeter Übereifer schwer zu stoppen. Das gilt wohl besonders, wenn teilrichtige Botschaften verkündet werden. Teilrichtige Botschaften sind immer auch zum Teil falsch. Ja, es gibt ein umfangreiches Dunkelfeld von sexuellem Missbrauch, aber nein, durch Abzählen in Kindergruppen wird es nicht erhellt, ebenso wenig wie durch küchenpsychologische Deutungen. Ja, viele Kinder schweigen lange über ihre Missbrauchserlebnisse, aber nein, das gilt nicht für alle Altersstufen und alle Bedingungen. Und bewusstes Schweigen erklärt auch nicht, dass man sexuellen Missbrauch über Jahrzehnte vergisst und dann wiedererinnert. Meine Großmutter hat mir früh beigebracht, dass Halbwahrheiten ein Verhängnis sein können, da sie schwerer entdeckt werden als etwas, was vollkommen falsch ist. Und da hatte meine Oma leider recht.

Realer Mord, fiktive Aussage: Der Mordfall Kern

Es ist der Albtraum aller Eltern: Ein Kind kommt nicht nach Hause. Am 19. August 1981 um 17:30 Uhr meldete das Ehepaar Kern seinen vierjährigen Sohn Markus bei der Polizei als vermisst. Sein dreijähriger Bruder, so sagte Monika Kern, habe ihr gegen 13:30 Uhr berichtet, Markus sei plötzlich vom Spielen vor dem Elternhaus weggelaufen. Zunächst suchte Frau Kern allein nach Markus, dann in zunehmender Verzweiflung gemeinsam mit ihrem Ehemann, schließlich mit Freunden, Nachbarn. Am Abend begann eine große Suchaktion, die die ganze Nacht hindurch andauerte. Am Folgetag um 13:30 Uhr die schreckliche Gewissheit: Ein Spürhund der Bahnhofspolizei fand Markus tot in einem Gebüsch am Bahndamm. Der Junge war mit einer Damenstrumpfhose erdrosselt worden. Ein Gerichtsmediziner legte den Todeszeitpunkt auf die Abendstunden des 19. August fest. Kurzzeitig gerieten die Eltern in Verdacht, die Ermittlungen gegen sie wurden aber schnell wieder eingestellt, da sie zum Todeszeitpunkt das denkbar beste Alibi hatten: Sie saßen bei der Polizei, um Vermisstenanzeige zu erstatten. Trotz monatelanger Ermittlungen konnte der Mord an Markus Kern nicht aufgeklärt werden.

Und dann dies: *Mutter nach 26 Jahren überführt*, titelte eine große Boulevardzeitung im Juli 2007. Der Leser erfuhr: Eine jetzt fünfunddreißigjährige Frau hatte der Polizei per Brief bereits im Januar 2007 mitgeteilt, als Achtjährige den Mord an Markus beobachtet zu haben. »Markus und ich haben damals gespielt. Plötzlich kam seine Mutter und sagte, er soll mitkommen zum Einkaufen. Sie nahm ihn hinten auf ihr Fahrrad. Ich durfte nicht mit, bin aber mit meinem Kinderrad hinter ihr her gefahren. Später habe ich – hinter einem Gebüsch versteckt – gesehen, wie meine Tante den Markus mit einer Nylonstrumpfhose erdrosselt hat.« Die Frau berichtete weiter, dass die Mörderin sie dann entdeckt und gedroht habe: »Wenn du ein Wort sagst, dann geschieht dir das Gleiche.« Aus Angst habe sie jahrelang geschwiegen.

Die Polizei vernahm die neue Zeugin mehrfach zu ihrer Beobachtung. Ein Rechtsmediziner kritisierte die damalige Feststellung des Todeszeitpunktes: Markus' Tod könne auch früher eingetreten sein, also am frühen Mittag, so wie die Zeugin jetzt sagte. Daraufhin wurde Frau Kern im Juli 2007 festgenommen. Eine gefühlskalte, emotionslose Frau, so beschrieb sie der Beamte. Er benannte auch ein Motiv für die Tat: Markus war unehelich geboren und sei der Mutter lästig gewesen. Frau Kern leugnete, die Tat begangen zu haben. Es stand Aussage gegen Aussage.

Die Zeugin Silke Zander hatte ein bewegtes Leben hinter sich. Ihren Brief an die Polizei schrieb sie aus dem Gefängnis, wo sie wegen Diebstählen und Betrugsdelikten einsaß – nicht zum ersten Mal. Zudem war sie wiederholt stationär in psychiatrischer Behandlung gewesen. Als Diagnose wurde eine emotional instabile Persönlichkeitsstörung vom Borderline-Typ festgestellt. Aus diesem Grund wollte die ermittelnde Staatsanwaltschaft auf Nummer sicher gehen. Womöglich fand sie, das alles klinge doch ein bisschen abwegig. Ein solcher Verdacht, nach so langer Zeit? Die Staatsanwaltschaft beauftragte mich mit einem Glaubhaftigkeitsgutachten. Als ich Frau Zander im Oktober 2007 begutachtete, befand sie sich nach ihrer Haftentlassung und einem kurzen Aufenthalt bei ihren Eltern seit zwei Wochen erneut in stationärer psychiatrischer Behandlung.

Die Begutachtung: Detailreiche Traumaerinnerung

In der psychiatrischen Klinik traf ich auf eine kleine, blasse Frau, die erkennbar stark litt. Seit einigen Jahren werde sie von Erinnerungen an die Beobachtung des Mordes überschwemmt, so erzählte sie. Sie könne sich nicht mehr von diesen Gedanken lösen, habe Schlafstörungen und Kopfschmerzen. Ich bat Frau Zander, mir als Erstes ihren Lebenslauf zu schildern, und das tat sie auch bereitwillig. So lerne ich einen Menschen schon immer ein wenig kennen – und damit meine ich nicht nur inhaltlich, sondern auch, wie er im Allgemeinen spricht und wie er erlebte oder beobachtete Sachverhalte beschreibt. Kann er sich gut ausdrücken? Redet er weitschweifig oder anschaulich? So erhalte ich eine »Baseline«, eine Einschätzung seiner Erzählweise. Diese bildet auch einen Bezugspunkt für die qualitative Inhaltsanalyse der Aussage zum eigentlichen Sachverhalt. Nachdem Frau Zander ihre Schulzeit eher recht als schlecht, wie sie erklärte, hinter sich gebracht habe, habe sie ihren Heimatort verlassen und die Verbindungen zu ihrer Familie abgebrochen – wegen ihrer Tante, der Mörderin. Es sei ihr nicht möglich gewesen, in deren näherer

Umgebung zu wohnen. Eine Zeit lang habe sie in der Türkei gelebt, wo sie ein großes Hotel geführt habe. Doch glücklich sei sie dort nicht geworden. Denn das Miterleben des Mordes an ihrem Neffen, dem kleinen Markus, habe sie so stark traumatisiert, dass sie aus Angst Schutz bei starken Männern als Partner gesucht habe. Von einigen sei sie misshandelt worden. Frau Zander berichtete auch von Ritzen und anderen selbstschädigenden Verhaltensweisen und von Versuchen, der Prostitution nachzugehen, was sie als eine Art Selbstbestrafung wie das Ritzen interpretierte. Obwohl sie mir gegenüber prinzipiell offen war, erklärte sie, dass sie über einige Zeitspannen ihrer Biografie nicht sprechen wolle und könne. Es seien schlimme Dinge passiert. Frau Zander weinte bei ihren Schilderungen ohne Unterlass. Ich schob ihr ein Päckchen Papiertaschentücher zu und wechselte hin und wieder zu Themen aus ihrer Biografie, von denen ich den Eindruck hatte, dass sie Frau Zander nicht belasteten, um vielleicht die Stimmung etwas aufzuhellen. Trösten oder Ansprechen der Traurigkeit meines Gegenübers vermeide ich prinzipiell; das bringt nichts. Probieren Sie es ruhig mal aus. Bei Tröstungsversuchen kommen die Tränen häufig noch heftiger, und letztlich versiegt die Sprache. Genau das wollte ich ja vermeiden.

Die Borderline-Diagnose aus den Akten bestätigte sich durch die Angaben von Frau Zander. In den Arztberichten zu ihrem Fall hatte ich gelesen: Das Trauma der Mordbeobachtung habe die Patientin bereits als Kind aus der Bahn geworfen, sie habe außer der Borderline-Störung auch eine posttraumatische Belastungsstörung entwickelt.

Auch die umfangreichen polizeilichen Vernehmungen von Frau Zander waren mir aus den Akten bekannt. Bei meiner Exploration zur Sache weinte sie weiter wie bei der Schilderung ihres Lebenslaufs, aber sie konnte trotz der Tränen gut sprechen, und ihre Angaben waren auch gut zu verstehen. Sie erzählte detailreich ihre Beobachtungen von dem Mord vor sechsundzwanzig Jahren. Widersprüche zu den Inhalten ihrer Vernehmungsprotokolle kamen nicht vor. Sie gab an, im Januar 2007 nicht zum ersten Mal über den Mord berichtet zu haben. Sie habe darüber bereits vor einigen Jahren, wohl 2004, mit einer Psychologin gesprochen, die sie in einer Justizvollzugsanstalt eines anderen Bundeslandes betreut habe. Diese Psychologin habe ihr geraten, den Sachverhalt aufzuschreiben. Sie habe viele Blätter vollgeschrieben, ein »Buch« im Umfang von etwa achtzig Seiten über den Mord. Diese achtzig Seiten habe sie der Psychologin gegeben. Dann sei sie aus dem Gefängnis entlassen worden und habe keinen Kontakt mehr zu der Psychologin gehabt.

Das Gutachten: Sowohl als auch und wieder zurück

Die Inhaltsanalysen der polizeilichen Vernehmungen und der Exploration ergaben detailreiche und konstante Beschreibungen mit diversen Realkennzeichen. Ein nebensächliches, aber sehr anschauliches Detail beschrieb ich im Gutachten: Frau Zander sei ihrer Tante auf einem Kinderrad nachgefahren, sie sei aber nicht so schnell wie die Tante gewesen. Daher habe sie zur Abkürzung den Weg durch ein Einkaufscenter genommen. Glastüren hätten sich von selbst geöffnet, als sie auf diese zugefahren sei. Sie sei durch einen großen Flur geradelt, ein Mann habe geschimpft. Am anderen Ende sei sie wieder ins Freie gelangt. Durch diese Abkürzung habe sie die Tante einholen können. Dann habe sie ihr Kinderfahrrad unten am

Bahndamm an der Stange des Schildes einer Bushaltestelle abgestellt und sei nach oben auf den Damm gelaufen, wo sie den Mord beobachtet habe.

Trotz der hohen Aussagequalität, die ich im Gutachten erläuterte, beschrieb ich ausführlich die Denkmöglichkeit, dass die Aussage der Zeugin auf einer Scheinerinnerung beruhen könne. Ich begründete das mit ihrer Störungsdiagnose und dem behaupteten langen Schweigen – schon als Kind, obwohl sie guten Kontakt zu vielen Erwachsenen hatte. Die Erwachsenen hatten damals häufig über den ungeklärten Mord geredet, auch vor den Kindern; so hatten sie als Zeugen in polizeilichen Vernehmungen ausgesagt, die ich ja aus den Akten kannte. Und viele von ihnen hielten die Mutter immer noch für die Täterin – schließlich hatte die Polizei das seinerzeit auch getan. Das mit dem Alibi glaubten viele nicht, vielleicht war der Mord ja geschehen, bevor Frau Kern bei der Polizei erschienen war. Ich betonte in meinem Gutachten die Gefahr, dass sich hier bei einer Frau mit extrem vielen, auch unbekannt gebliebenen biografischen Belastungen eine Scheinerklärung für ihre Misere herausgebildet haben könne. Mit der Scheinerinnerung an die Mordbeobachtung könne sie ihr berufliches Versagen, ihre Delikte und ihre psychischen Störungen erklären.

Personen mit Borderline-Störungen können aber natürlich auch die Wahrheit sagen. Denken Sie an die Zeuginnen aus dem »Hühnerstall«! Natürlich war auch jene Hypothese denkbar, von der die Ärzte ausgingen: das Trauma Mordbeobachtung als Ursache für die psychischen Störungen von Frau Zander. Für einen aussagepsychologischen Sachverständigen reicht es aber nicht aus, zu erkennen, was denkbar ist. Er muss die Geltungswahrscheinlichkeiten für die verschiedenen Denkmöglichkeiten, für gegensätzliche Erklärungen einschätzen. Und dafür gibt es ja eine eindeutige Regel: Die Unschuldsvermutung, die wir Aussagepsychologen beim Hypothesenvergleich auch als Nullhypothese bezeichnen. Die Nullhypothese muss begründet sein, sie muss das enthalten, was dem Wahrheitsgehalt der zu prüfenden Aussage eventuell entgegensteht.

Es ging also nicht darum, was alles möglich ist, sondern darum, ob ich aussagepsychologisch zeigen (»beweisen«) konnte, dass die Aussage von Frau Zander erlebnisbegründet erfolgte, also wahr ist. Und da gab es etwas, was die Hypothese über eine Scheinerinnerung sehr unwahrscheinlich machte. Im Bericht der Polizei entdeckte ich folgendes Detail: Bei einer Tatortbesichtigung wurde Pause gemacht. Eine Beamtin und Frau Zander saßen rauchend auf der Bank des Wartehäuschens an der Bushaltestelle unter dem Bahndamm. Plötzlich und unerwartet sagte Frau Zander: »Da drüben stand damals ein Junge.« Die Polizei führte dazu aus: Im Jahr 1981, als die Polizei per Lautsprecherwagen um Hinweise bat, hat sich ein vierzehnjähriger Schüler gemeldet und ausgesagt, er habe nach Rückkehr von der Schule, also mittags, vor seinem Elternhaus warten müssen, da er keinen Schlüssel dabeigehabt habe. Er habe gesehen, wie eine Frau mit einem Jungen hinten auf ihrem Fahrrad den Bahndamm heraufgefahren sei. Diese Spur, so nennt die Polizei solche Hinweise, sei eine von mehr als hundert Spuren gewesen. Sie habe 1981 keine weitere Beachtung gefunden, da die Todeszeit ja auf circa 18 Uhr festgelegt worden sei. Die Polizisten von 2007 beschrieben, dass sie mit Frau Zander nicht über den Jungen gesprochen und nicht nach ihm gefragt hätten; Frau Zander habe ihn von sich aus erwähnt.

Ich hielt es für sehr unwahrscheinlich, dass in einer Scheinerinnerung von Frau Zander ein Detail enthalten sein könne, das nicht direkt mit dem Mord zu tun hat, das aber mit ihm verbunden und objektiv belegt ist. In meinem Gutachten erklärte ich, dass dieses Aussagedetail ein starker Hinweis auf tatsächliches Erleben als Grundlage der Zeugenaussage von Frau Zander sei. In der Gerichtsverhandlung nannte ich dieses Detail den »Fels in der Brandung« – einer Brandung mit hin und her sowie quer laufenden Wellen.

Nach Ablieferung meines vorläufigen schriftlichen Gutachtens bei der Staatsanwaltschaft ging die Sache an ein Landgericht. Von dort erhielt ich einen Kommentar der Verteidigerin von Frau Kern zu meinem Gutachten mit der Bitte um Stellungnahme. Die Verteidigerin teilte mit, dass sie die Psychologin ausfindig gemacht habe, der Frau Zander das achtzigseitige »Buch« mit ihren Erinnerungen übergeben haben wollte. Es stehe zwar fest, dass Frau Zander 2004 in der genannten Justizvollzugsanstalt eingesessen sei, sie habe aber nur sporadischen Kontakt zur Psychologin gehabt und dieser kein Schriftstück übergeben. Außerdem habe sie mit der betreffenden Psychologin gar nicht über den Mordfall Kern gesprochen. Ich war alarmiert und erklärte dem Gericht schriftlich, dass diese neuen Erkenntnisse die Suggestionshypothese stützen würden: »Das Vorkommen fiktiver Inhalte in Zeugenaussagen *(also die falsche Aussage über die Gespräche mit der Psychologin)* kann nicht als marginaler Irrtum abgetan werden. Das Vorkommen fiktiver Inhalte stellt den Realitätsgehalt der zentralen Angaben *(über die Mordbeobachtung)* infrage.«

Die Verteidigerin von Frau Kern führte zusätzlich aus: Es sei keineswegs gesichert, dass die Aussage von Frau Zander über den Jungen auf der anderen Straßenseite spontan erfolgt sei. Es gebe zwar eine Videoaufnahme der Tatortbesichtigung, diese sei aber eine Nachstellung nach der eigentlichen Besichtigung mit nachträglicher Vertonung, und die genannte Pause sei gar nicht aufgenommen worden. Das besagte Video stand mir bei meiner Begutachtung nicht zur Verfügung, was sich nicht als wichtig erwies. Aber nun bestanden Zweifel an der Unabhängigkeit und Spontaneität der Aussage von Frau Zander über den Jungen. Ich schrieb wörtlich: »Sollte sich als Ergebnis von Beweiswürdigung herausstellen, dass nicht von einer Spontanerinnerung 2007 bei Frau Zander über die seinerzeitige Anwesenheit eines Jungen in Tatortnähe auszugehen ist, so ist meiner positiven aussagepsychologischen Bewertung des Realitätsgehalts der Angaben von Frau Zander über die Beobachtung einer Tötung des Markus Kern durch Frau Monika Kern eine weitere wesentliche Grundlage entzogen.«

Hatte mein Fels in der Brandung Löcher bekommen oder war er gar insgesamt aus Sand, der langsam, aber stetig von der Brandung weggespült wurde? »Standpunkttreue und Flexibilität« forderte mein Lehrer, Prof. Dr. Dr. Wegener, in seinem Lehrbuch über Forensische Psychologie aus dem Jahr 1981: Festhalten an einem Gutachtenergebnis auch bei Gegenwind, wenn man von ihm überzeugt ist, aber Flexibilität bei neu eingehenden Informationen! Alle Beteiligten in einem Strafverfahren sollten prinzipiell frühe Festlegungen vermeiden und sich für neue Informationen offenhalten.

Die Hauptverhandlung: Zwei Felsen prallen aufeinander

Im Februar 2008 fand die Gerichtsverhandlung vor einem Landgericht statt. Frau Zander machte als Zeugin ihre Aussage. Natürlich wurde sie auch zu dem Jungen befragt: Er sei zwischen elf und vierzehn Jahre alt gewesen, er sei größer als sie damals gewesen, aber kein Riese, sie habe ihn danach nie wieder gesehen. Diese Beschreibung erschien nichtssagend. Doch der Junge von damals konnte als Zeuge befragt werden. Er sagte dem Gericht: »Damals hat es da doch noch gar keine Bushaltestelle gegeben. Da war nur so ein Schild mit einem Parkverbot drauf. Ich habe gesehen, dass die Frau mit dem Fahrrad – die Angeklagte Frau Kern – und dem Kind ›hinten‹ wieder vom Bahndamm runtergefahren ist. Ich habe aber von meinem Standpunkt aus nicht den ganzen Weg hinunter sehen können. Aber sicher hat die Frau oben nicht angehalten.«

In der Hauptverhandlung sagte auch die Psychologin aus, so wie es die Verteidigerin zuvor geschrieben hatte. Der Fels in der Brandung bekam ein Loch nach dem anderen, zumal weitere Zeuginnen Markus noch am Nachmittag gesehen haben wollten. Doch Frau Zander beharrte darauf, ihr Kinderrad am Bahndamm an einer Bushaltestelle abgestellt zu haben, nicht an einem Verkehrsschild. Ihre Erinnerungen seien ganz sicher und bildhaft. Auch die Polizeibeamtin und der Polizeibeamte blieben als Zeugen in der Hauptverhandlung bei ihrer Aussage: Sie hätten Frau Zander nicht nach dem Jungen gefragt, deren Bemerkung über den Jungen sei spontan erfolgt. Ein Loch im Felsen war wieder zugekleistert. Aber dann wurde er gesprengt.

Frau Zander hatte in der Gerichtsverhandlung anschaulich ihre Fahrt mit dem Kinderrad durch den Vorraum des Einkaufscenters geschildert, mit der sie eine Abkürzung nahm, um schließlich wieder auf ihre Tante und ihren Cousin Markus zu treffen und in der Folge den Mord beobachtet zu haben. »Ein Mann hat sich tierisch aufgeregt, dass ich da durch gefahren bin.« Am Tag nach dieser Aussage überraschte der Vorsitzende Richter alle Prozessbeteiligten und die Zuhörer. Er informierte anhand von amtlichen Unterlagen: Zur Zeit des Mordes von Markus Kern gab es am Bahndamm keine Buslinie, folglich auch keine Bushaltestelle. Die jetzige Straße mit Wartehäuschen an der Bushaltestelle war damals eher ein Feldweg. Und: Es gab dort auch kein Einkaufscenter. Die Grundsteinlegung für das jetzige Zentrum erfolgte 1983, zur Zeit des Mordes 1981 waren dort Wiesen und Äcker. Vom Felsen war nichts mehr übrig, ein anderer Felsen hatte ihn gesprengt, die letzten Steinchen waren weggespült.

Bedeutete das, dass Frau Zander log, also bewusst eine falsche Aussage gemacht hatte? Wahrscheinlich nicht. Ich trug in meinem Gutachten in der Hauptverhandlung vor, bei der Belastungszeugin sei von einer Scheinerinnerung auszugehen. Sie habe eine fiktive »biografische Legende« ausgebildet, mit der sie die vielen Niederlagen in ihrem Leben erklären konnte und die ihr viel Aufmerksamkeit zuteilwerden ließ.

Aus aussagepsychologischer Sicht ergibt sich die wichtige Erkenntnis: Scheinerinnerungen entstehen auf dem Hintergrund des gegenwärtigen Wissens eines Menschen. Dadurch sind die »Fehler« in den falschen Erinnerungen erklärbar. Die Fehler, d. h. die irrealen Details, sind nicht immer so »groß« und so anschaulich wie in der Aussage von Frau Zander, aber sie sind letztlich der Nachweis für das Vorliegen einer Scheinerinnerung.

Frau Kern wurde freigesprochen. Es ist bis heute unklar, wo, wie und durch wen die Information über den Jungen an Frau Zander gelangt ist, wie also der eine Fels entstanden ist, der durch einen anderen viel größeren Felsen und weitere Brocken zerstört wurde. Wieder zeigt sich die Unzulänglichkeit zusammenfassender Protokolle. Hier war sogar eine Videoaufnahme gemacht worden. Warum nachträglich und nicht während der eigentlichen Tatortbegehung? Warum war gerade die Pause mit der wichtigen Aussage über den Jungen nicht aufgenommen worden? Die Arbeit der Polizei erschien nicht mehr überzeugend, was sich auch auf ihren Bericht auswirkte, die Aussage von Frau Zander über den Jungen sei unbeeinflusst erfolgt.

Wie hätte der Prozess wohl geendet, wenn es die Recherchen der Verteidigerin und die Aussage des Jungen über die fehlende Buslinie nicht gegeben hätte und wenn der Vorsitzende Richter nicht auf die Idee gekommen wäre, das Baujahr des Einkaufszentrums festzustellen? Sie mögen denken, dass es doch Aufgabe der Polizei gewesen sei, dazu Nachforschungen anzustellen. Aber darauf muss man ja erst einmal kommen. Und wenn man die Gegend eben nur mit dem Einkaufszentrum kennt, ist es schwer, diesen irrealen Inhalt in einer sonst detailreichen Zeugenaussage zu erkennen. Der Richter war ein paar Jahre älter als die Polizeibeamten. Vielleicht kam er deshalb auf die Idee, dass die Gegend am Bahndamm vor fast drei Jahrzehnten anders ausgesehen haben könnte als zu der Zeit, in der Frau Zander ihre Aussage machte.

Und nun wieder die Gegenüberlegung: Kann Frau Zander sich in diesem Teil ihrer Aussage geirrt haben? Also ihre tatsächliche Beobachtung durch zusätzliche anschauliche, aber falsche Details angereichert haben? Gedächtnispsychologisch ist das denkbar. Aber es müssten viele Anreicherungen gewesen sein. Und es geht ja nicht darum, ob ihre Aussage richtig sein *kann*, sondern um den *Nachweis* der Richtigkeit. Frau Zander hatte noch andere Dinge erzählt, die auffällig waren und auf dem Hintergrund der Erkenntnisse in der Gerichtsverhandlung die Wahrscheinlichkeit für das Vorliegen einer biografischen Legende stützten. Warum hatte sie eigentlich ihr Fahrrad abgestellt? Sie wollte doch der Tante mit dem Jungen folgen. Hinter dem Bahndamm ging der Weg weiter. Es gab keinen Grund für sie, anzunehmen, dass die Tante oben auf dem Bahndamm anhalten würde. Und dann ihre anderen Erinnerungen/Erzählungen wie beispielsweise: Die Mutter habe einmal den Markus eine Bodentreppe hinabgestoßen, Frau Zander habe ihn aufgefangen und vor Verletzungen bewahrt. Die Mutter habe Markus mit weißer Reinigungsflüssigkeit, die sie in Milch geschüttet habe, vergiften wollen. Frau Zander habe diese Milch in einem unbeobachteten Moment weggeschüttet und durch neue ersetzt. All dies habe sich zugetragen, als sie acht Jahre alt gewesen sei. Sie habe auch diese Erlebnisse über mehr als zwei Jahrzehnte für sich behalten. Ihre Angst wegen der Drohung nach dem Mord kann am Anfang dieses Schweigens noch keine Rolle gespielt haben – der war ja noch nicht passiert.

Für Frau Zander hatte diese Zeugenaussage allerdings – psychologisch gesehen – eine große Bedeutung. Ihr schulisches und berufliches Versagen sowie ihre psychische Erkrankung erhielten dadurch externe Ursachen. Die Zeugin war nicht »schuld« an ihrer Misere, eigentlich war sie Lebensretterin und Rächerin des Markus – mit dieser Vorstellung lebt es sich besser als mit der Unklarheit, warum im eigenen Leben so vieles schiefgegangen ist. Die Scheinerinnerungshypothese bekam in dem Prozess eine sehr hohe Wahrscheinlichkeit. Widerlegbar war sie jedenfalls nicht mehr.

Am Rande ergibt sich aus dem Mordfall Kern nicht nur eine Lehre in Bezug auf die notwendige Flexibilität von Strafjuristen und Sachverständigen: 1981 hatte sich ein Mann bei der Polizei gemeldet und ausgesagt, er habe den Jungen sexuell missbraucht und getötet. Dieses »freiwillige« Geständnis stellte sich als falsch heraus. Strafjuristen und Aussagepsychologen sind gut beraten, die Gefahr von Falschgeständnissen ernst zu nehmen – auch bei Kapitaldelikten. Denken Sie an den Fall Pascal, bei dem gleich mehrere Personen falsche Geständnisse abgelegt hatten – nicht nur die Beschuldigten aus dem Alkoholiker-Milieu der Tosa-Klause, sondern davor bereits zwei junge Frauen.

Der Fall Pascal und der Mordfall Markus Kern sind bis heute ungeklärt.

Gesucht: Work-Life-Balance – Gefunden: Sexueller Missbrauch in der Kirche

Rafael Kauf war Vikar, also Pfarrer in der Ausbildung. Im Alter von dreiunddreißig Jahren fühlte er sich beruflich überlastet. Er entwickelte psychosomatische Beschwerden, musste in seinem Beruf pausieren und begab sich in umfangreiche ambulante psychotherapeutische und heilpraktische Behandlungen. Nach seinen eigenen späteren Berichten erlangte er im Rahmen dieser Behandlungen im Verlauf von etwa zwei Jahren die Erkenntnis, als sehr junges Kind durch zwei Pastoren sexuell missbraucht worden zu sein. Er glaubte zu wissen, dass der Missbrauch im Alter von zwei oder drei Jahren begonnen habe. Zu Beginn der Therapie habe er noch nicht gewusst, was ihm widerfahren sei. Doch im Laufe der Zeit sei er immer sicherer geworden.

Die Kirchenleitung der beiden Pfarrer, die die Beschuldigung zu untersuchen hatte, beauftragte mich mit einem Gutachten. Zuvor waren Berichte von den Behandlern des Vikars angefordert worden, die ich zunächst analysierte. Ich kam zu dem Schluss, dass die Vorstellungen von Herrn Kauf über frühkindliche sexuelle Missbrauchserfahrungen falsch waren. Es war vielmehr so, dass Herr Kauf im Rahmen der Bearbeitung seiner beruflichen Probleme nach Anleitung beziehungsweise mit Unterstützung durch vermeintliche Helfer entsprechende Scheinerinnerungen entwickelt hatte. Ich belegte meine Beurteilung mit den Berichten der Behandler von Herrn Kauf. Sie zeigten deutlich, wie seine Vorstellungen entstanden waren und wie sie sich verselbstständigt und weiterentwickelt hatten. Erst hatte er nur das Gefühl, auf einen Burn-out zuzusteuern, wenn er beruflich nicht kürzertrete. Ein sexueller Missbrauch war kein Thema. Rafael Kauf wollte einfach stressfreier und achtsamer leben und mit seinen Ressourcen besser haushalten. Er suchte nach einer besseren Work-Life-Balance und fand stattdessen zwei Pfarrer, die ihn sexuell missbraucht hatten – oder haben sollten?

Hypnotherapie

Herr Kauf suchte vor allem Hilfe bei nicht akademisch ausgebildeten Therapeuten. Ich will nicht behaupten, dass es unter diesen nicht auch gute Therapeuten geben kann, doch wie erkennt man das? Die Ausbildungen der hier tätig gewordenen Personen blieben jedenfalls im Dunkeln. Ihre Berichte ließen nicht auf eine besondere Kompetenz schließen, obwohl gerade diese von ihnen betont wurde.

Der Bericht seines Supervisors (ein Titel, der keinen Aufschluss über die Ausbildung seines Trägers gibt), den Herr Kauf als Erstes aufsuchte, enthielt keine Hinweise auf sexuelle Missbrauchserfahrungen. Es wurde über die berufliche Problematik von Herrn Kauf berichtet und in diesem Zusammenhang eine bedrückende Situation im Elternhaus erwähnt, die eine Ursache für seinen übergroßen Ehrgeiz und seine Versagensängste gewesen sein könnten.

Eine im Anschluss aufgesuchte Heilpraktikerin, die sich selbst Hypnotherapeutin nannte (ein Titel, der keinen Aufschluss über die Ausbildung seiner Trägerin gibt), beschrieb sich zu Beginn ihres Berichts als Expertin für die Aufdeckung von bisher verdrängten Missbrauchserfahrungen. Sie schrieb dann, dass ihrem Patienten während einer therapeutischen Trance mehrfach eindeutige Bilder, Informationen und Erinnerungen an einen sexuellen Missbrauch ins Bewusstsein gekommen seien. Sie habe ihm vor der Trance gesagt, dass sein Zustand auf einen sexuellen Missbrauch in seiner Kindheit hinweise. Nach der Trance habe sie seine Erinnerungen »individuell untersucht«, was auch immer das bedeuten mag, und den Verdacht auf sexuellen Missbrauch »als sehr wahrscheinlich und real empfunden«. »Hinweise auf den Täterkreis kirchlichen Hintergrunds«, so schrieb sie, hätten sich erst gezeigt, als Herrn Kaufs Allgemeinzustand sich stark verschlechtert habe. Angstgefühle seien hinzugekommen. Bei einer zweiten therapeutischen Trance sechs Wochen nach der ersten habe sich die Vermutung eines sexuellen Missbrauchs »im Täterkreis der Kirche durch sich stärker abzeichnende Personen in entsprechender Kleidung« erhärtet. Zwei Monate darauf habe Herr Kauf erstmals »eine konkrete Personenbeschreibung in der Rückführung unter Trance« abgeben können: Die Geistlichen A und B sowie eine noch nicht identifizierte dritte Person seien ins Bewusstsein von Herrn Kauf gerückt.

Zeitlich parallel erfolgten entsprechende thematische Bearbeitungen zusätzlich mit einer Therapeutin, die nur ihrer Praxis, nicht sich selbst einen Titel gab. Im Hinblick auf Titelschutz ist das unverfänglicher, als wenn sich jemand ein unberechtigtes Etikett anklebt. Ihre Praxisbenennung »Praxis für Naturheilkunde, psychologische Beratung und Supervision« gibt keinen Aufschluss über die Ausbildung der Praxisinhaberin. Zum infrage stehenden Missbrauch ergab sich aus dem Bericht dieser Therapeutin nichts Neues, er wurde als geschehen vorausgesetzt und weiter bearbeitet, vertieft.

Ein Heilpraktiker für Psychotherapie wurde ins Boot geholt; so jemand hat eine Ausbildung durchlaufen. Dieser Behandler schrieb, er habe bereits in der ersten Sitzung »eindeutig« erkannt, dass der Vikar als kleiner Junge sexuell missbraucht worden sei. Woran er das erkannt hatte, blieb ungesagt. Gemeinsam habe man die »Spuren in die frühe Kindheit« verfolgt. »Dabei wurden die Erinnerungsbilder und die im Unbewussten gespeicherten Fakten immer konkreter. So zeigten diese Erinnerungen deutlich, dass Herr Kauf keineswegs das einzige kindliche Opfer der Vergewaltigungen war. Auch traten die damaligen Täter, die Geistlichen A und B, immer deutlicher ins Bewusstsein – zusammen mit den näheren Umständen wie z. B. den Örtlichkeiten und den Abläufen der sexuellen Misshandlungen im Einzelnen.« Im Zuge der weiteren Behandlung wurde entdeckt, dass Herr Kauf als Dreijähriger den Pfarrern von einem Kindermädchen zugeführt worden sei. In Träumen sei dann noch deutlich geworden, dass weitere Kinder und weitere Täter an dem Missbrauch beteiligt gewesen seien. Die Identität der weiteren Kinder und Täter könne Herr Kauf noch nicht erkennen, es werde jedoch an der Konkretisierung gearbeitet.

Hier lag also wieder einmal eine lange andauernde Erinnerungssuche vor, und die Wiedererinnerung verlief von zunächst diffusen Anmutungen zu immer klarer werdenden Konkretisierungen. Die Hypnotherapeutin beschrieb eine »Erinnerung«, die nach ihrem entsprechenden Angebot zustande gekommen war. In ihrem Bericht fand sich nicht einmal ansatzweise eine Überlegung über Suggestion im Zustand von Trance. Auftauchende Bilder in Trance, die – einer entsprechenden Vorgabe folgend – sich nach und nach entwickelten, wurden als eindeutiges Abbild einer bislang verschütteten Realität angesehen. Ein Blick auf die Homepage von seriösen Gesellschaften für Hypnose ergibt, dass unter Hypnose keineswegs Erinnerungsverbesserungen erreicht werden können. Die Hypnotherapeutin formulierte bezeichnenderweise, dass sie den Verdacht auf sexuellen Missbrauch als real *empfunden* habe – eine wissenschaftlich begründete Argumentation liegt damit nicht vor. Stattdessen bezog sich die Hypnotherapeutin für ihr Empfinden auf ihre »Erfahrung als Therapeutin«. Dieses Begründungsritual, der Rückgriff auf Erfahrungen, fand sich identisch in dem Bericht der Naturheilkundlerin. Von dieser wurde die Behauptung hinzugefügt, dass »ein Kind zum Überleben sehr häufig verdrängen muss«. Wir kennen das schon: Verdrängen kann alles und nichts erklären. Auch der Heilpraktiker beurteilte Erkenntnisse aus seiner Rückführung und Inhalte aus Träumen ausschließlich als wiederentdeckte Erinnerungen, die zuvor für Herrn Kauf nicht zugänglich waren. Kein Behandler bemerkte, dass alle eine suggestive Entwicklung bei Herrn Kauf beschrieben hatten.

Scheinerinnerungen beinhalten die Paradoxie, trotz ihrer belastenden Inhalte in gewisser Weise Entlastungsfunktion für den Betroffenen zu haben. Die Entlastungsfunktion besteht darin, eine Erklärung für bisher unerklärlich gebliebene psychische Probleme gefunden zu haben. Herr Kauf berichtete in einem Brief an seine Kirchenleitung, dass er zunächst gezweifelt habe, dass er jetzt aber sicher sei, im Kindesalter durch die zwei Pfarrer sexuell missbraucht worden zu sein. Er fühle sich jetzt wieder stabil und arbeitsfähig. Und er verlangte von seiner Kirche Bestrafung der beiden Pfarrer und Schadenersatz.

Die leichtfertigen, vermeintlich sicheren »Täter«-Benennungen mit vollständigen Nachnamen und Ortsangaben im Bericht der Hypnotherapeutin führten nicht zu rechtlichen Konsequenzen für sie, was aber durchaus denkbar ist und auch zunehmend vorkommt. Konsequenzen gab es für die beiden Pastoren. Einer stand kurz vor seiner Pensionierung. Er wurde sofort aus dem kirchlichen Dienst entlassen, obwohl er seine Unschuld beteuerte. Der zweite, der ebenfalls versicherte, niemals ein Kind sexuell missbraucht zu haben, war bereits im Ruhestand. Er litt sehr darunter, dass ihm eine sonst übliche kirchliche Feier zu seinem fünfundsiebzigsten Geburtstag verweigert wurde.

Es dauerte insgesamt zwei Jahre, bis durch die Ermittlungen der Kirche und durch mein Gutachten deutlich wurde, dass es sich bei den Vorstellungen von Herrn Kauf um Scheinerinnerungen handelte. Der ruinierte Ruf der beiden Geistlichen konnte nicht wiederhergestellt werden. Sie leben beide in kleinen Gemeinden und haben wohl keinen schönen Lebensabend, da man sie in einen Topf mit den Vorurteilen gegen Geistliche wirft, die seit den Enthüllungen in jüngster Vergangenheit auf hoher Flamme kochen.

Ich habe inzwischen mehrere Fälle mit beschuldigten Geistlichen aus den beiden großen Konfessionen gesehen und Glaubhaftigkeitsgutachten über die Aussagen von Belastungszeugen erstattet. Häufig war ich über den rüden Umgang der Kirchen mit ihren Bediensteten überrascht. Zwar wurde der Verdacht gegen die Geistlichen in der Regel gründlich geprüft, aber der Beschuldigte wurde häufig behandelt, als sei er schon überführt – katholische und evangelische Kirchenleitungen standen sich dabei in nichts nach. Mir kam es so vor, als ob die Kirchenoberen der öffentlichen Verdammung mit vorauseilendem Gehorsam zuvorkommen wollten. Das mediale Trommelfeuer über sexuellen Missbrauch in kirchlichen Institutionen hat offenbar Wirkung bei den Kirchenoberen gehabt. Dieses wurde im Januar 2010 durch die Bekanntgabe von Missbrauchsfällen im Canisius-Kolleg in Berlin ausgelöst. Diese Missbrauchsfälle sollen in den 1970er- und 1980er-Jahren erfolgt sein. Ich zweifle die Berichte über den sexuellen Missbrauch zu jener Zeit nicht an. Aber haben sie Bedeutung für die Beurteilung von gegenwärtigen Beschuldigungen? Natürlich gibt es auch in der Gegenwart sexuellen Missbrauch in kirchlichen Institutionen. Aber die mediale Aufmerksamkeit schürt eben auch Vorurteile und kann zu Kollateralschäden führen.

Herr Kauf zweifelt mittlerweile wieder stark an dem Wahrheitsgehalt seiner Erinnerungen. Er kann seinen Beruf nicht mehr ausüben. In der Sorge, andere zu Unrecht beschuldigt zu haben, hat er erneut psychische Störungen entwickelt, Ängste, Depressionen, Schlafstörungen und Albträume. Er braucht intensive Behandlung. Hoffentlich trifft er diesmal wirklich auf Fachleute.

Eine sachgerechte Behandlung eines Missbrauchsverdachts ist nicht nur diesem Vikar zu wünschen. In den letzten Jahrzehnten hat es gesellschaftliche Entwicklungen gegeben, die Zweifel daran begründen können, ob ein Missbrauchsverdacht tatsächlich immer gründlich überprüft wird. Manchmal gewinnt man den Eindruck, es ginge dabei mehr um Einstellungen und Ideologien als um Fakten. Ich plädiere daher für eine Rückkehr zur Vernunft.

Plädoyer wider die Unvernunft!

Strafprozesse beginnen mit der Verlesung der Anklageschrift. Danach wird in die Beweisaufnahme eingetreten, es werden also Zeugen und Sachverständige gehört, Urkunden verlesen sowie Sachbeweise in Augenschein genommen. Nachdem ich bisher mehr als vierzig Jahre lang als Sachverständiger in Strafprozessen tätig war, bin ich hier erstmals als Ankläger aufgetreten. Die Beweisaufnahme über die Denkfehler von Missbrauchslobbyisten sowie über Justizkatastrophen und ihre verheerenden Auswirkungen erfolgte in diesem Buch.

Gutachten von Sachverständigen werden in Strafprozessen in der Regel am Ende der Beweisaufnahme erstattet, danach wird plädiert: von der Staatsanwaltschaft, der Nebenklage und der Verteidigung. Die oder der Angeklagte haben dann das letzte Wort. Als Autor habe ich hier das letzte Wort, ich kann daher als Sachverständiger sogar einmal plädieren. Und ich plädiere für eine Besinnung auf Rationalität. Im Einzelnen plädiere ich wie folgt.

Für die Nutzung aussagepsychologischer Erkenntnisse!

Oberstes Ziel eines Strafprozesses ist die Feststellung von Tat und Täter. Es geht um die Ermittlung eines Sachverhalts, eines Geschehens in der Vergangenheit. Der ermittelte Sachverhalt wird dann juristisch als eine Tat gemäß der Paragrafen des Strafgesetzbuches eingeordnet, was wiederum die Grundlage für eine Bewertung der Schuld des Täters mit entsprechender Strafzumessung darstellt.

Der ermittelte Sachverhalt soll natürlich »wahr« sein. Um die Wahrheit festzustellen benutzen Gerichte verschiedene Beweise, die sie zu würdigen haben. Das häufigste Beweismittel ist die Zeugenaussage. Damit wird unmittelbar evident, welche herausragende Bedeutung die Glaubhaftigkeitsbeurteilung von Aussagen hat. Der Grundsatz der freien Beweiswürdigung erlaubt es, dass Richter ihre Überzeugungsbildung darauf stützen, was sie für beweiskräftig halten. Das muss nicht immer deckungsgleich mit wissenschaftlichen Erkenntnissen sein. Die Aussagepsychologie ist auch kein Fach in der juristischen Ausbildung. Somit ist es vernünftig und nachvollziehbar, dass Gerichte den fehlenden aussagepsychologischen Sachverstand durch Einholung entsprechender Gutachten auszugleichen versuchen. Das gilt besonders für Fälle mit fehlenden Sachbeweisen, den Aussage-gegen-Aussage-Konstellationen. Diese wiederum stellt – wie gesagt – die typische Ausgangslage bei der Rekonstruktion von Sexualdelikten dar.

Sexualität und Verbrechen – dadurch werden viele Emotionen angesprochen, natürlich besonders, wenn es um Kinder geht. In den 1990er-Jahren forderten »parteiische« Verbände ein gesetzliches Verbot der Glaubhaftigkeitsbegutachtung von kindlichen Opfer-Zeugen. Sogar Stimmen aus dem Deutschen Juristinnenbund schlossen sich damals dieser Forderung an. Aussagepsychologische Glaubhaftigkeitsgutachten folgen rationalen, wissenschaftlich begründeten Prüfschritten. Vielleicht machten Ideologen deshalb Front gegen die Glaubhaftigkeitsbegutachtung. Mit ideologischen Scheuklappen wollten sie an der verheerenden Aufdeckungsarbeit festhalten, Aufklärung war nicht erwünscht. Aussagepsychologen wurden als Störer angesehen. Diese Position ist absurd. Ich habe in diesem Buch aufgezeigt, dass belastende Aussagen in Aussage-gegen-Aussage-Konstellationen nur durch inhaltsanalytische Argumente gestützt werden können. Wenn Sachbeweise fehlen, sind aussagepsychologische Gutachten eine wissenschaftlich fundierte Möglichkeit, tatsächlichen Opfern zu ihrem Recht zu verhelfen.

Entschädigungszahlungen nach dem Opferentschädigungsgesetz (OEG) gehören in den Bereich des Sozialrechts. Anfang dieses Jahrtausends erlebten wir in diesem Rechtsbereich eine Neuauflage des Abwehrkampfes gegen rationale Beurteilungen von Angaben über Sexualdelikte. Gebetsmühlenartig wurde vorgetragen, die aussagepsychologische Methodik passe nicht ins Sozialrecht. Die aussagepsychologischen Grundgedanken und die Methodik von Glaubhaftigkeitsbegutachtungen sind aber in Wirklichkeit völlig unabhängig vom Rechtsbereich. Ich habe auf die Identität der Fragestellungen im Straf- und Sozialrecht hingewiesen: Es geht jeweils darum, ob eine Aussage über eine behauptete Tat erlebnisbegründet ist oder nicht. Hintergrund für den erneuten Abwehrkampf gegen die Aussagepsychologie war diesmal die wiederum ideologisch anmutende Behauptung aus der Traumatologie, Geschädigte könnten sich grundsätzlich an Traumata nicht erinnern. Wenn das stimmen würde, könnten sie gar keinen Entschädigungsantrag stellen, denn dazu bedarf es ja einer Schädigung durch eine erinnerte Tat. Wie im Jahr

1999 im Strafrecht gab es auf höchstrichterlicher Ebene Sachverstand im Sozialrecht. Im April 2013 urteilte das Bundessozialgericht (BSG): Aussagepsychologische Begutachtungen wurden ausdrücklich als Beweismittel in OEG-Verfahren anerkannt. Das BSG sprach sich für eine Herabsetzung von Beweisanforderungen im Sozialrecht im Vergleich zum Strafrecht aus; es sollen geringere Wahrscheinlichkeiten ausreichen, um von der Erlebnisannahme auszugehen. Beweiserleichterungen stellen den Grundsatz der Beweislast für das Sozialrecht aber nicht infrage. Auch bei Beweiserleichterung müssen die Fakten eines Falles in Richtung Erlebnisannahme weisen, also gegen die Lügen- und gegen die Suggestionshypothese sprechen, nur nicht so stark und eindeutig, wie es im Strafrecht zu fordern ist. In vielen OEG-Fällen sind Gegenbelege gegen die Erlebnisannahme vorhanden. Wenn aussagepsychologische Indikatoren gegen die Erlebnishypothese sprechen, dann kann eine Beweiserleichterung natürlich nicht greifen. Es besteht also hinsichtlich der notwendigen Beweisführung kein prinzipieller, sondern nur ein gradueller Unterschied zwischen Straf- und Sozialrecht.

Wider die Wattephilosophie in Strafprozessen!

Es wird viel darüber geschrieben und geredet, dass Angeklagte im Zentrum von Strafprozessen stehen; Opfer würden zu wenig beachtet. Dass der Angeklagte im Zentrum eines Strafprozesses steht, liegt in der Natur der Sache. Er steht da nicht auf eigenen Wunsch, sondern weil er einer Tat beschuldigt wird. Vom Opfer? Nein, von einer Zeugin oder einem Zeugen. Davon sind viele, vielleicht die meisten, tatsächlich Opfer. Wir haben gesetzliche Regeln, die Zeugen vor ungerechtfertigten

Angriffen und vor unnötigen Belastungen schützen. Die Betonung liegt auf *unnötigen* Belastungen. Denn zunächst muss geprüft werden, ob sie tatsächlich Opfer sind. Das kann mit Belastungen verbunden sein, diese sind aber unvermeidbar. Notwendige Belastungen kann niemand abschaffen wollen, denn Beschuldigungen müssen überprüft werden, bevor verurteilt wird. Vor Beginn einer Hauptverhandlung ist zwar viel ermittelt worden, aber die eigentliche Prüfung findet dort statt.

Man kann Menschen nicht vor allen Belastungen im Leben schützen. Auch Kinder halten Belastungen aus, besonders dann, wenn sie deren Notwendigkeit erkennen können. Also müssen sie ihnen erklärt werden. Ich habe häufig in Verhandlungen beobachtet, wie Zeuginnen und Zeugen durch vermeintlich schützende Umarmungen von Betreuerinnen und Betreuern fast am Sprechen gehindert wurden. Das war über lange Zeit ein übliches Bild in Prozessen mit Opfer-Zeugen. Es ist seltener geworden, und das finde ich richtig. Solche Zeugen wirken jetzt nicht mehr so eingeengt, können wieder frei atmen und reden.

Retraumatisierung ist keine zwangsläufige Folge, wenn Opfer-Zeugen in Strafprozessen aussagen. Im Gegenteil, die Mitwirkung am Prozess kann eine Erfahrung sein, die bei der Verarbeitung von Traumafolgen hilft; Gefühle von Machtlosigkeit können abgeschwächt, die Erfahrung eigener Einwirkungsmöglichkeiten kann gestärkt werden. Dazu gehören natürlich angemessene, humane Bedingungen im Vor- und Umfeld der Aussage.

Ich habe über Schutzbestimmungen für Opfer-Zeugen in Strafprozessen gesprochen. Diese gewährleisten ausreichende Sicherheit, dass Opfer-Zeugen in Gerichtsverhandlungen nicht drangsaliert werden. Sie laufen aber ins Leere, wenn Gerichte sie schematisch anwenden. Menschenverstand und menschlicher Anstand sind gefordert. Was nützt der Ausschluss eines Angeklagten während der Aussage eines Kindes, wenn er kurz vorher durch zwei uniformierte Justizbeamte in Handschellen an dem wartenden Kind vorbeigeführt wurde? Angst ist dann längst entstanden. Häufig habe ich Gerichte für ihren umsichtigen Umgang mit Opfer-Zeugen bewundert, aber es gab eben auch andere. Diese hätte ich gern an die Grundregel erinnert, andere so zu behandeln, wie man selbst behandelt werden möchte.

Für so viele Befragungen von Opfer-Zeugen wie nötig!

Ich habe über Humanität und Effektivität im Umgang mit Opfer-Zeugen geschrieben. Schutzbestimmungen dürfen nicht dazu führen, dass falsche Aussagen durch sie unentdeckt bleiben. Nach entsprechenden Gesetzgebungen in früheren Jahren wurde im Januar 2013 erneut ein »Gesetz zur Stärkung der Rechte von Opfern sexuellen Missbrauchs« (StORMG) verabschiedet. Es enthält sowohl strafprozessuale als auch straf- und zivilrechtliche Vorschriften. Strafprozessual geht es um die vermeintliche Stärkung des Opferschutzes durch Vermeiden von Mehrfachvernehmungen von Opfer-Zeugen. Es gab schon vorher die Möglichkeit, dass Opfer-Zeugen in Hauptverhandlungen nicht aussagen müssen. Bedingung dafür ist, dass während der Ermittlungen eine richterliche Vernehmung mit Videoaufzeichnung durchgeführt wurde. Die Videoaufnahme kann dann in der Hauptverhandlung vorgespielt werden und den dortigen Auftritt des Zeugen ersetzen. Im StORMG wurde die Altersgrenze dafür von sechzehn auf achtzehn Jahre angehoben. Hört sich gut an. Doch was nützt das, wenn die Möglichkeiten für den Ersatz von Zeugenaussagen durch Vorspielen von Videovernehmungen bisher kaum genutzt wurden? Ein bereits bestehendes gesetzliches Feigenblatt wurde ein bisschen vergrößert.

Die Vorschrift beinhaltete schon vorher eine Portion Peinlichkeit. Eine polizeiliche Videovernehmung kann zwar auch in Gerichtsverhandlungen vorgespielt werden, sie kann aber nie den Auftritt des Zeugen ersetzen. Eine richterliche Videovernehmung hat also einen höheren Stellenwert als eine polizeiliche. Wenn man erlebt hat, wie unbeholfen manchmal richterliche Vernehmungen ablaufen, dann kommt einem der Gedanke, solche Befragungen lieber der Polizei zu überlassen. Im Parlament, dem gesetzgebenden Organ, sitzen wohl mehr Richter als Polizeibeamte, was erklären kann, dass hier eine Berufsgruppe überschätzt wird.

Die Prüfung der Konstanz bzw. der Veränderung einer Aussage im Verlauf der Zeit ist für die Glaubhaftigkeitsbeurteilung von herausragender Bedeutung. Daher kann es gar kein sinnvolles Ziel sein, Opfer-Zeugen nur einmal zu vernehmen und alle Entscheidungen auf der Grundlage dieser einmaligen Vernehmung zu treffen. Natürlich gibt es unnötige Mehrfachvernehmungen, sie sind aber Einzelfälle. So musste einmal eine polizeiliche Videobefragung wiederholt werden, weil die Tonspur kaputt war. Bei der Wiederholung ein paar Tage später vergaß die Beamtin die Belehrung des Kindes. Es gab dann juristische Prüfungen, ob die Belehrung aus der Vernehmung mit der kaputten Tonspur auch bei der zweiten Vernehmung gelten würde, doch die Polizei wagte diesbezüglich keine endgültige Entscheidung. Also wurde die Befragung des Kindes ein drittes Mal vorgenommen. Solche Einzelfälle sind aber keine ausreichende Begründung dafür, auf Wiederholungen von Zeugenbefragungen gänzlich zu verzichten.

Eine einzige videokonservierte Vernehmung ohne Wiederholung der Befragung nach einer gewissen Zeit ist nicht ausreichend für die Wahrheitsfindung. Das Lügen würde dadurch vereinfacht, denn Widersprüche bei wiederholten Aussagen könnten nicht mehr auftreten. Sie sind aber häufig der wesentliche Hinweis auf eine Falschaussage. Suggestive Prozesse blieben weitgehend im Verborgenen, denn sie zeigen sich im Verlauf von Aussagen durch Erweiterungen und andere Veränderungen.

Für eine authentische Protokollierung von Aussagen!

Im vorigen Abschnitt erwähnte ich polizeiliche und richterliche Videovernehmungen. Diese authentische Dokumentationen von Zeugenaussagen durch Audio- oder Videoaufnahmen bei Polizei, Staatsanwaltschaft und Gerichten stellen allerdings nicht die Regel dar. Nein, polizeiliche Vernehmungsprotokolle sind meistens Zusammenfassungen dessen, was ein Zeuge ausgesagt hat. Zuerst wird in einem Vorgespräch der Gegenstand der Aussage besprochen, dann wird förmlich protokolliert, wobei der Vernehmungsbeamte das vom Zeugen Gesagte zusammenfasst. Dabei besteht natürlich die Gefahr, dass wesentliche Elemente verändert dargestellt oder gar ganz vergessen werden. Für eine aussagepsychologische (inhaltsanalytische) Bewertung von Zeugenaussagen ist aber der authentische Wortlaut einer Aussage von wesentlicher Bedeutung. Es ist daher zu begrüßen, dass polizeiliche Vernehmungen von Opfer-Zeugen in vielen Bundesländern auf Video aufgenommen werden. Dies ist aber nur ein Tropfen auf den heißen Stein. Die meisten Leser werden davon ausgehen, dass in Strafprozessen ein Protokoll erstellt wird.

Diese Annahme ist auch richtig. Aber: Bei Strafprozessen vor Landgerichten handelt es sich um ein reines Ablaufprotokoll. Es wird notiert, wer wann ausgesagt hat, ob Belehrungen und Pausen stattgefunden haben, es wird aber keinerlei Aussageinhalt protokolliert. Die juristische Literatur der vergangenen Jahrzehnte, ja des vergangenen Jahrhunderts, ist voll mit Forderungen, diese mangelhafte Praxis aufzugeben und wörtliche Protokolle von Zeugenaussagen zu erstellen. Aber vielleicht wollen viele Richter gar nicht, dass ihre Vernehmungen wörtlich protokolliert oder sogar videografiert werden, denn dabei würde ja dokumentiert, was sie tun. Es würden dann auch die richterlichen Fragen protokolliert werden. Warum eigentlich nicht? Zumal Ton- oder Videoaufnahmen von wichtigen Vernehmungen heutzutage technisch einfach zu bewerkstelligen wären. Man muss keineswegs immer alles abtippen lassen, es reicht ja, wenn die Möglichkeit besteht, die Tonaufnahme noch einmal anzuhören.

Wie wichtig ein solches Vorgehen sein kann, zeigte mir die folgende Erfahrung. Ein Pfarrer war angeklagt, geistig behinderte Frauen, die er seelsorgerisch betreute, vergewaltigt zu haben. Er wurde von einem Landgericht zu vielen Jahren Freiheitsstrafe verurteilt, seine Revision gegen das Urteil hatte Erfolg. In der neuen Verhandlung wurde ich mit der Begutachtung der Aussagen von vier Zeuginnen beauftragt. Für eine Zeugin lag nicht nur das Protokoll einer polizeilichen Vernehmung vor, sondern auch eine Audioaufnahme dieser Vernehmung. Als ich diese anhörte und mit dem Protokoll verglich, fiel ich fast vom Schreibtischstuhl. Auf viele Fragen der Beamtin, die sich auf sexuelle Handlungen des Pfarrers bezogen, war als Antwort der Zeugin ein »Ja« protokolliert. Die Tonaufnahme enthielt aber, dass dem »Ja« jeweils sechs bis acht inhaltlich identische Fragen vorausgegangen waren, die die geistig behinderte Zeugin verneint hatte. Diese Verneinungen waren im Protokoll nicht enthalten. Offenbar hatten weder das erste Gericht noch das Gericht, das mich beauftragt hatte, die Audioaufnahme angehört. Als die Beamtin als Zeugin gehört wurde, befragte ich sie zu ihrer Protokollierungspraxis. Für die anwesende Staatsanwältin war die Erkenntnis offenbar auch neu, dass die Bejahungen durch die geistig behinderte Zeugin das Ergebnis vieler insistierender Wiederholungsfragen waren. Jedenfalls drohte sie der Beamtin mit dienstrechtlichen Konsequenzen. In dem Prozess wurden noch zahlreiche weitere Ungereimtheiten aufgedeckt, auf die es im hiesigen Kontext nicht ankommt. Der Pfarrer wurde frei gesprochen. Für die Protokollierungspraxis bleibt festzuhalten: Authentische Protokolle können zur Wahrheitsfindung natürlich nur dann beitragen, wenn sie auch genutzt werden!

Gerade in Prozessen mit langer Dauer kann man immer wieder erleben, wie darüber gestritten wird, wer vor vielen Verhandlungstagen was ausgesagt hat. Jeder Prozessteilnehmer hat seine eigenen Wahrnehmungen und Erinnerungen. Eine Beweisaufnahme über die Beweisaufnahme gibt es rechtlich nicht, dennoch finden häufig langwierige Streitereien statt, welcher Zeuge was gesagt habe. Irgendwann wird dann aus dem Inbegriff der Verhandlung, so heißt es juristisch, geurteilt. Psychologisch: *Aus dem Inbegriff dessen, was das Gericht zu erinnern glaubt.*

Wider die Verlängerung von Verjährungsfristen!

Das oben erwähnte Schutzgesetz für Opfer-Zeugen enthält Verlängerungen der Verjährungsfristen im Straf- und Zivilrecht. Im Strafrecht wurde die Altersgrenze, ab der Verjährungsfristen für Sexualdelikte überhaupt berechnet werden, von achtzehn auf einundzwanzig Jahre heraufgesetzt. Ins Zivilrecht wurde drastischer eingegriffen: Die Verjährungsfrist für Schadenersatzforderungen wurde von drei auf dreißig Jahre verlängert. Hintergrund ist die vermeintliche Regel, dass Opfer von sexuellem Missbrauch lange Zeit benötigen, um sich über die Erstattung einer Anzeige klar zu werden und um zu entscheiden, ob sie Schadenersatzforderungen stellen wollen. Auch hier ist Schaufensterpolitik im Spiel. Das zeigt ein Blick in die Praxis der Versorgungsämter bei OEG-Fällen.

Ich habe es schon dargelegt: Im Opferentschädigungsrecht gibt es keine Verjährungsfristen. Als aussagepsychologischer Sachverständiger sehe ich zwar nur einen Bruchteil jener Fälle, für die ein Antrag auf Entschädigung nach dem OEG gestellt wird. Die Auswahl von Fällen, die ich zur Begutachtung bekomme, ist aber lehrreich für die Verjährungsdebatte. Meine Fälle hatten gemeinsam, dass in den OEG-Anträgen ein sexueller Missbrauch angegeben wurde, der Jahre, ja Jahrzehnte zurückgelegen haben soll. In mehr als der Hälfte der Fälle (60 Prozent) beschrieben die Antragstellerinnen und Antragsteller, dass sie sich über viele Jahre gar nicht an den infrage stehenden sexuellen Missbrauch erinnert hätten: Sie hätten die Erinnerungen in Psychotherapien wiedererlangt. In mehr als 50 Prozent der Fälle trugen Anwälte die zirkuläre Argumentation vor, das Erleben eines Traumas sei ja erwiesen, weil Behandler eine posttraumatische Belastungsstörung diagnostiziert hätten. Leser dieses Buches wissen es jetzt besser als diese Anwälte: Die PTBS-Diagnose hat keinen Erkenntniswert für die Glaubhaftigkeitsbeurteilung. Die Diagnose einer emotional instabilen Persönlichkeitsstörung kam in der Mehrheit der OEG-Fälle vor (80 Prozent). Nun muss man sich klarmachen: Die OEG-Fälle enthielten jeweils eine Kombination der genannten Merkmale, also Amnesie, dann wiedererlangte Erinnerung bei einer Person mit emotional instabiler Persönlichkeitsstörung, die jahrelang psychotherapeutisch behandelt wurde. Als Ergebnis dieser Behandlungen ergaben sich in der Regel nicht nur vermeintliche Erinnerungen an sexuellen Missbrauch in der Kindheit, sondern auch Verschlechterungen der Störungssymptomatik.

In jedem fünften Fall meiner Begutachtungsfälle wurde nach jahrelanger psychotherapeutischer Behandlung die Diagnose einer multiplen Persönlichkeitsstörung gestellt. Das ist eine sehr seltene und umstrittene Diagnose. Wie der Name schon sagt, besteht die Störung darin, dass ein Individuum zwei oder mehr Persönlichkeiten zu besitzen glaubt. Zu einem Zeitpunkt ist jeweils nur eine sichtbar und dominant, Dr. Jekyll oder Mr. Hyde. Jede Persönlichkeit ist vollständig und hat ihre eigenen Verhaltensweisen, Vorlieben und Erinnerungen, vielleicht sogar ein anderes Geschlecht als die Primärperson. Wesentliches Merkmal dieser psychischen Störung ist der Verlust der Integration biografischer Erinnerungen in das Identitätsbewusstsein – wenn man sich an seine Biografie erinnert, kann man ja nicht denken, man sei jemand anderer.

Inhaltsanalytisch ergaben sich nahezu immer allmähliche Verbesserungen, also Konkretisierungen der vermeintlichen Erinnerungen im Lauf der Zeit, was ja mit einem Wiedererinnern eng verbunden ist. Es gab aber eben nur in seltenen Fällen ein sofortiges vollständiges Wiedererinnern. In vielen Fällen tauchten dann in der vermeintlichen Erinnerung immer mehr Täter, Taten mit rituellem Charakter und mit irrealen Inhalten auf. Als »irreale« Inhalte bezeichne ich nicht solche, die ich nicht für wahr halte, sondern solche Inhalte, die belegen, dass die Vorstellung über das infrage stehende Ereignis in der Gegenwart entstanden ist – wie das Einkaufszentrum in der Scheinerinnerung der vermeintlichen Mordzeugin, das zum Zeitpunkt des Mordes noch gar nicht gebaut war. Eine zwanzigjährige Frau brachte vor, ihr Stiefvater habe sexualbezogene Fotos von ihr ins Internet gestellt, als sie circa acht Jahre alt gewesen sei. Sie sagte das im Jahre 2002. Da kann doch etwas nicht stimmen! 2002 minus zwölf Jahre führt uns in das Jahr 1990. Zu diesem Zeitpunkt gab es keinen allgemeinen Zugang zum Internet, allenfalls erste Versuche zur Vernetzung, Bitnet hieß das damals an den Universitäten. Im Jahr 2002 hatte fast jeder Kenntnis über das Internet, es war zur Selbstverständlichkeit geworden. Über Kinderpornografie im Internet wurde ständig in den Medien berichtet. Es ist daher nachvollziehbar, dass das Internet im Jahr 2002 in einer Scheinerinnerung über die Anfertigung von Kinderpornografie vorkommt.

Was bedeutet das alles für die Debatte über Verjährungsfristen? Aus dem OEG-Bereich kann man lernen: Für Fälle mit lange zurückliegenden Taten gibt es nicht nur Beweisprobleme, es gibt darüber hinaus deutliche Hinweise, dass sehr viele Fälle mit nur vermeintlichen Erinnerungen darunter sind, mit Scheinerinnerungen also. Die Verlängerung von Verjährungsfristen öffnet die Türen dafür, dass solche Fälle, die bisher auf das Opferentschädigungsrecht beschränkt waren, nun auch vermehrt strafrechtlich be- und verhandelt werden müssen. Vor allem könnten sich die Probleme aus dem OEG-Bereich nun auch in Klagen vor Zivilgerichten ergeben.

»Schaufensterpolitik« habe ich geschrieben: Einer engagierten Öffentlichkeit wird vorgegaukelt, dass alles Mögliche für Opfer von sexuellem Kindesmissbrauch getan wird. Personen, die Aussagen über lange zurückliegenden sexuellen Missbrauch machen, von denen aber keiner weiß, ob sie wirklich Opfer sind, bekommen neue Möglichkeiten für rechtliche

Auseinandersetzungen. Allerdings besteht dabei von vornherein wenig bis keine Aussicht, dass sie zu erfolgreichen Abschlüssen führen. Finanziert wird das von allen Steuerzahlern, die dadurch ebenfalls Opfer von Irreführungen werden.

Wider die Verteilung öffentlicher Gelder auf Zuruf!

Im Jahr 2010 wurden Altfälle des sexuellen Missbrauchs in Kirchen und Internaten aus den 1970er- und 1980er-Jahren bekannt. Danach richtete man zu deren Aufarbeitung einen runden Tisch ein; er bekam den monströsen Verwaltungsnamen »Sexueller Kindesmissbrauch in Abhängigkeits- und Machtverhältnissen in privaten und öffentlichen Einrichtungen und im familiären Bereich« (RTKM). Am runden Tisch wurde ausführlich diskutiert; kritische Gedanken, wie sie in diesem Buch niedergelegt sind, kamen dabei fast gar nicht vor. Als Ergebnis der Arbeit des RTKM gibt es seit Mai 2013 als sogenanntes ergänzendes Hilfesystem einen »Fonds Sexueller Missbrauch«. Im Internet können Betroffene von sexuellem Missbrauch ohne Verjährungsfristen einen Antrag auf Entschädigungszahlungen stellen. Es gibt ein förmliches Antragsverfahren, und es wird ein Prüfverfahren genannt. Das Prozedere dafür und die Prüfkriterien werden nicht beschrieben. Es bleibt abzuwarten, ob hier öffentliche Gelder sozusagen auf Zuruf hin verteilt werden. Den Beschreibungen ist jedenfalls zu entnehmen, dass ein zeitlich verzögertes Erkennen, man sei irgendwann einmal Opfer von sexuellem Missbrauch gewesen, geradezu als typisch für tatsächliche Opfer angesehen wird. *Missbrauch vergisst man nicht*, hieß dagegen der Titel eines Fachbuches über falsche Erinnerungen an sexuellen Kindesmissbrauch, das bereits im Jahre 1997 von zwei niederländischen Kollegen, den Psychologen Crombag und Merckelbach, verfasst wurde. Über die Problematik des vermeintlichen Wiedererinnerns nach Amnesie als Ursache für Falschaussagen findet sich nichts in den Beschreibungen des Fonds.

Wider das Verschweigen falscher Anschuldigungen!

Im »Bilanzbericht 2013«, den der »Unabhängige Beauftragte *(der Bundesregierung)* für Fragen des sexuellen Kindesmissbrauchs« ins Internet gestellt hat, findet sich kein Hinweis auf die Gefahren von Falschaussagen in diesem Bereich. Klagen über das hohe Dunkelfeld, Forderungen nach Präventionsarbeit und nach erhöhter Aufmerksamkeit bei Erziehern und Lehrern in Bezug auf Signale für sexuellen Missbrauch werden umfangreich vorgetragen, ohne die negativen Erfahrungen mit entsprechender Propaganda aus den 1990er-Jahren auch nur im Ansatz zu berücksichtigen. Zu einer ehrlichen Politik würde es gehören, dass auch solche Informationen mitgeteilt werden. Oder kennt sie der bundesbeauftragte Spezialist nicht? Mit Bestürzung habe ich bei Vorträgen an der Richterakademie festgestellt, dass eine neue Generation von Staatsanwältinnen und Staatsanwälten sowie von Richterinnen und Richtern heranwächst, die keine eigene Erinnerung mehr an die Justizkatastrophen der 1990er-Jahre und an ihre Ursachen hat. Bekanntlich kann man aus der Geschichte lernen – dazu muss man sie aber kennen.

Natürlich kann niemand das Dunkelfeld falscher Anschuldigungen von Straftaten exakt beziffern. Das gilt auch für Sexualdelikte. Für Vergewaltigungen gehen polizeiliche Experten von höheren Quoten von falschen Aussagen aus als beim sexuellen Kindesmissbrauch, die Schätzungen für Falschbezichtigungen mit angeblichen Vergewaltigungen liegen um 30%.

Wider eine Viktimophilie!

Ich spreche von Kollateralschäden des Opferschutzes. Der Berliner Professor für Psychiatrie Hans Stoffels schrieb 2004 ein Buchkapitel mit dem Titel *Erinnerung und Pseudoerinnerung. Über die Sehnsucht, Traumaopfer zu sein*. Diese Formulierung steht dem Klima auf Schulhöfen zwar diametral entgegen, auf denen »Opfer« längst zum Schimpfwort geworden ist, sie fasst aber die Situation im Entschädigungsrecht treffend zusammen. Eine Sehnsucht, Opfer zu sein, kennzeichnet den naheliegenden Wunsch, Knicke in der eigenen Lebenslinie, Ursachen für persönliches Versagen, auszulagern, zu externalisieren. Wenn andere für meine Misere verantwortlich sind, kann diese vermeintliche Erkenntnis kurzfristig Erleichterung verschaffen. Ich betonte schon: Die Erleichterung ist kurzfristig. Denn Scheinerklärungen aufgrund von Scheinerinnerungen haben meistens nicht lange Bestand. Sie verhindern vielleicht sogar, dass Betroffene ihre vorhandenen Ressourcen realisieren oder adäquate Hilfe in Anspruch nehmen.

Der Juraprofessor Stephan Barton, Universität Bielefeld, schrieb 2012 über Viktimophilie, also über die Liebe für Opfer. Er warnte vor den Gefahren eines übertriebenen Opferschutzes in Strafprozessen. Der von ihm gewählte Begriff Viktimophilie verweist auf Perversionen. Opferschutz wird zur Perversion, wenn geballte Zuwendungen hauptsächlich vermeintlichen Opfern zugutekommen oder wenn Opfer durch Viktimophilie erst geschaffen werden.

Für Rationalität in einem emotionalisierten Feld!

Wenn Ihre Emotionen jetzt hochkochen, denken Sie bitte daran, wie dieses Buch begann. Aussagepsychologische Glaubhaftigkeitsbegutachtung ist der Königsweg zur Unterstützung von Opfer-Zeugen. Diese sind nicht rechtlos gestellt. In der überwiegenden Anzahl meiner Glaubhaftigkeitsbegutachtungen war das Ergebnis positiv. Nicht extrem häufig, aber in einer beachtlichen Zahl kam es als Folge meiner Gutachten sogar zu Geständnissen von Missbrauchstätern. Warum habe ich im zweiten Teil meines Buchs den Missbrauch mit dem Missbrauch gegeißelt? Weil er vermeidbar ist! Mit einem Buch wird man keine Missbrauchstäter erreichen, ein Buch wird sie nicht von ihrem schändlichen Tun abhalten können, das muss die Strafandrohung und die Strafverfolgung leisten. Manche glauben auch, dass man sie therapieren könne.

Ich hoffe jedoch, dass ein Buch aufklärende Wirkung haben kann. Mit diesem Buch möchte ich einen Beitrag leisten, Fehler im Umgang mit Straftaten zu verringern, bei denen ein Schuldspruch hauptsächlich von der Beurteilung der Aussage eines einzigen Zeugen – des Belastungszeugen – abhängt.

Opferschutz hat mindestens zwei Aspekte: Er besteht in der Substantiierung des Wahrheitsgehalts von Aussagen tatsächlicher Opfer und im Erkennen von Falschaussagen von nur vermeintlichen Opfern. Aussagepsychologische Begutachtungen können beides leisten. Ich füge einen dritten Aspekt hinzu: Ideologische Übertreibungen können dazu führen, dass Opferschutz zum Unwort wird.

»Kognitive Dissonanzen«, also wenn bei manchen Lesern jetzt die Fontanelle schmerzt, können beseitigt werden, indem die neuen, die störenden Informationen aus diesem Buch ausgeblendet werden, oder noch besser: wenn der Informant abgewertet wird. Wer jetzt denkt, der Autor ist doch ein Schützer von Tätern, auch wenn er anderes behauptet, bei dem gehen die Kopfschmerzen weg. Die Welt ist wieder in Ordnung. Gedanklich in Einklang mit den lauten Stimmen von interessierten Opferlobbyisten kann dann auf die nächste Justizkatastrophe gewartet werden. Kein vernünftiger Mensch kann das wollen.

Danksagung

Meine Coautorin Shirley Michaela Seul ist ein Naturtalent als Psychologin und Psychotherapeutin. Geduldig hörte sie Stunde um Stunde zu, korrigierte, fragte nach und machte aus »Fällen« lebendige Erzählungen, Menschen. Ich denke, wir wurden in unserer Zusammenarbeit Verbündete im Geiste. Danke, Shirley!

Dr. Heribert Uschtrin ist Jurist und Germanist. Wir kennen uns seit unseren Studienjahren an der Universität Kiel. Als er immer wieder bei einem Glas Rotwein, manchmal wurden auch mehrere daraus, meine Geschichten aus der Justiz hörte, nahm er die Sache in die Hand. Er vermittelte den Kontakt zu der Profi-Autorin Shirley Michaela Seul. Ohne Shirley, also ohne Heribert, würde ich heute wahrscheinlich weiterhin nur Gutachten schreiben, denn der Bedarf dafür ist groß. Dieses Buch wäre ein flüchtiger Gedanke geblieben. Danke, Heribert!

Stellvertretend für alle Kollegen, mit denen ich in der Aussagepsychologie zusammengearbeitet habe, nenne ich hier Frau Prof. Dr. Renate Volbert. Wir haben zweieinhalb Jahrzehnte gemeinsam gelehrt und wissenschaftlich publiziert – häufig mit viel, viel Spaß. Danke, Renate!

Die vielen Juristinnen und Juristen, deren fachliche und persönliche Souveränität ich bewundert habe, kann ich hier nicht alle namentlich nennen. Sie werden es mir nicht übel nehmen, dass ich diejenigen ihres Faches kritisiere, die Kritik verdient haben. Danke!

Zuletzt das Wichtigste: Meine Frau Tanja hat einen riesigen Anteil an diesem Buch. Viele Fälle, die hier dargestellt sind, kennt sie aus eigener Anschauung. Sie hat als Diplom-Psychologin an ihnen mitgearbeitet. Tanja unterstützte mich nicht nur mit ihrem klugen Sachverstand, sondern hatte das richtige Gespür für interessante Geschichten. Sie half meiner Erinnerung immer wieder auf die Sprünge, wenn ich wichtige Details vergessen hatte. Unsere Coautorin nannte uns *Team Steller*. Sie hat es auf den Punkt gebracht. Ohne Tanja wäre nichts so, wie es ist. Danke, Tanja!

Berlin, im Juni 2015
Max Steller